婴幼儿托育类专业系列精品教材
"互联网+"新形态立体化教学资源特色教材

婴幼儿
学习与发展

主　编◎邹　玲　王燕子
副主编◎赵　晖　杜　宇　王晓旻
　　　　李亚西
参　编◎周　敏　王晓红　蔺美玉
　　　　魏慧珺　陈若男

中国轻工业出版社

图书在版编目（CIP）数据

婴幼儿学习与发展 / 邹玲，王燕子主编. -- 北京：中国轻工业出版社，2025.8. -- ISBN 978-7-5184-5566-9

Ⅰ.G61

中国国家版本馆CIP数据核字第2025MM9494号

责任编辑：崔丽娜　　责任终审：李建华　　设计制作：锋尚设计
策划编辑：崔丽娜　　责任校对：朱　慧　朱燕春　　责任监印：张　可

出版发行：中国轻工业出版社（北京鲁谷东街5号，邮编：100040）
印　　刷：三河市万龙印装有限公司
经　　销：各地新华书店
版　　次：2025年8月第1版第1次印刷
开　　本：787×1092　1/16　印张：12.5
字　　数：300千字
书　　号：ISBN 978-7-5184-5566-9　定价：49.00元
邮购电话：010-85119873
发行电话：010-85119832　010-85119912
网　　址：http://www.chlip.com.cn
Email：club@chlip.com.cn
版权所有　侵权必究
如发现图书残缺请与我社邮购联系调换
240321J1X101ZBW

前　言

当前，我国0~3岁婴幼儿托育服务存在显著缺口，加强"托幼一体化"服务体系的建设，成为现实条件下弥补托育服务供给不足、促进早期教育发展可持续化的重要举措。2019年，《国务院办公厅关于促进3岁以下婴幼儿照护服务发展的指导意见》明确指出，规范发展多种形式的婴幼儿照护服务机构，鼓励支持有条件的幼儿园开设托班，招收2~3岁幼儿。然而，目前我国的托育机构发展仍面临诸多困境。一方面，市场化的托育机构、幼教机构相互分立，理念、目标、实践策略各行其是，缺乏统一引导。另一方面，机构在地区分布、公办民办类型上发展不平衡，呈现出与经济发展水平密切关联的态势。显然，解决0~3岁托育问题还有一段路程要走。

本书在内容上响应"托幼一体、保教共育"新业态的变化，形成了包含婴幼儿学习和发展理论、方法和支持策略、方案等较为系统的结构；在编写体例上，以任务导学，突出学生为本的项目任务式编写体例，从现实的育儿情境出发，由浅入深，进行理性探究，将学生置于问题中去感受和思考，实现了教材与婴幼儿照护现实的有效对接。本书不仅注重给予学生科学理论的指导和理念的引领，而且也提供了相关的具体操作方法和技巧，同时结合大量的典型案例分析和实践练习，保障学生教育实践能力的有效提升。本书旨在为学生提供一本具有实践性、应用型、可实操性的教材，帮助学生更好地理解和掌握婴幼儿学习与发展的相关知识和技能，为学生未来的职业生涯打下坚实的基础。

本书由七个项目、十九个任务组成，项目一、项目二首先介绍了婴幼儿学习和发展的内涵和重要性，接着深入探讨了婴幼儿的学习方式以及相关学习理论，为学生提供了坚实的理论基础。项目三至项目六主要围绕婴幼儿动作、语言、认知、情绪和社会性等方面的发展特点和规律，详细探讨了如何为婴幼儿提供丰富的学习环境和有效的学习支持策略。项目七则重点介绍了婴幼儿发展评估与行为观察记录方法，帮助学生借助系统的观察和科学的评估工具，全面了解婴幼儿的发展水平，为学习指导提供依据。

本书适合婴幼儿托育专业、学前教育专业专科及本科学生使用，也可供相关领域的教育工作者和研究人员参考。我们希望通过本书的学习，能够使学生更好地理解和掌握婴幼儿学习与发展的相关知识和技能，为婴幼儿的全面发展提供有力的支持和保障。

本书是山东省教育科学"十四五"规划课题"幼儿园托幼一体化实践中的问题与突破路径研究"（批准号：2023YB267）的研究成果之一。本书的编写得到了众多专家和学者的支持与帮助，在此表示衷心的感谢。同时，也欢迎广大读者提出宝贵的意见和建议，以便我们不断改进和完善本书的内容。

编者

2025 年春

目 录

001 项目一
婴幼儿学习与发展概述
- 002　任务一　婴幼儿学习与发展的内涵
- 009　任务二　婴幼儿学习与发展的影响因素
- 016　任务三　婴幼儿学习的方式和特点

023 项目二
婴幼儿学习的相关理论
- 024　任务一　行为主义学习理论
- 037　任务二　认知主义学习理论
- 044　任务三　人本主义学习理论
- 047　任务四　建构主义学习理论

052 项目三
婴幼儿动作发展与早期学习支持
- 053　任务一　婴幼儿动作发展概述
- 061　任务二　婴幼儿粗大动作发展与学习支持
- 074　任务三　婴幼儿精细动作发展与学习支持

▶ 微视频

发展的方向性和顺序性　　006

班杜拉波波玩偶实验与观察性学习　　033

小阿尔伯特实验：行为主义的科学探索与伦理困境　　035

婴幼儿动作发展规律表现与生理基础　　054

082 项目四
婴幼儿语言发展与早期学习支持

083 任务一　婴幼儿语言发展的基础知识
099 任务二　婴幼儿早期语言学习支持

微视频

影响婴幼儿语言发展的生理因素
087

108 项目五
婴幼儿认知发展与早期学习支持

109 任务一　婴幼儿认知发展的基础知识
120 任务二　婴幼儿早期认知学习支持
129 任务三　婴幼儿感觉统合训练

婴幼儿感觉统合失调的表现　130

144 项目六
婴幼儿情绪和社会性发展与早期学习支持

145 任务一　婴幼儿情绪发展与学习支持
158 任务二　婴幼儿社会性发展与学习支持

安德沃斯"陌生情境测验"解码婴儿依恋的密码　161

170 项目七
婴幼儿发展评估与行为观察

171 任务一　婴幼儿发展评估
179 任务二　婴幼儿行为观察与记录

193 参考文献

项目一　婴幼儿学习与发展概述

知识目标

1. 掌握学习和发展的基本概念。
2. 理解婴幼儿学习与发展的关系。
3. 了解影响婴幼儿学习与发展的因素。
4. 熟悉婴幼儿的学习方式和学习特点。

能力目标

1. 能够根据具体案例,分析婴幼儿学习与发展过程中各因素的影响作用、分析婴幼儿学习与发展的关系。
2. 能够识别婴幼儿在日常活动中运用的学习方式。
3. 能够运用所学知识对婴幼儿的学习与发展问题提出合理的建议。

素质目标

1. 增强对婴幼儿发展过程的关爱和尊重,认识到每个婴幼儿都是独特的个体。
2. 形成科学的婴幼儿教育观念,理解教育在婴幼儿学习与发展中的重要作用。
3. 对婴幼儿学习与发展产生浓厚的兴趣,愿意主动探索更多相关内容。

思维导图

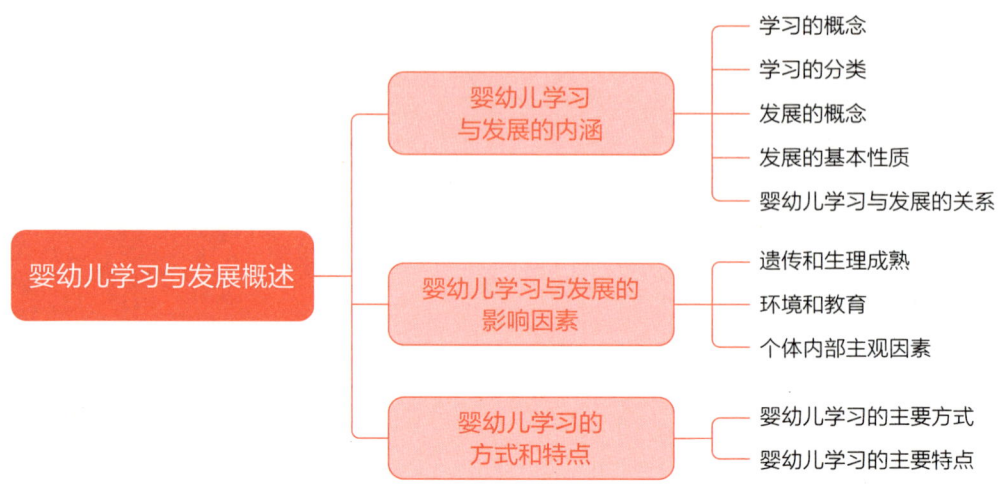

项目导读

你对婴幼儿的认识是怎样的，你是否认为他们生来就具有学习能力，他们是积极的学习者还是被动的学习者，他们是否拥有丰富的学习能力？本项目将从学习和发展的内涵入手，带领学习者了解婴幼儿学习和发展的关系和影响因素，以及婴幼儿独特的学习方式和特点。

任务一　婴幼儿学习与发展的内涵

任务目标

1. 掌握学习和发展的概念。
2. 了解学习的分类、发展的基本性质。
3. 理解婴幼儿学习与发展的辩证关系，能结合具体实例分析二者的关系。

案例导入

乐乐快2岁了，妈妈想送乐乐去托育园，但爷爷奶奶极力反对说："孩子还小，我们又不是不能管，托育园去了也是玩，学不到什么东西，老师一个人要看好几个孩子，还不如咱们自己照看得好。"

问题：你怎么看待案例中爷爷奶奶的说法？为什么？

核心知识

人类对于婴幼儿的认识是逐渐深入的。20世纪中叶以前，大多数人认为婴幼儿是无助的、依赖人的，尚不能完全感知周围的世界，其动作以反射为主。但是，随着人们对脑科学和婴幼儿观察的深入逐渐打破了这样的认知，现代的研究证明：婴幼儿是天生的学习者，他们从出生就具备了多种技能，如饥似渴地探索和了解着周围的世界。在了解婴幼儿的学习和发展之前，我们先来认识一下学习和发展的基本知识。

一、什么是学习

学习既是日常生活中经常使用的概念，也是心理学、教育学等领域研究的重要课题。日常提到学习，人们首先想到的都是学习知识或者掌握技能，如学习一门外语、学习某个舞蹈、掌握某种解题方法等，这些内容的确属于学习活动，但从心理学的视角来看，这些学习活动仅指学科上的学习。实际上，心理学所研究的学习的含义非常广泛，既包含学科的学习，也包括适应环境、适应团体生活等其他类型的学习。

（一）学习的概念

学习是由经验引起的行为或行为潜能的相对持久的变化。我们可以从以下几个方面来理解这个概念。

1. 学习是由经验引起的变化

经验是指个体经历的，是后天习得的。例如，老师批评一个浪费饭菜的幼儿，另一个幼儿看到后放弃了浪费饭菜的行为；一个孩子经过反复练习学会了使用筷子。这些都属于经验引起的变化。相反，生来就有的行为，比如新生儿生来就有吸吮反应，任何东西接触到他们的嘴唇都能引起吸吮动作，这是与生俱来的无条件反射，不属于学习的范畴。

另外，并不是所有的行为变化都是由经验引起的，有的行为变化是由于成熟等作用引起的。例如，婴幼儿的个子越长越高，这就是由成熟引起的行为变化，是在正常的环境条件下遗传导致的变化，也不属于学习的范畴。

2. 学习是行为或行为潜能的变化

学习总是意味着个体身上发生了某种变化，这种变化可能是行为上的，也可能是内部心理结构上的。例如，一名幼儿知道并且接受了一条行为准则：公共汽车上应该给老人让座，但是由于这名幼儿很长时间没有坐公共汽车，所以无法表现出相应的行为，并不代表学习没有发生。

3. 学习引起的变化是相对持久的

例如，婴幼儿学会自己用勺子吃米糊后，在吃酸奶的时候也会用勺子吃，这是相对稳定的。相反，由于疾病、药物等导致的行为变化都比较短暂，不能称为学习。一旦原因被排除，行为就能恢复到原来的情况。例如，有的成年人平常不爱说话，但是喝了酒之后会变得爱说话，这种行为的变化不是相对持久的，所以不属于学习。

由此可见，学习的含义是十分广泛的。不仅人类学习，动物也学习。学习不仅指知识与技能的学习，还包括态度、规范等的学习。婴幼儿从出生甚至出生之前就开始了学习，在日常生活中每一天都在进行各种各样的学习。

（二）学习的分类

为了方便研究，许多心理学家根据不同的目的和标准对学习进行了分类。

1. 加涅的学习分类

美国心理学家加涅（Gagné）根据学习结果，将学习分为以下五种类型。

（1）言语信息的学习

言语信息是有关事物的名称、时间、地点、定义以及特征等方面的事实性信息[1]。例如，彩虹有赤、橙、黄、绿、青、蓝、紫七种颜色，这些信息是能用言语表述的知识。

（2）智力技能的学习

智力技能也称作智慧技能、心智技能，是运用概念和规则解决问题的能力。例如，怎样把分数转化成小数。言语信息的学习帮助个体解决"是什么"的问题，而智力技能的学习则帮助个体解决"怎么做"的问题。

（3）认知策略的学习

认知策略是内部组织起来的用于调节学习者自己内部注意、学习、记忆与思维过程的技能。例如，画出组织结构图。

（4）动作技能的学习

动作技能也称作运动技能，是通过练习获得的、按一定规则协调自身肌肉运动的能力。例如，游泳技能、轮滑技能、作图技能、操作仪器技能等。

（5）态度的学习

态度是通过学习获得的内部状态，这种状态影响个人对某种事物、人物及事件所采取的行动。例如，某位小朋友原来很怕陌生人，上幼儿园之后这种行为消失了。那么，按照加涅的学习结果分类，在这位小朋友身上就发生了态度的学习。

2. 冯忠良的学习分类

我国教育心理学家冯忠良根据教育中传递的经验内容不同，将学生的学习分为以下三类。

（1）知识的学习

知识的学习是指学习具体的事实及其相应的关系等信息。例如，了解事物的名称和属性、自然界的现象等有关信息。婴幼儿通过学习知识，既能促进对周围世界的认识，还能为学习技能和建立正确的态度奠定基础。例如，不爱吃蔬菜的孩子了解了蔬菜的营养价值以及不吃蔬菜的危害等知识后，改变了对蔬菜的态度，进而主动地改变饮食行为。

（2）技能的学习

技能的学习是指通过练习建立合乎法则或程序的活动方式的过程。包括心智技能的学习和操作技能的学习两种。一般来说，技能的学习既包含对活动的认识，也包含对活动或动作的实际执行。例如，小朋友学习游泳，是通过实际的下水活动，将游泳的步骤和动作要领转换成实际的动作。

（3）行为规范的学习

行为规范的学习也就是社会规范的学习，是个体接受社会规范，将外在的行为要求转化为内在的行为需要。例如，婴幼儿学习公共场所不能大声喧哗等行为规范。

---

[1] 陈琦，刘儒德. 当代教育心理学 [M]. 北京：北京师范大学出版社，2019.

3. 奥苏贝尔的学习分类

美国教育心理学家奥苏贝尔（Ausubel）根据学习进行的方式，即学习材料的意义是由学生发现的还是由他人告知的，将学习划分为接受学习与发现学习；根据学习的性质，即新学习的材料与原有知识经验之间的关系，将学习划分为意义学习与机械学习。

（1）接受学习与发现学习

接受学习是指将学生要学习的内容以结论的方式呈现在学生面前，教师传授，学生接受。发现学习是指学生要学习的内容不直接呈现，需要学生通过独立思考、探索、发现来获得。

（2）意义学习与机械学习

意义学习是指在学习过程中，将符号所代表的新知识与学生认知结构中已有的适当观念建立实质性的和非人为的联系。

实质性的联系，是指符号所代表的新知识或观念与学生认知结构中已有的表象、有意义的符号、概念或命题建立内在联系，而不仅仅是字面上的联系。比如，学习"长方形是有一个角是直角的平行四边形"这一新概念时，学生会在头脑中已有的平行四边形的概念或表象的基础上，对其进行改造，从而产生长方形的概念或表象。自此，新知识长方形就与原有认知结构中的平行四边形建立了实质性联系，学生就能借助已有平行四边形的属性特征来理解长方形的特征，知道长方形的两组对边平行且相等。

非人为的联系，是指符号所代表的新知识与认知结构中的有关观念建立的是逻辑上的联系，而不是一种任意附加上去的联系。长方形与平行四边形之间的联系不是任意的，它符合逻辑上特殊与一般的关系。相反，有时为了更好地记忆圆周率，人们常常把3.1415926记成"山间一寺一壶酒"，就是人为的联系。

机械学习是指当前的学习内容没有与学生已有的经验建立某种有意义的联系，学生没有真正理解学习材料的真实含义。在课堂教学中，机械学习经常表现为一种死记硬背的学习。

二、什么是发展

（一）发展的概念

发展与发育、成长在日常生活中交替使用，说明它们有共同之处。发育、成长更多是指身体和生理方面的发展和成熟。而发展是指个体从受精卵开始到出生、成熟，直至衰老的生命全程中连续的、系统的变化。连续性指变化具有跨时间的稳定性和相对持久性。系统性指变化是有序的、有规律可循的、模式化的。

个体的发展包括生理发展和心理发展两个方面。生理发展主要包括身高和体重、大脑和神经系统、动作等方面的变化。心理发展主要包括注意、感知觉、记忆、想象、思维等认知过程的发展，还包括情绪情感、个性、社会性等方面的发展。事实上，这两方面的发展并不是完全独立的，而是密不可分的。

（二）发展的基本性质

1. 发展的连续性和阶段性

个体心理的发展是一个从量变到质变的过程，既表现出一定的连续性又表现出一定的阶段性。例如，6、7个月时儿童开始爬行，先是腹部着地慢慢爬，再到靠手、膝爬行，由不熟练的爬行到熟练的爬行，这种爬行技能上的变化体现着儿童动作发展的连续性；但1岁左右，儿童开始能站立和直立行走，由爬行到直立行走，不单单是爬行技能的简单扩展，而是出现了本质不同的行为模式，即进入动作发展的新阶段，但该阶段还会保留或表现出爬行。例如，儿童刚刚学会直立行走时，动作不熟练，在需要快速移动或疲劳时还是会爬行。

2. 发展的方向性和顺序性

在正常情况下，个体身心的发展总是指向一定的方向，并遵循一定的先后顺序，而且这种顺序是不可逆的，也是不可逾越的。例如，婴幼儿言语发展过程中，总是先发出一些"咿咿呀呀"的声音，再学会说一些简单的词，最后才能用准确生动的语言与他人进行交流。而婴幼儿身体和运动机能的发展也遵循自上而下的头尾律和从中心到边缘的近远律，如图1-1所示。婴幼儿最早发展头部动作，然后发展躯干动作，最后发展手、脚的动作，表现为先学会抬头、转头，再学会翻身，再学会坐、爬、站、行走；同时，动作发展从身体的中部开始，越接近躯干的部位动作发展越早，越远离身体中心的部位动作发展越晚。例如，上肢动作发展顺序为先发展肩头和上臂，再发展肘、腕、手，最后是手指。

发展的方向性和顺序性

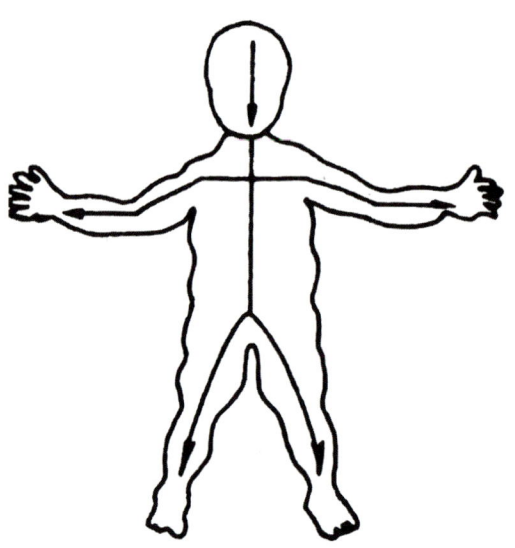

图1-1　身体和运动发展的直线倾向图

图片来源：刘金花. 儿童发展心理学［M］. 上海：华东师范大学出版社，2013：55.

3. 发展的不平衡性

个体在生命全程中的发展不是按一个模式进行的，也不是按相同的速度直线进行的，而是表现出不平衡性，主要表现为发展的不同方面、不同阶段在发展的速度上、到达某一水平的时间和最终达到的高度等方面都表现出多样化的发展模式。

从个体发展的不同方面看，个体神经系统的发展先快后慢，9岁时就能基本接近成人水平，而生殖系统的发展则是先慢后快，在青春期前发展缓慢，一到青春期则快速发展。

从个体发展的不同阶段看，个体发展的速度是不同的。婴幼儿期出现第一个加速发展期，然后童年期平稳发展，到了青春期又出现第二个加速期，然后在整个成年期平稳发展，到了老年期各方面发展呈下降趋势，属于下降期。

 相关链接

儿童心理发展的敏感期或最佳期,是指儿童学习某种知识和形成某种能力或行为比较容易、儿童心理某个方面发展最为迅速的时期。错过了敏感期或最佳期,不是不可以学习或形成某种知识或能力,但是比起敏感期或最佳期来说,就会较为困难,发展比较缓慢。比如,儿童学习简单的口语,2~4岁是最佳期;年龄越大,效率越低,而且在掌握口语发音上,敏感性越来越差。成人学习外语,不但比儿童费力,而且往往带有母语的口音。

不同年龄对学习和心理发展的某个方面有不同的敏感性。在掌握数的概念方面,敏感期在5岁至5岁半。有些研究认为,4岁以前是形象视觉发展的敏感期,4岁以后形象视觉的发展开始减弱。还有些研究认为,耳聋儿童如果在1岁前被发觉而给他助听器,就能正常地学会语言发音,若1岁后才开始采取措施,学习发音的困难就会增大。

整体来说,学前期是儿童心理发展的敏感期或最佳期。其中,4岁前是智力发展最迅速的时期。关于坚持性行为的发展,敏感期则在4~5岁。

资料来源:陈帼眉. 学前心理学[M]. 北京:北京师范大学出版社,2015:26.

4. 发展的差异性

一般说来,一个正常儿童的发展总是要经历基本的发展阶段,但是同是在正常范围内的个体,在发展速度、最终达到的发展水平、发展的领域等方面也存在着较大的差异。例如,从智力发展速度看,有的人早慧,有的人大器晚成;从智力水平看,有的人智力平平,有的人智力超常;从个人的优势领域看,有的儿童语言能力发展得好,有的儿童动作发展得好。

三、婴幼儿学习与发展的关系

婴幼儿的学习与其身心发展有着密切的关系:一方面,婴幼儿的身心发展能够为学习提供必要的准备;另一方面,学习可以促进婴幼儿的身心发展。具体表现在以下几个方面。

(一)发展影响学习

1. 生理发展影响学习

婴幼儿的生理发展可以为其有效的学习提供物质可能,对他们来说,一切的学习都需要以骨骼、肌肉与神经系统等方面的正常发育为前提。忽视生理发展水平的制约作用,或者学习要求与婴幼儿的生理发展水平相差较大,并不能很好地促进他们的学习,反而会得不偿失。

2. 心理发展影响学习

大量研究表明,新的学习受到原有的心理结构及其发展水平的影响,个体原有的心理发展水平决定了新的学习可能达到的水平以及学习的难易程度。个体处于不同心理发展水平时,学习的内容与学习的形式也应有所不同。

现实中,很多照料者忽视孩子的现有发展水平,一味引导其学习的例子数不胜数。例如,婴幼儿学会控制大小便有一个循序渐进的过程,自主排便的生理前提是尿道括约肌和肛门括约肌已经发育成熟,能够自行感知到尿意和便意,然后通过大脑调动括约肌来控制大小便,有的照料者在孩子几个月大时就采用给孩子把尿的方式来提前进行如厕训练,这样做很

容易影响孩子的睡眠、专注力等，甚至引起孩子的抗拒而排斥排便，给以后的如厕训练带来困难。有的照料者完全不考虑孩子的认知发展水平，一味地强迫孩子背诵大量的古诗词、乘法口诀，这种急功近利的学习行为很容易抑制孩子的学习动机。照料者应该根据婴幼儿的身心发展特点，确定适宜的学习内容和学习方式。

（二）学习促进发展

1. 学习促进生理发展

婴幼儿的学习可以促进他们的生理发展。有关实验研究证明了这一点。

如果剥夺新生动物某方面的感觉刺激，使其缺乏一定的外在刺激作用和学习活动，他们相应的感觉器官的生理特性的发展将受到抑制。研究发现，让刚出生的两只黑猩猩在完全黑暗的环境中生存，剥夺光刺激对他们的视觉器官的作用，16个月以后，这两只黑猩猩的视觉出现发育迟缓、视觉器官异常。

相反，适度的学习和训练可以促进人类的生理发展。有研究者曾经在一所普通的托儿所中设置了三种不同的实验情境：第一种情境是每天给婴幼儿额外增加20次的成人看护；第二种情境是在小床上增加多种形状和颜色的物体，给头和颈部提供额外的活动机会，同时也增加成人的看护次数；第三种就是将假奶头放在婴幼儿能看得见的床栏上，鼓励婴幼儿去抓握，同时也增加成人的看护次数。结果发现，第二种和第三种实验情境中的婴幼儿，其追视事物的能力比第一种情境中的婴幼儿发展得要早一些。另有研究也证实，人类大脑皮层的不断生长与分化完全得益于后天的各种形式的学习。

2. 学习促进心理发展

婴幼儿的心理发展是在不断学习的过程中实现的。通过学习获得各种知识经验，新经验的获得使心理发展成为可能，而新经验的广泛运用能使这些经验进一步概括，从而成为一种稳固的心理结构，实现心理发展的质的变化，出现新的发展水平。

动物学习实验以及人类早期教育的研究都表明，学习可以促进个体的心理发展。比如，在白鼠成长的初期进行学习训练，由此习得的经验可以促进其日后解决问题的能力的提高。"狼孩"的例子表明，早期学习经验的缺失会直接阻碍心理的正常发展。

由此可见，婴幼儿的学习与其身心发展有着密切的联系。教师或家长如果能引导婴幼儿恰当地学习，对促进其身心发展具有非常重要的作用。

效果自测

序号	学习要点	学生自评达到的程度
1	学习的概念	☆ ☆ ☆ ☆ ☆
2	学习的分类	☆ ☆ ☆ ☆ ☆
3	发展的概念	☆ ☆ ☆ ☆ ☆
4	发展的基本性质	☆ ☆ ☆ ☆ ☆
5	婴幼儿学习与发展的关系	☆ ☆ ☆ ☆ ☆

任务二　婴幼儿学习与发展的影响因素

任务要求
1. 了解遗传和生理成熟、环境和教育、个体内部主观因素对婴幼儿学习与发展的影响。
2. 能结合具体实例，分析影响婴幼儿学习与发展的因素及其作用。

案例导入
2岁的乐乐是一个腼腆、怕生的男孩，每次邻居阿姨和他打招呼，他都害怕地躲在家人后面。于是乐乐的家人和托班的老师沟通，想一起引导乐乐变得外向一些。之后，乐乐的家人和托班的老师时常给乐乐讲一些有趣的故事，和他一起扮演故事里的角色，引导他和其他小朋友一起做游戏。同时，每次都给予乐乐积极的鼓励和肯定。经过不到一年的有意识的"磨炼"，乐乐逐渐活跃起来，变得越来越自信，并乐于主动和老师、同伴交流。

问题：乐乐在一年的时间里发生了很大的变化，这其中家庭和托班的教育起到了很重要的作用。那么，婴幼儿的学习和发展主要受到哪些因素的影响？这些因素主要发挥了什么作用？

核心知识
影响婴幼儿学习与发展的因素是复杂多样的，既有客观因素，如遗传和生理成熟、环境和教育等，也有婴幼儿内部主观因素，如需要和动机等。

一、遗传和生理成熟

遗传和生理成熟是影响婴幼儿学习与发展的生物因素。通过遗传，个体继承了祖先的许多生物特征，如机体的构造、形态、感官和神经系统的特征等。生理成熟是指身体结构和机能生长发育的程度和水平。生理成熟以遗传为基础，依赖于种系遗传的成长程序，有一定的规律性。

（一）遗传是婴幼儿学习与发展的生物前提和自然基础

遗传是使婴幼儿在成长过程中有可能形成人类心理的前提条件，也是婴幼儿有可能达到社会所要求的发展水平的基本条件。

如果遗传方面的因素没有为婴幼儿的发展提供所需要的自然基础，无论后天如何学习，都不可能达到相应的效果。例如，生来智力有缺陷的孩子，不可能达到正常儿童的发展水平；生来全色盲的孩子，不可能成为画家；即使给黑猩猩提供良好的人类生活条件并对其进行精心训练，其智力发展的最高水平也不能和人类相比。

（二）遗传为婴幼儿学习与发展的个别差异奠定了基础

遗传差异决定着心理活动所依据的物质基础——大脑及其活动的差异，从而影响着婴幼儿的学习与发展。

婴幼儿从一出生就会表现出明显的差异。有的孩子容易安抚，有的孩子恰恰相反；有的孩子容易适应新的环境，有的孩子则不然。这为他们性格和学习品质的形成与发展奠定了基础。

遗传造成的个别差异影响着婴幼儿的智力。例如，唐氏综合征的患者由于遗传缺陷造成先天性智力落后。

研究发现，特殊能力的发展受遗传的影响较大。例如，音乐家、运动员、画家等之所以取得较高的成就，不能否认遗传在其中的作用。具有不同遗传素质的婴幼儿，其最优发展方向是不同的。

（三）生理成熟是婴幼儿学习与发展的物质基础

生理成熟使婴幼儿心理活动的出现或发展处于准备状态。如果在某种生理活动和机能达到一定成熟程度时，适当地给予刺激，就会使相应的心理活动有效地出现或发展；如果机体尚未成熟，即使给予某种刺激，也难以取得预期的结果。美国心理学家格塞尔用"双生子爬梯实验"说明了生理成熟对婴幼儿学习与发展的影响，他让同卵双生子T和C在不同的年龄开始学习爬楼梯，T从出生后的48周起接受爬梯训练，每天训练10分钟，连续6周；C则从出生后的第53周开始训练，每天的练习时间相同，C仅训练两周，就赶上了T的水平。实验表明，学习与生理成熟有关，在儿童没有达到生理成熟水平之前，训练他们去学习和掌握某种技能，作用不大。

遗传和生理成熟仅仅是影响婴幼儿学习与发展的一个必要条件，它只能提供婴幼儿学习与发展的可能性，不能完全决定婴幼儿的发展。环境和教育因素在婴幼儿的学习与发展中扮演着重要角色。

二、环境和教育

环境是婴幼儿生活的周围的客观世界。大多数婴幼儿在出生时具有健全的头脑和感官，但他们之后的发展却可能有着极大的不同。这通常是因为有些婴幼儿在良好的环境中成长，教育为其学习与发展提供了帮助；而有些婴幼儿则缺乏适宜的环境和教育，学习与发展受到了一定阻碍。

（一）家庭因素

家庭是婴幼儿早期学习与发展的主要场所。家庭中的学习环境、家庭氛围、家庭教养方式等不仅会影响婴幼儿早期学习与发展的各个方面，还会对其后期发展产生深远影响。

家庭学习环境主要包括家庭文化资源、家庭学习活动和丰富生活经验三个方面。家庭文化资源，指的是父母在家里为孩子学习提供的物质条件与营造的学习氛围，比如家里拥有的图书和玩具、父母的阅读习惯。家长家庭学习活动，主要指家长在家为孩子提供的各种具有明显学习机会的活动，例如家长与孩子一起读书、给孩子讲故事、教孩子画画等。丰富生活经验，主要指家长带孩子到户外所进行的各种日常活动，例如带孩子去书店、电影院、外出旅游等。

家庭氛围直接关系到婴幼儿的身心和谐与健康发展。家长应创设良好的家庭氛围，让婴幼儿在轻松愉快、和谐友爱的家庭气氛中健康成长。首先，良好的家庭氛围更容易使婴幼儿产生积极的情绪体验，有利于他们的学习与发展，对于婴幼儿健全人格的形成具有重要作用。其次，在良好的家庭氛围中，婴幼儿有较大的探索空间和自主权。家长支持和回应婴幼儿的各种问题，可以激发和保护他们的好奇心和求知欲。家长鼓励和参与婴幼儿的行为，可以保护婴幼儿大胆探索、主动探究的积极性。最后，良好的家庭氛围中，家庭成员之间能够积极互动，让婴幼儿感受到良好的亲子关系，学习到积极的社会交往方式，可以为婴幼儿的同伴交往奠定良好的基础。

家庭教养方式会对婴幼儿的社会适应能力产生持续性影响。积极的教养方式和适当的引导会使婴幼儿具有更好的适应性，而消极的教养方式容易使婴幼儿出现情绪上的问题行为，不利于其社会适应。例如，专制的家庭，孩子容易懦弱、顺从；娇宠的家庭，孩子容易任性。

相关链接

根据国内外的一些研究，评定父母教养类型的维度主要有两个：控制（是否对孩子提出成熟的要求）和爱（是否关心、信任和尊重、理解孩子）。

根据这两个维度可以把父母的教养类型分成以下四种（图1-2）：

（1）权威型父母——控制（提出符合儿童年龄的成熟要求）+爱（接受）；

（2）专制型父母——控制（提出不符合儿童年龄特征的近乎苛刻的或无理的要求）+不爱（拒绝）；

（3）娇宠型父母——不控制+不完全的爱（宠爱）；

（4）冷漠型父母——不控制+不爱（等于放任自流、自生自灭）。

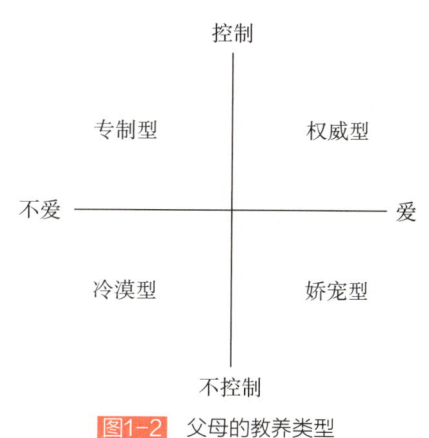

图1-2 父母的教养类型

专制型父母，控制有余，爱心不足；娇宠型父母，爱得不理智，控制不足；冷漠型父母，无论从教养方法和教养态度上都有问题。权威型父母是比较理想的父母，权威型的父母会对孩子提出合理的要求，对孩子的行为做出适当的限制，设立恰当的目标（符合孩子年龄的成熟要求），一贯地、一致地支持并要求孩子执行这些目标。同时，他们会对孩子的成长表现出关注和爱，会耐心地倾听孩子的想法，鼓励孩子参与家庭决策。简而言之，这种教养方式是理性的、严格的，又是民主的、耐心的，既坚定地要求服从（标准），又努力促其独立，它是以爱为基础的。

资料来源：刘金花. 儿童发展心理学[M]. 上海：华东师范大学出版社，2013：209.

（二）托幼机构因素

对于进入托幼机构的婴幼儿来说，托幼机构也是其学习与发展的主要场所。2021年，国家卫健委发布的《托育机构保育指导大纲（试行）》中指出：托育机构是实施保育的场所，应当提供健康、安全、丰富的生活和活动环境，配置符合婴幼儿月龄特点的家具、用具、玩具、图书、游戏材料和安全防护措施。构建良好的托幼环境对于婴幼儿的学习与发展起着举足轻重的作用。

婴幼儿学习的特点决定了他们的学习与发展需要外部环境和材料的支持。

首先，安全、卫生、健康的托幼环境可以保障婴幼儿在游戏和活动中不受伤害，有利于预防疾病和意外伤害。丰富多样的活动设施可以为婴幼儿提供充分的运动空间，促进他们的身体素质和协调能力。如图1-3所示，中国福利会幼儿园前滩园修筑了人造山丘，将攀登运动器械与草坡、隧道、大树有机结合，构成了能给婴幼儿带来丰富体验的立体活动空间，从而支持大、中、小、托班不同年龄婴幼儿不同水平与维度的身体活动。

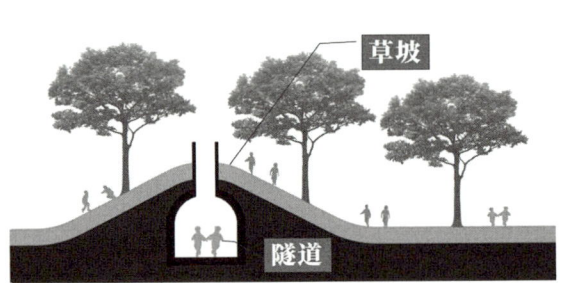

图1-3 中国福利会幼儿园前滩园的人造山丘及设计图

其次，富有创造性和启发性的环境能够激发婴幼儿的好奇心和学习兴趣，促进他们的认知发展。提供各种有趣的教育玩具可以帮助婴幼儿学习语言、数字、图形等基本知识，同时培养他们的观察力、注意力和思维力等。例如，利用绘本《好饿的毛毛虫》可以促进婴幼儿对数字、星期、食物等方面的认知（图1-4）。

再次，温暖、轻松和富有支持性的托幼环境能够促进婴幼儿的情感发展，使他们更愿意表达自己的情感和需求，进而产生信赖感和归属感。

图1-4 温州市第二十幼儿园早教亲子园的老师给孩子们讲绘本《好饿的毛毛虫》

最后，丰富、开放、能满足婴幼儿需求的托幼环境能够让每一位婴幼儿都能根据自己的兴趣寻找到需要的材料，并按照自己的意愿进行活动。例如，午饭后，婴幼儿既可以选择在表演区玩耍，或者去看看窗台上的绿植，也可以到走廊里操作益智玩具。

除了创设高质量的环境，教育工作者可以通过与婴幼儿建立亲密的支持性关系、开展优质高效的教学活动等方式，推进婴幼儿的学习与发展。

除此之外，婴幼儿与同伴的交往对其学习与发展也有着不可替代的作用。同伴之间在交往过程中可以获得丰富的信息，以此促进认知发展；婴幼儿在与同伴交往的过程中可以有机会处理彼此之间的关系，以此提高社会技能；婴幼儿在交往中可以得到同伴的支持而产生安全感和信赖感；婴幼儿在相互交往过程中可以学习团结合作等良好的个性品质。

（三）媒体因素

目前，媒体（特别是电视、网络）已成为婴幼儿的成长环境中不可缺少的部分。媒体对婴幼儿学习与发展的作用也是不可忽视的。

电视节目、手机App等为婴幼儿提供了学习的机会。婴幼儿通过看电视、操作手机等方式可以获得信息、认识世界、发展能力。这些获得的信息可以扩充婴幼儿的知识，丰富其对世界的认识，而且不同的信息可以从不同的方面锻炼婴幼儿的想象能力、思维能力等。

但需要注意的是，看电视是单方面的信息交流，婴幼儿只是被动地接收这些信息，因缺少主动交流，很可能会影响婴幼儿的语言和执行能力等，甚至会限制其大脑和神经系统的发育。电视或网络中传播的内容有些并不适合婴幼儿，且长时间观看会影响婴幼儿的视力，因此照护者应对婴幼儿的观看时间和内容进行监督。

相关链接

看电视过多对儿童发展的负面影响

一、对儿童身体发展的负面影响

1. 导致视力下降

学龄前的儿童，正是眼睛形成固定折射的时期，眼球的前后径短，晶状体尚未发育成熟，睫状肌很娇嫩，长时间看电视会减少练习眼球运动的机会，导致视力下降。

2. 诱发肥胖

儿童长时间坐在电视机前，缺少户外活动，能量消耗减少，再加上儿童在看电视时常常会吃一些零食，容易造成热量过剩，导致肥胖。

3. 影响大脑发育，诱发抽动症

婴幼儿的某些生理结构发育尚不完善，对外来刺激承受能力差，特别是一旦受到强光刺激和高频度的声像刺激，大脑皮质会产生强烈兴奋，兴奋扩散以后就会引起运动性兴奋，表现为某一肢体甚至全身性的抽动，引发脑功能失调。

4. 其他

一些儿童习惯边看电视边吃饭，这种行为容易使儿童肠胃的消化功能降低，导致身体健康状况下降。同时，长期坐在电视机前，容易使儿童的骨骼发育变形，使其脊椎、胸廓发育异常。

二、对儿童心理发展的负面影响

1. 注意力难以集中

电视的特点之一是把时间弄成感性的碎片，通过大量短暂的片段、快速的动作、镜头的切换、渐强与渐隐等来呈现信息。这种快速的变化会破坏儿童集中注意的能力，使他们淹没在大量的信息之中，来不及加工思考，更无法整合信息。久而久之，儿童的注意能力下降，思维难以集中，在心理上变得懒惰、缺乏耐心和意志力。

2. 思考能力受到限制

与文字不同的是，电视以清晰、直观、生动、形象的声音和图像呈现信息，这种特点容易使儿童只看到结果，忽略问题的产生，放弃思考和追问事物的本质，使得他们习惯于"看"而不愿去"想"，造成思考能力的下降。

3. 想象力缺乏

儿童在阅读时，需要通过自己的努力去设想文字描写的情景，在这一过程中，其创造力、想象力在无形中得到了培养；在游戏时，儿童通过不断实践，发现解决问题的途径，其创造力也在其中得到发展。而电视把现成的情景摆在儿童面前，他们既不用费心去想象，也不用费心去创造，而是直接接受，其创造力、想象力的发展自然而然会受到影响，导致想象力缺乏。

4. 主动性降低

电视对于儿童是一种单向的刺激，它不需要儿童对其做出反应，儿童只是被动地接受信息。久而久之，容易使儿童消极、盲目地接受信息，养成被动接受的习惯，缺乏主动积极的思考，进而导致生活中缺乏主动性。

5. 引起头脑疲劳，致使心理不安稳

电视产生的光压力和声响刺激会使儿童的大脑无法负荷，于是他们会"关闭"自己的系统以自我保护，而这种"关闭"其实是对大脑神经活动的抑制，最终导致头脑疲劳。同时，长期的抑制又使他们过多的能量无法得到释放，从而导致在生活和学习上自制力差，以及心理不安稳的现象。

三、对儿童学业发展的负面影响

1. 引发阅读障碍

长期看电视会导致儿童眼球周围六条肌肉协调运动能力下降，进而在阅读时，或破词破句，或重复字词，或添字，或吞字，或跳行，或串行，即阅读障碍。同时，看电视过多也会引起儿童阅读能力的下降。

2. 诱发学习缓慢

看电视时，图像刺激占主导地位，容易导致儿童右脑兴奋而左脑相对抑制。看电视过多，使得儿童右脑半球（处理视觉信息）疲惫，而左脑半球的功能（语言和抽象思维）由于没有机会将思维和感觉汇集成为言语而变得迟钝，这将影响儿童语言和逻辑抽象思维的发展，进而在学业上出现反应迟钝现象。

综上所述，电视作为如今信息传递的主要媒介，虽然可以开阔儿童的视野、丰富儿童的生活，但是看电视过多会对儿童的生理、心理造成不良影响，因此应该严格控制儿童看电视的时间，正确引导，防止电视带来的不良后果。专家建议，儿童每天看电视的时间不宜超过其所在年龄一节课的时间。

资料来源：钱志亮，姜洁. 看电视过多对儿童发展的负面影响［J］. 少年儿童研究，2009（4）.

三、个体内部主观因素

婴幼儿作为学习与发展的主体，其自身内部主观因素是学习与发展的内在动力。影响婴幼儿学习与发展的个体内部主观因素包括婴幼儿的需要、兴趣、能力、性格、自我意识以及心理状态等。其中，最主要的是需要和学习动机。

需要是个体感到某种缺乏而力求获得满足的心理倾向。婴幼儿在与环境相互作用的过程中会产生一些新的需要，而婴幼儿现有的发展水平满足不了这种新的需要时，会推动其去学习。例如，婴幼儿还不会说话时，经常用哭声来表达自己的需求，当照料者听到哭声后会马上来照顾他们。然而，哭声所传递的信息不够准确，照料者常常要通过猜测、排除，才能知道婴幼儿的真正需求。随着婴幼儿的活动越来越丰富，他们的需求不再仅仅是生理方面的，还有可能是想要照料者抱抱，或是想要某个物品，照料者就更难以在众多的可能中迅速找到其真正的需求。这时，婴幼儿就产生了新的需要，他需要一种更好的方法与别人交流，这种需要推动他去学习一些简单的词汇来表达自己的需求。

学习动机也是推动婴幼儿进行学习的内部动力。例如，婴幼儿从生活经验中知道木头和纸片等都可以浮在水面上，小石子、钉子等会沉到水底，而轮船那么大却可以浮在水面上，这些疑问会推动他们去了解物体沉浮的奥秘，学习动机推动了学习行为。通常情况下，婴幼儿的学习动机越强，参与学习活动的积极性就会越高，从而产生更好的学习效果。

综上所述，遗传和生理成熟、环境和教育都是婴幼儿学习与发展不可缺少的因素，遗传和生理成熟为婴幼儿的学习与发展提供可能性，环境和教育将这种可能性变为现实。婴幼儿年龄越小，遗传因素和环境因素对其学习和发展的作用越大。但是随着年龄的增长，相对来说，遗传因素的作用会逐渐减弱，个体内部主观因素的作用会越来越大。当然，环境和教育的作用始终是很大的。

效果自测

序号	学习要点	学生自评达到的程度
1	遗传和生理成熟对婴幼儿学习与发展的影响	☆ ☆ ☆ ☆ ☆
2	家庭因素对婴幼儿学习与发展的影响	☆ ☆ ☆ ☆ ☆
3	托幼机构因素对婴幼儿学习与发展的影响	☆ ☆ ☆ ☆ ☆
4	媒体因素对婴幼儿学习与发展的影响	☆ ☆ ☆ ☆ ☆
5	个体内部主观因素对婴幼儿学习与发展的影响	☆ ☆ ☆ ☆ ☆

任务三　婴幼儿学习的方式和特点

🎯 任务要求

1. 熟悉婴幼儿学习的主要方式。
2. 了解婴幼儿学习的主要特点。
3. 对婴幼儿学习产生浓厚的兴趣，愿意主动探索更多相关内容。

🎯 案例导入

情景一：出门散步前，爸爸让可可收拾积木，几分钟过去了，可可还没有把积木放到玩具箱里，面对爸爸的询问，可可说"哥哥也在玩积木，他也没放进去，我也想跟他一样继续玩"。

情景二：语言活动中，豆豆很快完成了某项任务，老师给了他一个贴纸作为奖励。他回到自己的座位上开心地拿给园园看，说："老师刚才夸我了。"园园不一会儿也完成了任务，同样获得了一个小贴纸。

问题：可可看到哥哥没有完成收拾积木的任务时也产生了拖延行为，而园园在看到豆豆完成任务并获得奖励时，受到了鼓舞，也坚持完成了任务。婴幼儿为什么会通过模仿同伴而学习到消极的或者积极的行为，他们学习的方式还有哪些？

🎯 核心知识

一、婴幼儿学习的主要方式

婴幼儿时期的学习方式与其他年龄阶段有着明显的不同。婴幼儿的思维处于直观行动思维和具体形象思维阶段，这决定了他们在学习中要依赖动作、形象和亲身的体验。因此，婴幼儿学习的主要方式有观察学习、操作学习、体验学习和交往学习等。

（一）观察学习

观察学习，又称替代性学习、模仿学习，是个体通过观察别人的行为表现而进行的学习。观察学习是婴幼儿主要的学习方式，婴幼儿通过观察现实生活中的见闻、书籍或电视中的榜样而进行学习。因此，成人要给婴幼儿做好模仿的榜样，尤其是婴幼儿信任的家长和老师，在日常生活中更要规范自己的言行举止，防止婴幼儿不加辨别地加以模仿。

观察学习中个体不需要直接参与学习活动，这样既能提高学习的速度，又能避免个体去经历有负面影响的行为后果。例如，婴幼儿可以通过听故事来了解安全事故的危险性，而不必亲自体验安全事故的后果。

（二）操作学习

操作学习是个体在实际动手操作活动中进行的学习。婴幼儿掌握的知识和技能很多都是通过操作学习获得的。他们通过操作学习来探究物体，探索周围的世界。例如，不满1岁的孩子用手去触碰电灯开关，往下摁一下开关灯亮了，再往上摁一下开关灯灭了，通过这种积极主动的探索，很快他便学会了用手触碰开关来控制开灯和关灯。婴幼儿的操作学习还经常体现在运动方面，他们通过操作学习来提高运动技能。例如，婴幼儿坚持练习一段时间的篮球操后，能够熟练地跳出来。

（三）体验学习

体验学习是一种以个体为中心的，采用实践与反思相结合的方式来获得知识、技能和态度的学习方式。即个体亲身经历某件事并进行反思而从中获得态度和情感。体验学习更关注个体对经验的总结和反思。在没有安全隐患的条件下，婴幼儿通过真实的操作体验，能够更好地认识事物。

在体验学习中，婴幼儿作为体验者，应充分调动其感官参与体验活动，通过用眼睛看、用耳朵听、用手操作等方式，获得具体的体验。例如，大班举行"孕妈妈"体验活动的时候，让每一个幼儿往衣服里塞一个小皮球充当自己的"小宝宝"，要求他们照顾好"小宝宝"，并且无论如何都不能把它掉出来。幼儿为了保护好肚子里的"小宝宝"，时刻都很小心，他们不敢跑、不敢跳，走路的时候轻手轻脚，捡拾掉在地上的东西时也是小心翼翼地弯腰。户外活动的时候，幼儿更小心了，连平时喜欢玩的滑梯、攀爬架等都不敢玩了，生怕伤到自己的"小宝宝"……通过这次体验活动，幼儿表示："挺着大肚子，走起路来好累啊！""接水的时候很容易撒到身上呢！""肚子这么大，睡觉也不舒服。""我的'宝宝'顶得我好难受啊！"由此，他们感受到生命的奇妙，深刻地理解并体会到当妈妈的辛劳，激发了爱妈妈的美好情感。

相关链接

小伢儿雨 · 趣

相逢雨季，雨滴答滴答、淅淅沥沥。天空突然换上了灰色的外衣，细密的雨丝轻轻落下，给幼儿园的每一个角落披上了一层神秘的面纱。伢宝[①]们听到雨声，眼里闪烁着好奇的光芒，他们知道，一场特别的雨中冒险即将开始。

玩具进行时

"小朋友们，穿上你们的雨衣和雨鞋，去雨中探险吧！"

伢宝们欢呼雀跃，在老师们的帮助下穿上雨衣、雨鞋，撑上雨伞，五彩斑斓地走进了雨的世界。

雨点落在伞面上，发出"啪嗒啪嗒"的声音，伢宝们兴奋地用手指接住伞沿流下的雨水，伞面倾斜时，还能形成一串串透明的珠链。

"雨落在脸上是什么感觉？"大家纷纷抬起头，任由细雨轻抚他们的脸颊。

"凉凉的。""是一粒一粒的。""呀！都落到我的鼻子上了。"孩子们闭着眼睛，享受着这独特的洗礼，仿佛在和天空对话（图1-5）。

---

① 方言中对小孩子的称呼。

图1-5 孩子们在体验雨落在脸上的感觉

寻找小雨滴

小雨滴从天上掉落下来之后去哪里了呢？伢宝们漫步在雨中寻找着小雨滴的踪迹（图1-6）。

"藏在天空里""藏在水坑里（图1-7）""藏在雨伞下面""藏在篮球架里"。伢宝们滔滔不绝地说着自己的所见所闻。他们看到的雨是新奇的，是有趣的，是充满活力的。就好像一颗一颗的小弹球，弹呀弹呀，弹到了幼儿园里，弹到了台阶上，弹到了草丛里……让每一个地方都充满生机。

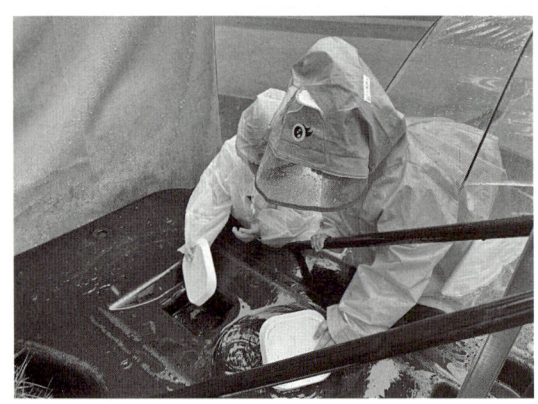

图1-6 孩子们在寻找雨的踪迹并收集雨水

图1-7 孩子们在感受小水坑里的雨

教师的话：

孩子们需要在亲身体验、探索中去发现事物的特征。孩子们用手心感受雨滴的温度；用耳朵倾听大雨哗啦啦的声音，小雨从小木屋的屋檐滴下是"嘀嗒嘀嗒"声；感受小脚踩在地面上溅出"啪叽啪叽"的水花……这无一不体现孩子们对雨水的喜爱。因此，成人要善于发现和保护幼儿的好奇心，充分利用自然和实际生活机会，帮助幼儿不断积累经验。

玩雨后

玩雨后的几天，天气晴朗，伢宝们天天趴在窗边，期盼着雨水的再次降临。

"怎么还不下雨呀？我想小雨滴了。""不下雨我们可以把雨给画出来呀！"

伢宝们围坐在桌子旁拿着蜡笔，开始描绘他们心中的雨。雨不再是单一的透明，而是被赋予了无限想象的颜色——有如小草般青翠的雨，有像海浪一样蔚蓝的雨，还有橙色的、粉色的……这些画作，是伢宝们眼中世界的倒影，充满了童真与梦幻。

又过了几天，天气越来越热，大大的太阳把小花小草都晒得蔫蔫的。我们收集的雨水终于能派上用场啦！一起去给小花小草喝喝水吧！

伢宝们即刻开始了行动，纷纷在区域里找来各种各样的容器——蒸笼盖、塑料碗，甚至是梳妆台的化妆盒，都装满了雨水。

然后来到户外，细心地为每一朵小花、每一株小草浇上珍贵的雨水（图1-8）。"喝水啦，小花小草，快快长高哦！"伢宝们一边浇水，一边轻轻地对植物说。

图1-8　孩子们为花草浇上收集的雨水

那不下雨的日子里，幼儿园里还有哪里有水呢？"水池里有水呀！"

马上行动

水池里藏着许多塑料小鱼，伢宝们手持小网，耐心地寻找着（图1-9）。每当成功捕获一条小鱼，都会引来一阵欢呼。

除了在岸边捞鱼，伢宝们还穿上泳衣下水进行捕捞，夏日的乐趣也许就在玩水之间。

这一周，雨水不再是躲在屋子里的理由，而是变成了一个充满探险和发现的神奇日子。伢宝们在雨中学会了观察、感受自然，也学会了分享和爱护这个世界的一草一木。当夜幕降临，每个人都带着满满的快乐和一点点湿漉漉的记忆，进入了甜美的梦乡。

图1-9　孩子们在水池里捕捞

教师的思考：

关于雨天的活动，不仅仅是孩子们的一场游戏，更是教师们精心设计的邀请活动，它鼓励孩子们亲近自然，勇于探索，同时也教会了他们关爱生命、珍惜资源的重要性。通过活动体验，孩子们学会了观察、思考，而老师们也在反思与实践中不断成长。

（四）交往学习

交往学习是个体以他人为对象，通过与他人的对话、交流、互动而进行的学习。交往学习是婴幼儿学习的重要方式。婴幼儿与家长、老师、同伴的交往活动能促进自身多方面的学习与发展。通过交往学习，婴幼儿可以从中获得言语、观念、行为、情感等方面的发展。

华盛顿大学学习与脑科学教授帕特里夏·库尔（Patricia Kuhl）曾经做过一个实验，实验对象为来自西雅图的9个月大的婴儿（母语是英语）。她把参与实验的婴儿分成四组，一组婴儿的老师其母语是汉语，老师用汉语给婴儿讲故事；二组婴儿看同一个老师讲完全一样的故事的视频；三组婴儿听同一个老师讲完全一样的故事的音频；四组婴儿不听汉语，而是由另一个老师用英语讲完全一样的故事。结果发现，只有一组的婴儿学会了汉语，因为只有一组的婴儿是在和老师交往互动的过程中学习汉语的。这项研究表明，婴儿学会语言是以人际交往和互动为前提的。

婴幼儿在与同伴交往的过程中不可避免地会发生矛盾和冲突，从而需要应对、解决冲突。婴幼儿能够在交往中逐渐学会规则、合作。

二、婴幼儿学习的主要特点

了解婴幼儿学习的特点，尊重婴幼儿身心发展的规律，对于促进婴幼儿有效学习具有重要意义。教师和家长只有全面深入地了解婴幼儿学习的主要特点，才能真正承担起促进婴幼儿健康发展的责任。

（一）游戏性

婴幼儿的学习经常在游戏中进行。在游戏过程中，婴幼儿直接接触各种玩具和材料，通过具体的操作活动，获得对客观世界的认识；游戏活动还可以丰富、深化婴幼儿基础的情感；在游戏活动中还可以与同伴进行社会交往，学习有效的交往技能和情绪表达，从而提高解决问题的能力。

（二）兴趣性

我国著名教育家陈鹤琴先生在其专著《家庭教育》中提出："五六个月大的婴儿一听见声音就要转头去寻，一看见东西就要伸手去拿。到了四五岁，他的好奇动作格外多了。看见路上的汽车马车来了，他总要停住脚看看；听见外面的锣声鼓声响了，他总要跑出去看看。"婴幼儿的活动是受兴趣支配的，兴趣可以起到指导和组织婴幼儿的感知、动作和探究活动的作用。

对于感兴趣的事情，婴幼儿更易坚持。教师要深入婴幼儿的活动中去发现他们的兴趣和需要，通过合理的教学设计提高学习的趣味性，激发婴幼儿参与学习活动的兴趣和积极性。在家庭中，家长也要不断改进婴幼儿的成长环境，适当更换玩具和其他物品，利用刺激物的新异性调动婴幼儿的兴趣。

（三）主动性

婴幼儿是积极主动的学习者，他们不仅积极主动地探索周围的事物，还积极主动地与周围的人互动。任何未知的事物都可能会引起婴幼儿主动的探究行为，因此他们主动学习时的表现常常不符合成人的要求。例如，成人常常因忙于自己的事情而对婴幼儿过多的提问表现出厌烦或敷衍作答，这样会破坏婴幼儿的学习主动性。

（四）形象性

婴幼儿处于直觉行动思维和具体形象思维阶段，他们依靠感知和实际动作、具体形象来认知世界。这种思维特点决定了婴幼儿的学习离不开实际动作的支持，离不开具体直观的形象或表象的支持。

婴幼儿的学习应以真实直接的经验为基础，成人应尽可能地创设动作操作、直接观察、形象的语言讲解等形式的学习环境，让婴幼儿获得亲身的经历和体会。

（五）差异性

婴幼儿在学习活动中存在着个体差异，主要包括智力、能力、认知方式、学习的速度和效果等方面的差异。教师要充分理解和尊重婴幼儿发展中的个体差异，支持和引导他们学习与发展。

智力方面，大多数婴幼儿的智力水平都处于中等水平，但也有少数婴幼儿智力水平极高或极低；另外，每一位婴幼儿在智力发展的不同方面也存在不同的发展水平。教师可以根据这些差异，帮助婴幼儿找到更合适的学习方式。例如，同样是记忆某个材料，对于语言智力强的婴幼儿，可以采用背诵的方式，而对于身体运动能力强的婴幼儿，则可以结合既唱又跳的方式来进行记忆。

认知方式方面，有的婴幼儿是场独立型的认知方式，而有的则是场依存型的认知方式，场依存型的婴幼儿更容易受外界环境的影响，他们的学习更依赖外在反馈。

教师在准备和开展学习活动的时候应认真分析婴幼儿的个体差异，有利于实施开展教学活动、实现活动目标。

效果自测

序号	学习要点	学生自评达到的程度
1	观察学习、操作学习	☆ ☆ ☆ ☆ ☆
2	体验学习、交往学习	☆ ☆ ☆ ☆ ☆
3	学习的游戏性、兴趣性、主动性	☆ ☆ ☆ ☆ ☆
4	学习的形象性、差异性	☆ ☆ ☆ ☆ ☆

项目小结

婴幼儿是天生的学习者，他们的学习方式和成人不同，他们有其独特的学习方式，教师和家长只有全面深入地了解婴幼儿学习的方式和特点，才能真正承担起促进其健康发展的责任。婴幼儿的学习和发展是相辅相成的，婴幼儿的发展受到主客观多种因素的影响，成年人要为婴幼儿营造适宜的、有准备的学习环境，才能更有效、科学地促进其成长和发展。

思考与练习

一、选择题

1. （　　）是婴幼儿学习的一种重要方式，这种方法的核心就是模仿学习和替代性强化。
   A. 观察学习　　　　B. 操作学习　　　　C. 体验学习　　　　D. 交往学习
2. 不同的婴幼儿个体在发展过程中表现出心理状况、速度和水平等方面的差别，说明其心理发展具有（　　）。
   A. 顺序性　　　　　B. 方向性　　　　　C. 阶段性　　　　　D. 差异性
3. 婴幼儿教师应该是（　　）。
   A. 婴幼儿学习的引导者、决策者和管理者
   B. 婴幼儿学习的引导者、传授者和控制者

C. 婴幼儿学习的管理者、决策者和传授者

D. 婴幼儿学习的支持者、合作者和引导者

二、判断题

1. 一个婴儿在搭积木的过程中，刚开始积木总是倒下，尝试几次后，他终于把积木搭好了。这表明婴儿发生了学习。（   ）
2. 婴幼儿的学习是以直接经验为基础，在游戏和日常生活中进行的。（   ）

三、简答题

婴幼儿学习的主要方式有哪些？请各举一例说明。

四、案例分析

基尼是美国加利福尼亚州的一个小女孩，她母亲双目失明，丧失了哺育孩子的基本能力；父亲讨厌她，虐待她。基尼自婴儿期起就几乎没听到过别人说话，更不用说有人教她说话了。除了哥哥匆匆地、沉默地给她送些食物外，可以说，基尼生活在一间完全隔离的小房间里。她严重营养不良，胳膊和腿都不能伸直，不知道如何咀嚼，安静得令人害怕，没有明显的喜怒表情。基尼3岁被发现后，被送到了医院。

最初几个月，3岁的基尼的智商得分仅相当于1岁的正常儿童。后来多方面的重视使她受到了特殊的精心照顾。尽管如此，直到13岁，基尼都没有学会人类语言的语法规则，不能进行最基本的语言交流。据调查分析，基尼的缺陷不是天生的。

1. 基尼的缺陷说明了什么？
2. 基尼在精心照顾下仍不能学会人类语言的语法规则，这说明了什么的影响作用？

拓展实训

训练一：

观摩托班游戏场景，记录一个婴幼儿通过游戏学习的案例。

训练二：

请观摩一个托班的环境创设情况，分析其环境创设对婴幼儿学习与发展的支持作用。

项目二　婴幼儿学习的相关理论

知识目标

① 了解婴幼儿早期学习相关理论的发展脉络。

② 掌握不同流派学习理论的代表人物和主要观点。

③ 理解不同学习理论在 0～3 岁婴幼儿早期学习中的适用场景与局限性。

能力目标

① 能够用不同学习理论分析和解释婴幼儿早期的学习行为。

② 通过判断婴幼儿的发展水平,灵活借鉴不同学习理论为婴幼儿设计早期发展支持活动。

素质目标

① 树立严谨认真的教学态度和以婴幼儿为本的教育理念。

② 践行"无条件的积极关注",接纳婴幼儿发展的个体差异。

③ 感受早期教育科学的魅力,平衡理论指导与婴幼儿的实际需求。

思维导图

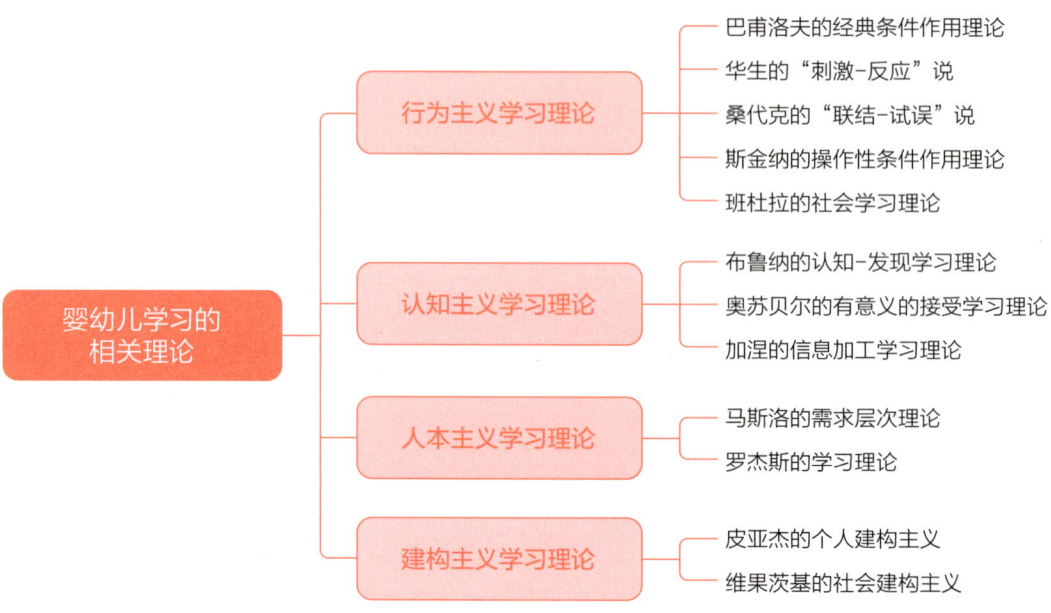

项目导读

人来到这个世界究竟是如何学习的？如何学习才能更加高效？不同的心理学家针对学习问题也提出了很多理论。本项目将从早期学习的相关理论入手，带领学习者了解行为、认知、人本、建构四大流派的基本观点，塑造我们对于学习的看法。

任务一　行为主义学习理论

任务目标

1. 掌握巴甫洛夫的经典条件作用理论。
2. 学习华生的"刺激-反应"说，重视环境对行为的塑造。
3. 了解桑代克的"联结-试误"说，掌握三大定律。
4. 掌握斯金纳的操作性条件作用理论。
5. 熟悉班杜拉的社会学习理论。

案例导入

小宝1岁半，刚学会走路，喜欢到处乱跑。妈妈希望他学会自己拿杯子喝水。每当小宝主动走到茶几前拿起杯子喝水时,妈妈就立刻表扬他:"宝宝真棒,自己喝水!"并亲亲他。几天后,小宝就养成了自己拿杯子喝水的习惯。

问题:你如何看待小宝妈妈的做法?小宝妈妈这种做法体现了什么样的教育原理?

核心知识

行为主义产生于20世纪初的美国,是美国现代心理学的主要流派之一,也是对西方心理学影响较大的流派之一。行为主义把行为与意识完全对立起来,主张心理学应该摒弃研究意识、意象等主观的东西,提出应该只研究所观察到的并能客观加以测量的行为,并认为学习的过程就是刺激与反应之间建立联结的过程,学习效果表现为外部行为的变化。

行为主义主张采用实验的方法来研究外显的行为,批判对人的意识进行研究的观点,认为心理学不应该只是研究人脑中那种无形的、不可捉摸的东西,即人的意识,而应该研究那些从人的意识中折射出来的看得见的、摸得着的客观事物,即人的行为。简单来说,行为主义研究外界刺激会引起什么样的行为,至于大脑内部发生何种变化、如何思考并不做研究,因此大脑内部完全没有涉及,被称为黑箱作业。

一、巴甫洛夫的经典条件作用理论

(一)狗进食摇铃实验

巴甫洛夫的研究多以狗为被试对象,他和助手在实验中无意发现了一个很有意思的现象:研究人员在给狗喂食时,狗会分泌唾液,此时是一种正常的生理现象,但是反复多次后,狗只要看到食物,即使没有吃到,也会分泌唾液,甚至尚未看到食物,只看到食物容器或听到研究人员的脚步声,都会分泌唾液。这个现象引起了巴甫洛夫的好奇。为此,他专门设计了一个实验,这就是著名的经典条件反射实验,也称狗进食摇铃实验(图2-1)。

图2-1 狗进食摇铃实验

实验总共分为四个阶段:

第一阶段:将食物放入狗的口中,狗吃到食物自然就会分泌唾液。这时的食物属于无条件刺激,狗分泌唾液(流口水)属于无条件反应。所谓无条件反应,是指不需要学习就能做出反应,也就是一种本能反应。

第二阶段:发出铃声,狗不会分泌唾液。此时铃声起不到让狗分泌唾液的作用,因此在这一阶段,铃声属于中性刺激。

第三阶段:在狗进食前,发出相同的一段铃声,之后看到食物的狗开始分泌唾液,重复该阶段多次。这时作为中性刺激的铃声与无条件刺激的食物联结而形成条件刺激,因此狗会做出分泌唾液的条件反应。这一阶段中,中性刺激要先于无条件刺激呈现,才能有效训练动物的条件反射。

第四阶段:在进行条件反射训练之后,只摇铃,但不给狗递上食物,这时狗也可以分泌唾液。此时说明条件反射已经形成，原本的中性刺激铃声已经成为引起唾液分泌的条件刺激。

巴甫洛夫认为该实验涉及以下4个事项：

①无条件刺激（UCS）：能够引起有机体自然且自发的反应，它在条件反射形成之前就能引起预期反应，即出现的食物。②无条件反射（UCR）：它是指对于无条件刺激做出的自然且自动的反应，这是在形成任何程度的条件反射之前都会发生的反应，即狗吃到食物会分泌唾液的反应，是自然的、本能的生理反应，是不需要学习的，这种反射就称作无条件反射。③条件刺激（CS）：它是指由不引起有机体自然且自动反应的中性刺激，通过与无条件刺激进行联结，产生引发预期的、需要学习的反应的刺激。④条件反射（CR）：要产生条件反射，条件刺激与无条件刺激必须多次配对，当两个刺激紧接着（在空间和时间上相近，且在无条件刺激之前）反复出现，最终条件刺激单独呈现才会引起与无条件反应类似的反应，即形成条件反射。最后狗在即使没有食物的情况下，只要听到铃响也能够产生唾液分泌反应。如果先呈现无条件刺激，再呈现条件刺激，条件反射将无法形成或微弱。

（二）经典条件反射的基本观点

1. 获得

获得指条件反射从无到有的建立过程。例如，实验中狗最初听到铃声不会分泌唾液，将铃声与食物反复呈现，最终狗只要听到铃声即使不呈现食物也可以分泌唾液。

2. 消退

消退指已经建立的条件反射消失的过程。条件反射的建立要依赖无条件刺激的存在，这就是无条件刺激被称为强化物的原因。没有无条件刺激，条件刺激永远不会形成引发条件反射的能力。同样，如果条件反射已经形成，反复呈现条件刺激，而不呈现无条件刺激，即得不到强化就会产生消退。例如，实验中狗建立了只要听到铃声就可以分泌唾液的条件反射，但建立后如果多次只给狗呈现铃声而不出现食物（强化物），时间长了此前建立的条件反射就会消失。

3. 自然恢复

自然恢复指消退现象发生后，如果个体得到一段时间的休息，当条件刺激再度出现，条件反射自动恢复的过程。条件反射自然恢复后不会持续很长时间，条件刺激和无条件刺激同时出现使条件反射得到全面恢复。

4. 泛化与分化（辨别）

泛化与分化为互补关系。泛化是指分不清相似的刺激，对相似刺激做出相同反应。例如，狗在建立起对铃声的条件反射后，对与之相似的刺激如节拍器的声音或钟表的声音也会产生分泌唾液的现象。新刺激与先前建立的条件刺激的相似度越高，越容易出现泛化，俗语"一朝被蛇咬，十年怕井绳"也是泛化现象的表现。分化又称辨别，是指能够分清相似的刺激，对相似的刺激做出不同的反应。例如，狗会对铃声这个条件刺激做出反应，而对其他与铃声相似的刺激不做出反应。

5. 高级条件作用

中性刺激一旦成为条件刺激，就可以起到与无条件刺激相同的作用，另一个中性刺激与其反复结合，可形成新的条件作用，这一过程被称为高级条件作用。简单来说，高级条件作用就是在已经建立的条件反射（一级条件作用）基础之上通过一级条件刺激与新的中性刺激配对，再次形成的二级乃至三级、四级条件作用。例如，巴甫洛夫的狗进食摇铃实验，通过食物这个无条件刺激与铃声这个中性刺激反复结合呈现，使狗后期听到铃声就会分泌唾液，此时铃声变为条件刺激，狗听到铃声分泌唾液就是条件反射。在此基础之上，把铃声（条件刺激）与灯光（中性刺激）结合反复呈现给狗，最后狗仅看到灯光就能分泌唾液，灯光就是高级条件刺激，看到灯光分泌唾液就是高级条件反射。

在婴幼儿教育中，巴甫洛夫的高级条件作用可以这样应用：当妈妈抱着婴儿进行抚摸接触（无条件刺激）时，婴儿会感到舒适、安全，表现出放松、微笑等无条件反应。多次重复后，"妈妈的怀抱"成为条件刺激，婴儿一被妈妈抱起，就会露出愉悦的表情（条件反应）。之后，妈妈每次抱婴儿前，都先摇一摇手中的铃铛（新的中性刺激），发出"叮铃"声，随后再抱起婴儿。重复多次后，婴儿会把"摇铃声"和"妈妈的怀抱"联系起来——即便妈妈还没伸手抱，只要听到摇铃声，婴儿就会提前露出微笑、身体轻微扭动（类似被抱起时的愉悦反应）。这里的"摇铃声"通过与已形成的"妈妈的怀抱—愉悦"反射结合，成为新的条件刺激，单独出现时就能引发婴儿的愉悦反应。

二、华生的"刺激-反应"说

华生是美国第一个将巴甫洛夫的研究作为学习理论基础的人，他率先举起了行为主义大旗，他的著作《在行为主义者看来的心理学》宣告了行为主义的诞生。

华生认为学习的实质就是通过建立条件作用，形成刺激与反应之间联结的过程。华生认为所有人类的行为都是学习和条件作用的产物。他曾在1913年的著名研究报告中宣称："给我一打健全的婴儿和可用以培养他们的特殊世界，我就可以保证，对随机选出的任何一名婴儿，我都可以把他训练成为我选定的任何类型的专业人士，如医生、律师、艺术家和商界领袖，或者乞丐和窃贼。"

华生认为人类出生时，仅具备少数几种反射（如打喷嚏、膝跳反射）和三种原始情绪（怕、怒、爱），其后所习得的行为和情绪都是在此基础上通过条件反射形成的。假设一种刺激自动地使人产生某种特定的情绪反应（比如恐惧），如果这种体验每次重复时都伴随着其他事物（如一只白鼠），那么白鼠就可能在人的大脑中与恐惧建立联系。简单地说，人会惧怕白鼠，这种害怕是通过条件作用习得。

为此他设计了著名的实验"儿童恐惧形成实验"，又称小阿尔伯特实验，试图证明情绪可以经由条件作用而产生，不用考虑任何内部的力量。

这项实验的核心目的是探索经典条件反射原理在人类行为中的应用，特别是恐惧反应的形成与泛化。尽管该实验因为违背了伦理而饱受后人的批判，但华生对于心理学发展的进步意义是不可忽视的，他证明了人类的行为反应源于学习和条件反射，也揭示了儿童成长环境对于情绪和行为的重要影响。

三、桑代克的"联结-试误"说（尝试错误理论）

桑代克是美国心理学联结主义的建立者和教育心理学体系的创始人，被尊称为"教育心理学之父"，他的"联结论"是教育心理学史上第一个较为完整的学习理论。

在19世纪，桑代克就进行过大量的动物实验，其中最著名的就是饿猫迷笼实验（图2-2），该实验主要是将一只饿猫关入迷笼中，看它如何获取食物，通过观察猫的行为模式，得出了"试误说"的结论。

桑代克为了研究动物是否能通过学习具备推理的思维，建立了这样一个迷笼实验：将猫关入有三种开门机关（分别是门栓、抓绳和按钮）的迷笼中，猫可从笼内看到笼外的食物。为了逃出迷箱、获取箱外的食物，猫必须学会触动箱内的某种特殊装置，使箱门打开。在实验中，猫可以通过触及这其中的任何一个开关，打开门走出迷笼吃到食物。

图2-2　饿猫迷笼实验

在实验开始阶段，桑代克将猫放置在迷笼中时，出于本能的恐惧，猫在第一次被关进迷笼时显得十分惊慌，开始盲目挣扎，这时在笼外放置了食物，食物使猫感到兴奋，表现出乱跳、撕咬栏杆、碰撞箱壁等盲目、尝试性的无关动作，试图逃出迷笼。但是在这个过程中，猫不小心碰到了机关，侥幸逃出了笼外，得到了笼外的食物。

桑代克又重新将猫放入迷笼中，并且逐次记录猫出笼所用的时间。猫不断地在一次又一次的尝试中打开笼子，可能是无意踩到了按钮，或是抬起了门栓，拉到了抓绳，都让猫越来越熟练，通过多次反复实验，笼中的猫逐步减少了盲目、随机、无效的动作。

在最后一次入笼时，猫没有任何的挣扎，直接用一种正确的方式去开了门。

桑代克记录下每次实验中猫逃出迷箱所用的时间，即猫做出正确反应的潜伏期。以纵轴表示成功反应所需的时间，横轴表示连续尝试的次数（即试验次数），则可得到学习曲线（图2-3）。

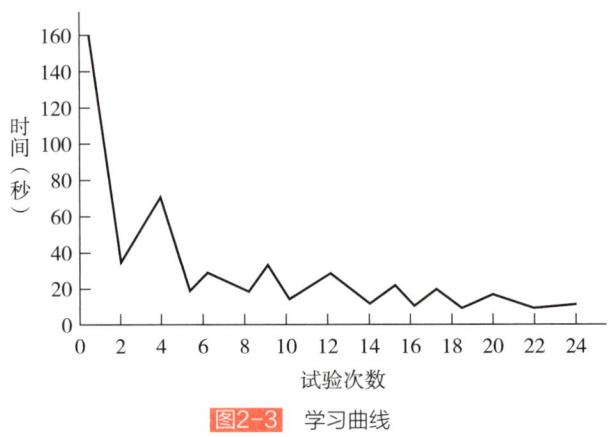

图2-3　学习曲线

依据实验结果，桑代克得出以下结论：

①学习的实质就是刺激与反应之间的联结，无需观念做媒介。

②学习的过程是刺激与反应之间建立联结的过程，而联结则是通过渐进的、盲目的尝试，逐渐减少错误而形成的，因此桑代克的这一观点又被称为"试误说"。

③桑代克用曲线图体现学习过程，在学习曲线中，尝试次数与做出动作所用的时间成反比，即随着尝试次数增多，做出正确动作所用的时间逐渐减少。

通过这个实验，桑代克总结出了学习的基本规律：准备律、练习律和效果律。

（1）准备律

准备律是学习开始前的预备性反应，属于动机范畴。即在学习开始前，学习者要有所准备才能比较自如地掌握学习内容。假设在桑代克的迷笼实验中，将一只吃饱喝足的猫而不是一只饥饿的猫放进笼子里，那只猫很有可能会在笼子中睡觉，而不会产生觅食的动机或者做出觅食的准备，进而不会出现在笼子里反复寻找出去方法的现象。

准备律在婴幼儿教育中可以这样用，当婴幼儿处于饥饿状态时，及时提供食物，让宝宝在有进食准备的状态下得到满足，这样有助于建立良好的进食习惯和安全感。在宝宝能够爬行时，提前布置好安全的爬行空间，让宝宝在有探索准备时能够自由活动，促进其大运动能力的发展。

（2）练习律

练习律是指学习者对已形成的某种联结在实践中正确的重复，那么这种联结反应会有效增强。练习得多会产生使用律，不练习就会形成失用律。也就是说，在学会一个反应时，必须反复地练习这个反应，才能达到越来越好的效果。例如，在实验中，随着猫的反复尝试或不断练习，它开笼所花的时间越来越少。

桑代克的练习律要求教师在教学中给学习者留出适当的练习时间，所谓"熟能生巧"就是练习律的一个反映。但是练习并不是当今教学中的"题海战术"，不能仅仅依靠次数多而奏效，还要掌握一定的方式方法。

（3）效果律

效果律是指学习者在学习过程中所得到的各种正、负反馈意见可以有效加强或减弱学习者在头脑中已经形成的某种联结。它强调学习结果对学习的影响，如果学习行为产生积极的结果，学习更有可能固定下来。反之，如果学习行为导致负面结果，学习可能会受到抑制。在迷笼实验中，当猫成功逃笼后，学习会更容易发生，因为这一行为产生了积极的结果。在教育实践中，教师可以根据这个理论，适当运用奖赏和惩罚措施，来增强或减少学习者的联结。

桑代克的"联结-试误"说奠定了联结派学习理论的基础，对于学生学习来说，有很大的借鉴意义。但是该学习理论简化了学习过程的性质，忽视了人和动物学习的本质区别，抹杀了人类学习的主观能动性，只能解释简单的机械学习，而无法解释人类复杂的认知学习，忽视了人类学习中认知、观念等因素的作用，未能揭示人类学习的本质。

四、斯金纳的操作性条件作用理论

斯金纳是美国行为主义心理学家，新行为主义的代表人物，操作性条件作用理论的奠基者。他在巴甫洛夫的经典性条件作用理论与桑代克的联结主义学习理论的基础上，用自己发明的一种学习装置"斯金纳箱"进行实验，对经典条件作用理论进行批判，并提出了操作性条件作用理论。操作性条件反射这一概念，是斯金纳新行为主义学习理论的核心。

（一）斯金纳箱实验（白鼠按压杠杆实验）

同大多数的行为主义心理学家一样，斯金纳的操作性条件反射理论也是建立在大量动物实验的基础上。为进行动物实验，斯金纳设计了符合其操作条件作用学习理论的仪器，即

"斯金纳箱"（图2-4）。斯金纳箱的基本结构相对简单，但却提供了一种精细控制和记录动物行为的环境。在箱壁的一侧有一个可供按压的杠杆，通常是一块金属板。在杠杆旁边有一个食物盒，紧靠着箱壁上的小孔，小孔外部是一个食物释放器，其中储有颗粒形食物。动物在箱内按下杠杆后，会触发食物的释放，使食物掉入食物盒内，动物可以取食。

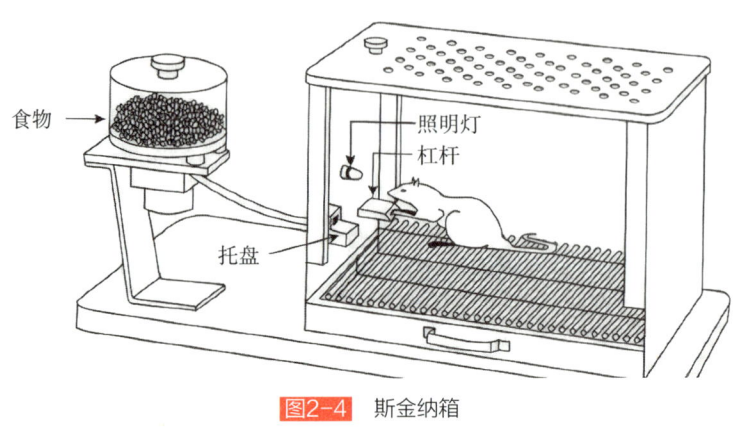

图2-4 斯金纳箱

在斯金纳箱实验中，一只白鼠通常被禁食24小时后放入箱内，白鼠在饥饿的刺激下会不停地活动，产生一系列的行为反应，刚开始白鼠可能会四处探索箱子，通过偶然按压杠杆获得食物奖励，白鼠一开始可能并未注意到食物是如何释放的，但随着重复地尝试，白鼠在一次次做出按压杠杆行为而获得食物刺激的奖励下，逐渐学会主动地按压杠杆来获取食物，这种在行为（按压杠杆）之后出现的刺激（食物）对行为本身是一种强化，促使白鼠重复按压行为。斯金纳箱实验证明，白鼠通过重复的尝试，逐渐建立了特定行为（按压杠杆）与奖励（食物释放）之间的关联，形成了一种"学到"的行为模式，这就是一个操作性条件反射形成的过程。

（二）操作性条件作用

1. 操作性条件作用的含义

操作性条件作用又称工具性条件作用，是指有机体在某种情境中自发做出的某种行为由于得到强化而提高了该行为在刺激情境中发生的概率，即形成了该反应与情境的联系。

2. 应答性行为和操作性行为

斯金纳根据白鼠按压杠杆实验提出人和动物的行为有两类，即应答性行为和操作性行为。斯金纳认为应答性行为是由特定刺激引起的，是有机体被动地对环境刺激做出的反应，又称引发反应；而操作性行为则不与任何特定刺激相关，是有机体为适应环境自发做出的行为，又称自发反应。与这两类行为相对应，斯金纳把条件反射也分为两类，即经典性条件反射和操作性条件反射。与应答性行为相对应的是经典性反射，是刺激（S）与反应（R）联结的过程，即反应是由刺激引起的，如巴甫洛夫的狗进食摇铃实验、华生的小阿尔伯特实验都是典型的经典性条件反射的例子；与操作性行为相对应的是操作性反射，是操作（R）与强化（S）的过程，重要的是跟随操作后出现的强化（即刺激），如在斯金纳的白鼠按压杠杆实验中，白鼠按压杠杆行为找不到明显的刺激物，是白鼠主动适应的结果，而白鼠出现按压杠杆行为之后能够获得食物刺激，进一步强化行为。

斯金纳认为人类行为主要是由操作性条件反射构成的，他非常重视操作性条件反射在日常生活中的应用，认为这种反射可以塑造新行为，在学习过程中尤为重要。例如，幼儿在上课时因为认真听讲、积极回答问题受到了教师的表扬，那么他在今后的课堂中回答问题的行为会越来越多。

（三）强化理论

1. 强化与强化物

强化也是一种操作，它的主要作用是增强反应，即改变同类反应在将来发生的概率，或者说使反应在今后更有可能发生。

强化物则是能够起到强化作用的刺激或事件（包括物品、行为、言语反馈等），它的呈现或撤除能够增加反应发生的概率。强化物不能事先确定，需由其产生的效果决定，且具有情境特异性，仅适用于特定时间和情况下的个体。

强化物一般分为两类，包括积极强化物与消极强化物。积极强化物是指在某行为反应后呈现的刺激物能够增强该反应发生的概率，如水、食物、奖励等都属于积极强化物；消极强化物是指在某行为反应后，将刺激物从情境中排除能够增强该反应发生的概率，如强光、刺激、批评等都属于消极强化物。

同时，强化物还可以分为一级强化和二级强化。一级强化也称原始强化，它能满足人和动物的基本生理需要，如食物、水、安全、温暖、性等；二级强化又称条件强化、习得强化，是指任何一个中性刺激如果与一级强化反复联合，自身就能获得强化性质，如金钱对婴幼儿来说不是强化物，但当婴幼儿知道钱能换好吃的糖果时，它就能对婴幼儿的行为产生效果。

2. 正强化、负强化、消退和惩罚

强化有正强化与负强化之分。正强化又称积极强化，是指个体在做出某种反应之后，呈现一个令其愉快的刺激，从而增加此类行为出现的概率。例如，当幼儿在幼儿园中表现不错，受到来自园长或教师的表扬和鼓励，这里的"表扬"和"鼓励"就是一种积极强化。负强化又称消极强化，是指个体在做出某种反应之后，撤销或者令其摆脱某种厌恶刺激，从而增加此类行为出现的概率。例如，幼儿好好吃饭不挑食，妈妈免去其打扫卫生的任务，这里的"免去打扫卫生"就是一种消极强化。不论强化是通过提供令人期望的刺激物还是消除令人厌恶的刺激物而发挥作用，任何增强行为的结果，都是强化。

普雷马克原则又称祖母法则，其本质就是应用正强化原理，即用高频的活动作为低频活动的有效强化物，从而促进低频活动的发生。简单来说，就是首先做"我要你做"的事情，然后才可以做"你想做"的事情。例如，学生必须写完作业才能看动画片；必须先吃蔬菜，然后才可以吃甜点。

消退是一种无强化的过程，其作用在于降低某种反应在将来发生的概率，以达到消除某种行为的目的。即有机体做出以前曾被强化过的反应，如果在这一反应之后不再有强化物相伴，那么此类反应在将来发生的概率便会降低。消退是减少不良行为、消除坏习惯的有效方法。例如，在幼儿园中，有些调皮的幼儿会在上课时为了引起老师和同伴的注意而扮鬼脸、大叫、做小动作，如果教师对其进行批评，可能会助长他的这类行为，此时教师和同伴就可以采用不理睬的办法，不对其进行强化，那么他的此类不良行为就会逐渐减少。

惩罚分为正惩罚与负惩罚，正惩罚又称给予式惩罚，是指当有机体做出某种反应以后，呈

现一个厌恶刺激，那么以后在类似情境或相似刺激下，该行为的发生概率就会降低甚至受到抑制，如给予言语斥责、批评、罚款等都是正惩罚。负惩罚又称撤销式惩罚，是指撤销一个愉快刺激，那么以后在类似情境或相似刺激下，该行为的发生概率就会降低甚至受到抑制。例如，如果幼儿表现不好，妈妈就会减少他的零花钱、取消周末带他去看电影的奖励等。负强化与惩罚的区别如表2-1所示。

表2-1　负强化与惩罚的区别

项目	负强化	惩罚
定义	排除厌恶刺激来提高反应在将来发生的概率	呈现厌恶刺激或撤销愉快刺激来降低反应在将来发生的概率
目的	激励良好行为的发生	阻止不良行为的发生
实施时机	当正在受惩罚的个体表现良好时使用	当个体表现不好时使用
后果	结果是愉快的	结果是不愉快的

值得注意的是，惩罚并不能使行为发生永久性的改变，只能暂时抑制行为，而不能根除不良行为。因此，在实际教育中，惩罚的运用必须慎重，要将惩罚一种不良行为与强化一种良好行为结合起来才能取得预期的效果。

3. 强化程式

强化程式是指反应受到强化的时机和频次。如果强化的时间和比例不同，强化的作用效果也会不同。它可以分为连续强化程式与间隔强化程式。

（1）连续强化程式

连续强化程式，又称即时强化，是指在每一个适当反应之后呈现一个强化，即只要出现相应行为就及时给予强化，它对新行为的塑造最为有效。

（2）间隔强化程式

间隔强化程式，又称"延缓强化"或"间歇性强化"，与连续性强化相反，它只在某些反应而非所有反应之后呈现强化。斯金纳认为，根据时间和比率两个维度的固定和可变程度，能组合出以下四种强化程式。

①定时强化：是指不管有机体在某一时间段内做出多少行为，都会在固定的时间间隔后给予强化，即强化的发生是定期的。比如计时或按月发放的固定工资，假如公司在每个月15号要发放工资，一般员工从10号开始工作就会特别积极，因为他知道马上就会受到强化；再如学生每学期按时进行的期中、期末考试都属于定时强化。定时强化由于存在一定时间差，当强化时间过去不再出现强化物时，有机体反应速度会迅速下降。在这种模式下，容易导致有机体在时间间隔的初始阶段行为较少，在终端的反应较多，造成"扇贝效应"。

②变时强化：是指强化发生的时间间隔不固定，是变动的，它是不定时给予强化。比如随时进行的奖励，或不定期给学生进行的课堂突击测试。这种模式的强化能够使行为发生的概率相对来说更高，在培养学生的学习行为方面要优于定时强化。

③定比强化：是指在有机体做出固定次数的行为后才予以强化，即固定反应次数后给予强化。幼儿园中经常使用的方法为"代币"强化法，它对低龄幼儿的行为塑造效果显著。例如，幼儿在课堂上每正确回答1个问题就能获得1朵小红花作为奖励，如果一名幼儿集齐10朵

小红花,就可以换得一根棒棒糖。这种强化模式与定时强化效果类似,即接近强化时行为突然增多,强化后的一段时间里行为则会减少。

④变比强化:是指有机体做出行为后,强化产生的概率是不固定的。强化有可能会在一两次行为后出现,也可能会在几十次行为后才出现,即在不定反应次数后给予强化。比如抽"盲盒"、买彩票、刮刮乐或其他赌博活动都属于变比强化,正是由于这种变比强化在强化的次数上是不确定的,即赢钱的概率是不固定的,每次抽"盲盒"抽到心仪物品的概率也是随机的,会使人们不断相信"成功就在下一次",因此这种强化也更容易产生成瘾性。

4. 行为的塑造

斯金纳认为,教育就是塑造行为,要采用连续接近的方法,不断强化逐渐趋于目标的反应,直到形成所需要的较为复杂的新行为。例如,斯金纳看到鸽子有时会把头抬高,他就会在鸽子每次抬头的时候奖励它食物。之后,他只在鸽子把头抬到某一特定高度的时候才给它奖励食物。他发现鸽子能够沿着这一方向进行塑造,通过不断训练达到能够让鸽子以超"自然"水平频繁抬头。

五、班杜拉的社会学习理论

阿尔伯特·班杜拉是美国当代著名心理学家,新行为主义的代表人物之一,社会学习理论的创始人,被称为"认知理论之父"。班杜拉不满足于当时极端行为主义的色彩,在批判、继承传统行为主义理论和吸取认知学习理论的观点后,逐步形成了很有特色的社会学习理论,因此他的理论也具有一定的折衷元素。

班杜拉波波玩偶实验与观察性学习

(一)观察学习理论

1. 观察学习的概念

班杜拉认为,人们不仅可以通过自己的亲身经历来学习,还可以通过观察他人的行为来学习,基于此,他提出了观察学习的概念。观察学习也称替代学习,指学习者不必直接做出反应,也无需亲身体验强化,而是通过观察他人在一定环境中的行为及其强化结果而习得新行为的过程。通过观察学习,儿童和成人都能够获得大量的社会环境信息。值得注意的是,班杜拉的观察学习不同于行为主义强调的直接刺激-反应模式,学习者不需要直接介入行动过程本身,它强调认知在学习中的作用,认为人的大部分行为是通过示范、观察和模仿获得的。

2. 观察学习的实验——波波玩偶实验

班杜拉在1963年所做的一项典型的实验——波波玩偶实验,可以帮助人们对观察学习的概念进行更好的理解:波波玩偶是与儿童体形相近的一种充气玩具,在该实验中,班杜拉把幼儿园年龄介于3~6岁的72名儿童分为三组,男女各半,他让这些儿童观看一部电影。在影片中,一个成人对充气宝宝进行用脚踢、用锤子打,同时伴有凶狠语言的攻击行为。影片有三种结尾,三组儿童分别看到的是结尾不同的影片。奖励攻击组的儿童看到的是在影片结尾时,进来一个成人对主人公进行表扬和奖励;惩罚攻击组的儿童看到的是进来的成人对主人公进行责骂;控制组的儿童看到的是进来的成人对主人公既没做出奖励,也没进行惩罚。看完影片后,这些儿童被带到一间与电影中有同样充气宝宝的游戏室里,研究者透过单向玻璃对儿童进行观察，正如预期的那样，看到"榜样"因攻击行为得到奖励的儿童最具攻击性，看到"榜样"因攻击行为而受到惩罚的儿童表现出的攻击行为最小，而看到"榜样"既没有得到奖励也没有受到惩罚的儿童攻击性介于前两组儿童之间。

通过实验，班杜拉认为观察学习是人类学习的重要形式，儿童的攻击性行为并不一定要以亲身经历为前提，也可以通过观察和模仿他人的行为获得。因此，对于婴幼儿来说，成人的榜样作用非常重要。

3. 观察学习的心理过程

班杜拉认为，观察学习经历了注意、保持、动作再现（复制）和动机四个过程。

（1）注意过程

注意过程是观察学习的起始环节，即观察者对榜样行为的注意和知觉，能够选择性地注意自己的学习对象。如果学习者对示范行为的重要特征没有注意到，或无正确的知觉，就无法进行学习。

（2）保持过程

保持过程即观察者将榜样的示范行为以言语和表象两种形式将它们在记忆中进行表征保存起来，并在大脑中假设当遇到与榜样相似的情境时，应该怎样学习榜样的行为来加以应对。

（3）动作再现过程

动作再现过程即观察者将头脑中储存的有关榜样情境的表象转换成外显的行为，并根据反馈来调整行为以做出正确的反应。

（4）动机过程

再现示范行为后，观察者是否能够经常表现出示范行为还受到行为结果的影响，行为是否表现取决于观察者对行为结果的预期，即表现行为后可能会得到奖励还是受到惩罚。简单来说，个体通过前三个阶段已经基本掌握了榜样的有关行为，但在现实环境中这种行为会不会发生，还取决于是否有相应的动机。班杜拉把三种强化作用看成是学习者再现示范行为的动机力量。

①直接强化：指观察者直接体验到自己的行为后果而受到的强化。例如，学生上课认真听讲，积极举手回答问题受到了老师表扬，在以后的课堂上会更愿意举手回答问题。

②替代强化：指观察者通过观察他人行为所带来的奖励性后果而发生行为。简单来说，就是强化榜样使榜样身边的其他人间接地受到影响。例如，老师表扬丽丽同学积极举手回答问题，而丽丽的同桌蓝蓝也想获得老师的表扬，所以暗自下决心要在课堂上积极回答问题，对蓝蓝而言就是替代强化。

③自我强化：指学习者观察自己的行为并根据自己的标准进行自我评价和自我监督，凡是符合个人标准的行为就会得到自我肯定，凡是不符合个人标准的行为就会受到自我批评。

（二）交互决定论

班杜拉提出了交互决定论，认为个体（认知）、行为和环境这三个元素并非各自独立，而是作为相互决定的因素共同发挥作用，如个体在受到环境影响的同时也在改变环境，在指导与决定自己行为的同时，也受到来自行为反馈的影响。班杜拉将人的行为与认知因素区别开来，注意到了人的行为及其认知因素对环境的影响，避免了行为主义机械环境论的倾向。

（三）自我效能感理论

自我效能感是指个体对自身能否利用实际拥有的能力成功完成某项任务行为所做出的主观推测与判断，即个体在面临某一任务活动时的胜任感及其自信、自尊等方面的感受。自我效能感高的儿童在面对困难或挑战性任务时，会相信自己有能力通过努力克服这些困难，因此他会积极地寻求解决方案，不会轻易放弃。反之，自我效能感低的儿童在面对困难或挑战性任务时，常常会怀疑自己的能力，担心自己无法完成任务，因此他可能会避免尝试或者在遇到困难时轻易放弃。例如，明明推测只要自己平时好好学习，就一定能够在期末考试中取得好的成绩，那就可能会更倾向于平时好好学习，以获得好的成绩，这是典型的自我效能感高的表现。

班杜拉认为，影响个体自我效能感的因素主要有四种：直接经验、替代经验、言语劝说、情绪唤起和生理状态。

1. 直接经验

直接经验是指学习者过去对某一行为成功或失败的亲身体验会影响其下次是否从事该行为。成功的经验能够增强自我效能感，使个体对自己的能力充满信心；反之，多次的失败会降低对自己能力的评估，削弱自我效能感。

2. 替代经验

替代经验是指学习者通过观察榜样行为的成败而获得的间接经验也会影响其自我效能感的形成。例如，与糖糖学习成绩差不多的凡凡通过认真学习后，成绩大幅提高，那么糖糖也会认为自己只要努力学习，成绩也会提高。

3. 言语劝说

言语劝说是指他人对学习者能否完成某一行为做出的积极或消极的评价，也会影响个体对自身是否能完成某一任务的判断。

4. 情绪唤起和生理状态

高度的情绪唤起和紧张的生理状态会妨碍行为操作，降低个体对成功的预期水准。

相关链接

华生——儿童恐惧形成实验

1920年，华生和他的研究生雷纳在约翰霍普金斯大学开展了一项实验，即儿童恐惧形成实验，实验的对象是9个月大的阿尔伯特，实验开始之前研究者和医护人员都认为小阿尔伯特是一个身心健康的孩子。

小阿尔伯特实验：行为主义的科学探索与伦理困境

整个实验分为以下三个阶段。

第一阶段，研究人员测试小阿尔伯特对小白鼠、猴子、狗、有头发和没有头发的面具以及白色羊绒棉的反应，结果发现这些东西没有引起小阿尔伯特的恐惧反应，反而会主动伸手去触摸小白鼠。

第二阶段，也是实验正式开始的阶段，在小阿尔伯特11个月大时开始进行。实验人员将一只小白鼠放在小阿尔伯特面前，然而，当小阿尔伯特想要伸手去触摸小白鼠时，实验人员会在其身后用铁棒敲击出巨大的响声。听到巨大响声时人的本能反应是害怕，因此当小阿尔伯特听到响声时吓得连忙缩回手并大哭，这一过程持续了3次。这一操作持续进行一周，一周以后,当实验人员再次将小白鼠放在小阿尔伯特面前,在没有出现铁棒敲击发出响声的情况下,小阿尔伯特也对小白鼠表现出了明显的恐惧反应,如哭泣、向远离小白鼠的方向爬走等。

第三阶段,为了测试这种恐惧反应是否会"泛化"到其他同类事物上,实验者进行了第三阶段的实验,他们分别将小白兔、小狗放在小阿尔伯特面前,结果发现小阿尔伯特对白色的、带毛的物体都表现出恐惧反应,而对积木类的玩具则能正常接触,研究结果说明,这种恐惧反应会泛化。

一个月后,实验者再次测试小阿尔伯特对小白鼠的反应,结果发现他依然表现出恐惧。

效果自测

序号	学习要点	学生自评达到的程度
1	巴甫洛夫的经典条件作用理论	☆☆☆☆☆
2	华生的"刺激-反应"说	☆☆☆☆☆
3	桑代克的"联结-试误"说	☆☆☆☆☆
4	斯金纳的操作性条件作用理论	☆☆☆☆☆
5	班杜拉的社会学习理论	☆☆☆☆☆

任务二　认知主义学习理论

任务目标
1. 学习布鲁纳的认知-发现学习理论，关注主动发现与知识结构。
2. 理解奥苏贝尔的有意义的接受学习理论与同化机制，熟练运用先行组织者策略。
3. 学习加涅的信息加工学习理论，熟悉信息加工模式、学生的学习阶段和教师的教学设计。

案例导入
3岁的小明在玩玩具小球时，偶然发现将小球放在斜坡上，它会滚下去。他觉得很有意思，于是反复尝试，改变斜坡的角度和小球的起始位置，观察小球滚动的速度和距离。通过这个过程，小明自己发现了"斜坡越陡，小球滚得越快"这一规律。

问题：小明是否在学习，他是如何学习的？

核心知识
与行为主义学派的理论相对，认知主义强调要对学习者内部的心理过程进行研究，指出学习是个体主动地在大脑内部构建认知结构的过程。它否定了行为主义只研究人的外显行为，拒绝研究人的意识，将学习简单看作刺激（S）与反应（R）联结的观点，重新恢复了意识在心理学中的地位。认知主义学习理论的代表人物主要包括布鲁纳、奥苏贝尔和加涅。

一、布鲁纳的认知-发现学习理论

布鲁纳是美国当代著名的教育心理学家，他特别强调学生自主探索学习的过程，认为从事物的变化中发现其原理、规则才是构成学习的主要条件，因此他的观点被称为认知-发现学习理论。

（一）认知学习观

1. 学习的实质是主动地形成认知结构
认知结构，简单来说就是学生头脑中的知识结构。布鲁纳认为，学习的实质是主动地形成认知结构，而不是被动地形成刺激-反应的联结。学习的主要目的不是让学生被动地接受知识，记住教师所讲和教科书上所学的内容，而是让学生自主地获取知识，积极参与有关学科的知识体系建构，并通过把新获得的知识和已有的认知联系起来，建构自身的认知结构。

2. 学习包括获得、转化和评价三个过程
学习包括获得、转化和评价三个过程，这三个过程几乎同时发生。学习活动首先是新知识的获得，新知识可能是先前知识的精练，也可能与原有知识相违背；获得了新知识以后，还要对它进行转化，我们可以超越给定的信息，运用各种方法将它们变成另外的形式，以适

合新任务，例如有些学生上课听懂了，但是一到做题的时候就不会了，往往就是在转化过程中出现了问题；评价是对知识转化的一种检查，通过评价可以核对我们处理知识的方法是否适合新的任务，或者运用是否得当，因此评价通常包含对知识合理性的判断。

（二）结构教学观

1. 教学的目的在于促进学生对学科基本结构的理解

所谓学科的基本结构，是指学科的基本概念、基本原理、基本态度和方法。例如，交换律、分配律和结合律就属于数学这门学科的基本结构。布鲁纳认为任何一门学科知识都有一定的知识结构，掌握学科的知识结构，就能够从事物的根本联系上把握和理解事物，获得其基本思想和原理。布鲁纳很重视学科结构的教学，把学科的基本结构放在设计课程和编写教材的中心地位，成为教学的中心。

2. 掌握学科的基本结构的教学原则

动机原则：内在动机是维持学习的基本动力。学生具有三种基本的内在动机，即好奇内驱力（即求知欲）、胜任内驱力（即成功的欲望）和互惠内驱力（即人与人之间和睦共处的需要）。例如，在幼儿园教学活动中，教师通常会在讲课前设置一些导入活动，激发幼儿的兴趣和内在学习的愿望。

结构原则：布鲁纳认为任何知识结构都可以用动作、图像和符号三种表象形式来呈现。他提出教师只要把握好每门学科的基本结构，根据学生表征系统形成的特点来设计教学，那么任何年龄阶段的学生就都能掌握各门学科的基本结构。

程序原则：布鲁纳认为教材的难度与逻辑上的先后顺序，必须针对学生的心智发展水平及认知表征方式做适当的安排。教学程序应适应学习者的认知发展水平，由浅入深、由具体到抽象逐步推进。一方面，不存在对所有学科都普遍适用的程序，需要根据学科自身逻辑确定合理的教学顺序；另一方面，也不存在对所有学习者都普遍适用的程序。

强化原则：又称反馈原则，布鲁纳认为为了提高学习效率，学习者需要获得一定的反馈。教师在教学过程中应注意通过反馈使儿童知道自己的学习结果，以便及时发现问题，进行自我纠正。

（三）发现学习观

发现学习是指给学生提供有关的学习材料，让学生通过自主探究、操作和思考从而获得问题答案的一种学习方式。布鲁纳非常重视发现学习，他认为发现是教育儿童的主要手段，学生掌握学科的基本结构的最好方法是发现法。

布鲁纳提出的发现学习强调了学生的主动性，有利于激发学生的好奇心及自主探索未知事物的兴趣，调动学生的内部动机和学习的积极性，最大限度地为学生提供自由回旋的余地。但是发现学习不可避免地会存在费时、费力的缺陷，而且事实证明，完全独立的发现学习是不可能存在的。

二、奥苏贝尔的有意义的接受学习理论

奥苏贝尔与布鲁纳是同一时代的美国著名教育心理学家，是认知学习理论的代表人物，同时也是先行组织者策略的提出者。他从两个维度对学习进行区分：根据学习的形式将学习

分为接受学习和发现学习；根据学习内容与学习者原有认知结构的关系将学习分为机械学习和有意义学习。奥苏贝尔对这两类学习方式进行不同组合，指出在课堂教学中，有意义的接受学习是学生学习的主要方式。

（一）有意义学习

有意义学习是指将符号所代表的新知识与学习者认知结构中已有的适当观念建立起非人为的和实质性的联系。

非人为的联系指这种联系不是任意的捏造或人为强加的联想或联系，而是新旧知识建立在某种合理的或合乎逻辑基础上的联系，这些联系是客观存在的。实质性联系指新旧知识之间的联系是非字面的，虽然在表达的词语上有所不同，但是却是等值的，即一个东西可以换句话来进行表述。有意义学习的产生既要受学习材料本身性质的影响，又要受学习者自身因素的影响，如学习者是否具有从事有意义学习的心向、学习者认知结构中是否有适当的旧知识能够与新知识进行联系等都会影响有意义学习的发生。

（二）认知同化理论

奥苏贝尔认为，有意义学习中新旧知识间相互作用的结果导致了同化的发生，学习者接受知识的心理过程就是概念同化过程。根据新旧观念的概括程度及其联系方式的不同，他提出了三种同化方式：上位学习、下位学习、并列学习，奥苏贝尔认为可以通过这三种方式进行认知结构的同化。

①上位学习，又称总括学习。是指学习者在原有认知结构的基础上，学习更高概括水平或更广包容面的新概念。如幼儿先学习铅笔、橡皮等具体概念之后，再学习文具的概念。

②下位学习，又称类属学习。是指学习者将概括程度或包容范围较低的新概念归属到认知结构中原有的适当概念之下，从而获得新概念的意义。如幼儿学习了文具的概念之后，再去学习铅笔、橡皮等具体概念。

③并列学习，又称组合学习。是指新概念与学习者认知结构中已有的概念既非上位关系，又非下位关系，这时发生的学习就是并列学习。如先学习铅笔的概念，再学习钢笔和橡皮的概念。

（三）先行组织者策略

为了促进有意义学习的产生，奥苏贝尔提出了先行组织者策略。先行组织者是指那些先于学习任务本身呈现的一种引导性材料，它相较于学习任务本身来说更具有抽象性、概括性和综合性，并与认知结构中原有的观念以及新的学习任务相关联，帮助学习者在已知的知识与需要学习的新知识之间架起一座桥梁，以便更好地学习新知识。例如，老师要跟幼儿讲"梨"这个概念，而幼儿的认知中只有"苹果"，那么老师就可以让幼儿先了解"水果"的概念后，再去学习"梨"的概念。在这个案例中，"水果"这一概念的抽象概括程度要高于"梨"，且"水果"这一概念既与"苹果"这个旧知识有关，也与"梨"这个新知识有关，所以"水果"就是奥苏贝尔所说的先行组织者。

（四）接受学习

与布鲁纳所倡导的发现学习的观点相反，奥苏贝尔认为学生的学习主要表现为接受学习。接受学习是指教师直接向学生呈现现成的、科学的、定论性的基础知识，使学习者接受这些知识，掌握它们的意义。奥苏贝尔强调接受学习并不是被动的，学习者仍然处于主动地位，能够主动地在教师的引导下吸收新知识，将知识纳入自己原有的认知结构中。

接受学习是学习者掌握人类优秀文化遗产和先进科学知识的主要途径，它可以帮助学习者在短时间内获得大量系统的科学知识。奥苏贝尔反对布鲁纳不问学生实际的发现学习有其合理性，但是他的接受学习的含义是模糊的，也并未厘清接受学习的本质，夸大了接受学习的好处，不利于学生技能，尤其是创新技能的发展。

三、加涅的信息加工学习理论

加涅是美国著名的教育心理学家，认知派学习理论的代表人物。他在广泛吸收了各个学派理论知识的基础上，结合当时的信息技术发展，运用现代信息加工手段分析人类的学习活动。他将人脑处理信息的过程同计算机处理信息的过程进行比较，提出学习是一个信息加工的过程，认为学习者可以通过感知觉、记忆、思维等心理活动，对来自周围环境的各种各样的信息进行加工，从而获得新的知识或技能。信息加工理论解释了大部分的课堂学习模式，并为教育者提出了行之有效的教学操作步骤。

（一）学习的信息加工模式

加涅认为信息加工模式（图2-5）由信息的三级加工、执行控制和期望事项组成，主要用来说明人类的学习过程。

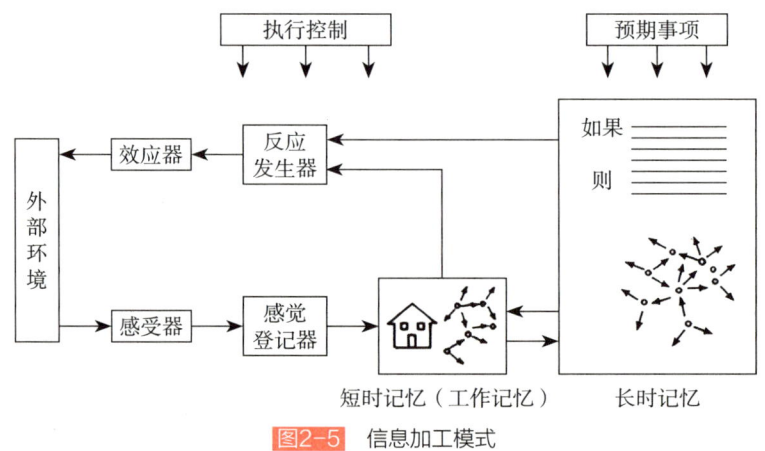

图2-5 信息加工模式

1. 信息的三级加工（信息流）

第一级加工：瞬时记忆。人处在周围的环境中，无时无刻不在接受来自外界的环境刺激。首先，人通过感受器接受外界刺激，并对这些刺激进行注意和选择性知觉，感受器将这些知觉到的刺激的物理信息转化为神经信息，进入感觉登记器，并将这些信息进行极短时间的储存，这是对信息进行的最初的和最简单的加工，所以被称为瞬时记忆或感觉记忆。

如果进入感觉登记的信息，没有得到注意或进一步的加工，那么这些信息很快就会丧失。因此，在实际应用中，人们要想记住一些信息，必须对这些信息加以注意。这启示教师在教授知识时，不能一次性给学生提供太多的信息，应当明确告诉学生注意哪些方面。

第二级加工：短时记忆。被知觉登记的信息很快就会进一步加工到短时记忆，由于短时记忆的容量有限，一般只能储存（7±2）个信息组块，一旦超过了这个数目，新的信息进入就会把原有的部分信息挤走，如果想要使某种信息在头脑中得到保持，就需要采用复述策略。因此，教师在课堂教学中，应给学生留出足够的时间用于对知识进行复述，加深知识的储存。

第三级加工：长时记忆。经过复述的信息能够进入长时记忆进行储存，信息进入长时记忆，经过编码的过程，信息发生关键性的转变，使得长时记忆的储存容量巨大，且储存时间长久，因此长时记忆也被认为是一个永久性的信息储存库。

储存信息是为了应用，运用这些信息去解决实际面临的各种问题。当学习的新知识需要使用原先学过的知识时，就会到长时记忆中去搜寻，这一过程称为提取。被提取的信息可以直接通向反应发生器作用于环境，也可以回到短时记忆中做出适当考量后，再通过反应发生器做出反应。提取的关键是检索，从短时记忆进入长时记忆的信息可能被检索出来回到短时记忆里，这是因为短时记忆中储存着人们正在思考的信息，所以短时记忆又被称为工作记忆。

2. 执行控制和期望事项

在整个信息加工过程中，还受到执行控制和期望事项两个因素的影响。

执行控制系统主要是指在信息加工过程中决定哪些信息能够从瞬时记忆进入短时记忆，如何通过复述将信息从短时记忆进入长时记忆，如何进行编码，采用何种信息提取的策略等。简单来说，就是学习者已有的经验对现在学习过程的影响。

期望事项是指人对信息加工所想要达到的目标，是动机系统对学习过程的影响。它决定了学习者愿意花费多少精力到学习中。在教学中，来自教师的各种反馈能够进一步增强学生的期望。

（二）学生的学习阶段和教师的教学设计

加涅认为任何学习过程都是由一个个具体的学习阶段组成。加涅将学生的学习过程按层次划分为8个阶段，并提出教师可以根据这8个阶段来设计教学（图2-6）。

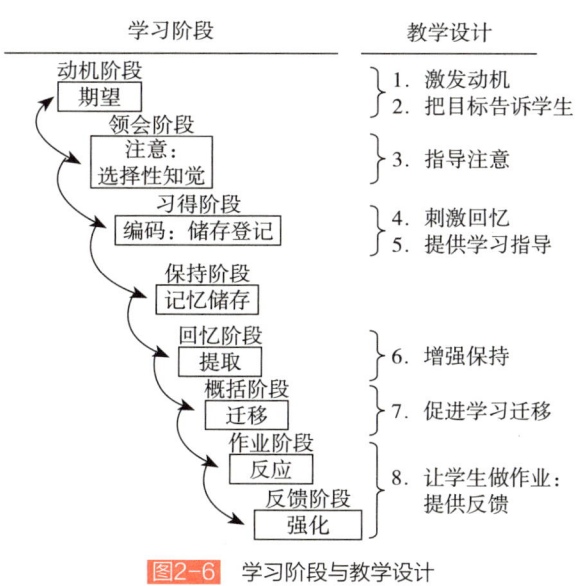

图2-6 学习阶段与教学设计

1. 动机阶段

动机阶段是学习的开始阶段，它对整个学习过程都有影响。在动机阶段，教师要注意在呈现重要内容之前吸引学生的注意力，激发学生的学习兴趣，把学习者想要达到的目标（即头脑中的期望）与学生的实际学习活动联系起来，从而引发学生对达到学习目标的心理预期。

2. 领会阶段

学生产生学习动机后，就要接受外部刺激，此阶段学生并不是将所有的刺激都全盘接受，而是能够依据其动机和预期对信息进行选择性知觉，将注意指向与学习目标相关的各种刺激上。在领会阶段，教师要有意识地让学生注意到该注意的内容，应采取各种手段，如改变说话的声调、运用手势动作等来引起学生的注意。

3. 习得阶段

习得阶段涉及的是对新获得的刺激进行直接编码后储存在短时记忆里，然后把它们再进一步编码加工转入长时记忆中。经过编码过程后，记忆中的信息与最初的信息并不完全相同。在习得阶段，教师的主要任务就是教给学生各种编码策略，鼓励学生根据实际情况选择最佳的编码方式。

4. 保持阶段

学生习得的信息经过复述、强化后，以语义编码的形式在长时记忆中永久地保存下去。储存在长时记忆中的信息，其强度并不会随着时间的递增而减弱，但有些信息会因长期失用而逐渐消退，还有一些记忆的储存可能会因新旧相似信息混淆而受到干扰。在保持阶段，教师主要是避免相似的刺激同时出现，还可以通过对比区分新旧信息的不同，减少相互之间的干扰。

5. 回忆阶段

在回忆阶段，学生要将先前所习得的信息表现出来，信息的提取是其中的重要环节。所以在学习的一开始，教师就要提供一些有利于记忆和回忆的线索，教会学生检索、回忆信息的方法和策略，帮助学生回忆起那些难以回忆的信息。

6. 概括阶段

学生对所学知识进行提取的过程并不总是发生在同一学习情境或所学内容范围内的，同一学习信息并不适用于所有情境，人们常常要将所学的内容应用到不断变化的情境或现实生活中。在概括阶段，教师必须让学生把学到的知识迁移运用到各种类似的情境中，给学生提供在不同情境中提取信息的机会，达到举一反三的目的，促进学习的迁移。同时，也要引导学生概括和掌握其中的原理和原则，实现学习的概括化。

7. 作业阶段

作业的一个重要功能就是能够反映学生是否习得所学内容，作业的好坏是学生学习效果的反映。通过作业学生能够看到自己学习的结果，可以获得一种满足感。在作业阶段，教师要给学生提供各种形式的作业，使学生通过作业看到自己的学习结果。

8. 反馈阶段

反馈是学习的最后阶段，学生通过完成作业可以了解自己的学习是否达到预定的目标。这时教师给予适当的反馈，让学生及时知道自己学习的结果，这种反馈信息可以强化他们的学习动机。教师提供反馈时，不仅可以通过"正确"或"不正确"等词汇来表达，而且可以使用点头、微笑、击掌、鼓励等多种方式来反馈信息。同时，还可以教会学生进行自我内部反馈和自我强化。

总之，加涅认为一个完整的学习过程是由上述的8个阶段组成的。教师是教学活动的设计者和管理者，也是学生学习效果的评定者。有效的教学要求教师根据学习的内部条件，创设或安排适当的外部条件，促进学生有效学习，以实现预期的教学目标。

效果自测

序号	学习要点	学生自评达到的程度
1	布鲁纳的认知-发现学习理论	☆ ☆ ☆ ☆ ☆
2	奥苏贝尔的有意义的接受学习理论	☆ ☆ ☆ ☆ ☆
3	加涅的信息加工学习理论	☆ ☆ ☆ ☆ ☆

任务三　人本主义学习理论

任务目标
1. 学习马斯洛的需求层次理论，掌握需要层次结构与教育中的支持策略。
2. 学习罗杰斯的"以学生为中心"的互动原则与非指导性教学方法。

案例导入
2岁多的晨晨刚入托，因进入陌生环境而哭闹不止。老师发现他喜欢小熊玩偶，便让他午睡时抱着小熊，还表扬他勇敢。晨晨逐渐感到安全和被尊重，哭闹减少，开始适应托幼园所的生活。

问题：晨晨能够很快适应托幼园所的生活，离不开老师的支持和帮助，老师在这个过程中的做法对你有哪些启示？

核心知识
人本主义学习理论的根源可以追溯到20世纪中期，当时的心理学界开始意识到传统的行为主义和认知主义学习理论的局限性。一方面，人本主义反对行为主义把人看作动物或机器；另一方面，也批判认知主义虽然重视人类的认知结构，但忽视对人类情感因素的研究。人本主义强调人的价值，认为每个人都具有发展自己潜力的能力，关心人的需要、价值、尊严和自我实现。人本主义学习理论的代表人物主要有马斯洛和罗杰斯。

一、马斯洛的需求层次理论

马斯洛将人类的需求由低到高按层次划分为五种：生理需求、安全需求、爱与归属感、尊重和自我实现（图2-7）。

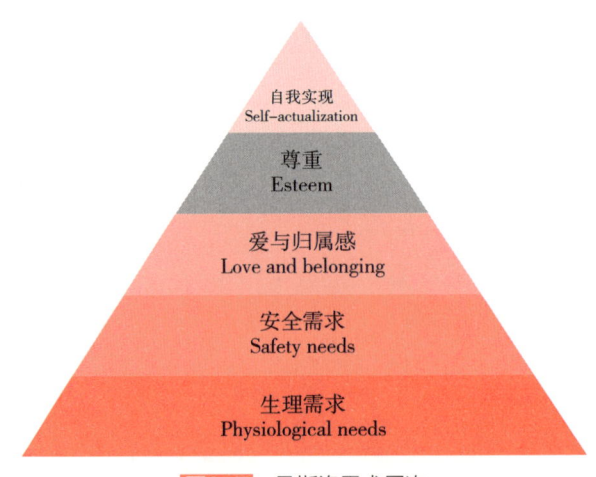

图2-7　马斯洛需求层次

（一）生理需求

生理需求是指人类维持自身生存的最基本需求，如果这些需求得不到满足，那么人的生理机能就无法正常运转，人的生命就会因此受到威胁。例如，婴幼儿需要食物、水、睡眠和其他基本生理需求的满足，以支持他们的生长和发展。马斯洛认为，只有这些最基本的需求满足到维持生存所必需的程度后，其他的需求才能成为新的激励因素。比如，当一个人处于极其饥饿需要食物时，那么他会想尽方法获取食物果腹，而忽略食物是否美味等更高层次的需要。

（二）安全需求

在生理需求得到满足的基础上，人们会进而转向寻求保护、免遭威胁从而获得安全感的需求。例如，婴儿刚从妈妈肚子里出来后，急切需要找到从胎儿起就熟悉的气味和声音，从而获得安全感。

（三）爱与归属感

爱与归属感是指要求与他人建立情感联系以及将自己隶属于某一群体的需求。例如，婴幼儿时期，孩子对于父母和主要照顾者表现出强烈的依恋，并开始与同伴建立初步的社交关系，包括与同伴建立友谊和获得群体归属感，希望成为群体中的一员，被群体认可与接纳。

（四）尊重

尊重的需求既包括寻求自我的肯定，也包括寻求他人对自己的认可与尊重。此阶段的幼儿会希望得到来自家长、老师、同伴等多方面的尊重和认同，从而不断提升自己的自信心。

（五）自我实现

自我实现是最高层次的需求，是指人希望最大限度地发挥自身潜能，不断完善自己，实现个人价值和人生理想的需求。马斯洛认为，为满足自我实现需求所采取的途径是因人而异的。

马斯洛认为需求是有层次的，通常情况下，较低层次的需求得到满足后，个体才会逐步追求更高层次的需求。如果想要达到自我实现的需求，必须保证下层需求得到基本满足。马斯洛的需求层次理论启示我们：在婴幼儿出生后，我们要提供充足的食物和水分，保证婴幼儿足够的睡眠时间，满足婴幼儿的基本生理需求。为婴幼儿创造一个安全温馨的家庭环境，积极去响应和回应他们的需求，通过精心的照顾与关怀呵护，与婴幼儿建立良好的依恋关系。同时，要学会双向尊重，不仅要满足婴幼儿被尊重的需求，也要帮助他们建立自尊，并且学会尊重他人。

二、罗杰斯的学习理论

罗杰斯是人本主义心理学的主要代表人物之一，他不仅是美国著名的心理治疗学家，还是一位蜚声全球的教育改革家。他将其"来访者中心治疗"理念应用到了教育领域，创立的"以学生为中心"的教育理论和非指导性教育原则曾在世界范围内产生了极其广泛的影响。

（一）知情合一的教学目标观

罗杰斯认为，人的学习是由情感因素和认知因素共同发挥作用的整体性过程。教育的理想就是培养既能用情感的方式也能用认知的方式行事的知情合一的人，他也称之为"完整的人"或"功能完善者"。

（二）有意义的自由学习观

罗杰斯认为可以把学习分为两种：无意义学习和有意义学习。无意义学习是一种发生在学习者颈部以上的学习，它只涉及心智，而不涉及个人意义和情感，强调的是他人灌输，如让婴幼儿记住一些无意义的音节；有意义学习不仅涉及知识的增长，还将学习者的兴趣、愿望与需求结合起来，以学习者自身的经验生长为中心，强调学习者自动自发和亲身经历，罗杰斯肯定了有意义学习的重要作用。根据皮亚杰的认知发展理论，婴幼儿大多处于感知运动阶段，这个阶段的认知特点决定了教育者必须给婴幼儿提供真实的情境和具体的问题，让他们获得亲身操作和体验的机会，在"做"中学，在活动中学，在游戏中学。

需要指出的是，罗杰斯的意义学习和奥苏贝尔的意义学习内涵是不同的。罗杰斯的有意义学习更关注学习内容与学习者本人之间的关系，而奥苏贝尔的有意义学习更关注用所学的旧知识去理解新知识，强调新旧知识之间的联系。

（三）"以学生为中心"的教学观

罗杰斯批判"填鸭式"的传统教育理论，他认为直接告诉、简单命令和详细指示的这种教育方式不利于学习者对知识的消化和吸收，忽视了个体的需要。他将"以人为中心"的治疗理论扩展到了教育教学领域，确立了"以学生为中心"的非指导性教学。罗杰斯强调的非指导不等于不指导，而是在于指导的间接性和非命令性，教育者要调动学生的积极性、主动性和自主参与的意识，让学生自由选择学习的内容，用什么节奏学习以及学到什么程度。教师的任务不是行为主义强调的教学生学习知识，也不是认知主义强调的教学生如何学习，而是为学生提供各种学习的手段和资源，营造促进学习的氛围。

同时，罗杰斯认为实现非指导性教学的条件有三个：真诚一致、无条件的积极关注和同理心，这三个方面对婴幼儿教育也有一定的启示作用。首先，教育者在与婴幼儿相处时，要以真诚的态度对待他们；其次，要努力为婴幼儿创设心理自由和心理安全的环境，给予婴幼儿全然的接纳与尊重，让他们敢想、敢说、敢做、大胆地表达，重视、尊重与鼓励他们的不同意见和想法；最后，应像治疗师对来访者一样对孩子产生共情式的理解，从孩子的内心深处了解他们的反应，敏感地意识到他们对教育与学习的看法，这样才会取得理想的教育效果。

效果自测

序号	学习要点	学生自评达到的程度
1	马斯洛的需求层次理论	☆☆☆☆☆
2	罗杰斯的学习理论	☆☆☆☆☆

任务四　建构主义学习理论

🎯 任务目标
1. 掌握皮亚杰的认知发展阶段论、图示理论以及同化与顺应机制。
2. 学习维果茨基的"最近发展区理论",了解支架式教学理论。

🎯 案例导入
鹏鹏2岁,正处于语言学习的关键期。老师发现他能说出简单的词汇,但句子表达有困难。于是,老师引导他用简单的句子描述玩具,如"这是小熊"。当鹏鹏尝试表达时,老师及时给予鼓励。随后在老师的引导下他逐渐学会说更多的句子,如"这是小猫""这是玩具""玩具没了"……

问题:鹏鹏的语言能力是怎样发展起来的?老师在其中发挥了什么作用?

🎯 核心知识
建构主义学习理论是基于认知主义学习理论进一步发展而来的,从严格意义上来说,建构主义本身不是一种学习理论流派,而是一种理论思潮、一种学术取向。建构主义强调学生不是被动地接受知识,而是在原有经验的基础上,对所学知识进行主动探索、主动发现和主动意义建构。瑞士心理学家皮亚杰因创立了儿童认知发展理论,被看作是建构主义理论的开拓者。其后,苏联心理学家维果茨基在皮亚杰认知理论的基础上提出"文化历史发展理论",进一步强调学习者所处的社会历史文化背景在认知过程中的作用,为当代建构主义的形成奠定了基础。

一、皮亚杰的个人建构主义

皮亚杰是瑞士著名的儿童心理学家和发生认知论的创始人,他对儿童的认知发展进行了系统的研究,是认知发展领域颇有影响的一位心理学家,他的认知发展理论被看作是儿童心理学的典范。

(一)认知发展理论核心概念

皮亚杰的认知发展理论摆脱了当时学者们对于遗传决定论和环境决定论的争论和纠葛,旗帜鲜明地提出内因和外因相互作用的发展观,即儿童的心理发展是主体与客体相互作用的结果。他认为个体通过与周围环境相互作用,逐步建构起对于外部世界的认知,使自身认知结构得到完善和发展。其中涉及的核心概念有:图式、同化、顺应和平衡。

1. 图式

图式是儿童用来理解和回应环境的基本认知结构。皮亚杰认为,儿童通过不断调整图式来适应周围环境,认识周围世界,逐渐丰富和完善自己的认知结构。儿童最初的图式是由遗传所带来的一些本能反射行为,如新生儿所具有的抓握行为,通过抓握这个动作所获得的关于事物的认识都可以归到抓握这个图式下。

2. 同化

同化是指个体面对新异刺激时，将刺激所提供的新信息整合到自己原有的认知结构中，引起认知结构发生量变的过程。也就是说，个体在感受到外界刺激时，用已有的图式去理解新刺激，把它们纳入头脑中原有的图式之中，使其成为自身的一部分。例如，学会抓握的婴幼儿仍会通过抓握的方式去获得距离自己较远的其他玩具。

3. 顺应

顺应是指面对新异刺激时，个体不能用原有的图式去理解和接受新刺激，认知结构需要做出一定的变化来适应新刺激的影响，引起认知结构发生质变的过程。例如，学会抓握的婴幼儿抓不到距离自己较远的玩具，在一次偶然间发现通过抓住床单下拉的方式可以将玩具拉近从而获得玩具，那么就会重复这个动作，知道拿到玩具的方式除了抓握，还可以借物取物。同化是认知结构数量的扩充，而顺应则是认知结构性质的改变，顺应是与同化伴随而行的，皮亚杰认为一切认识都离不开认知图式的同化与顺应。

4. 平衡

皮亚杰认为，当个体发生认知冲突或矛盾时，会通过不断的同化和顺应来实现认知结构的调整，以达到新的平衡状态。当儿童能用现有图式去同化新刺激时，他处于一种平衡的认知状态；而当现有图式不能同化新刺激时，那么平衡即被破坏，需要通过调整或创造新图式（顺应）的过程寻找新的平衡。儿童的认知结构就是通过同化与顺应过程逐步建构起来，并在"平衡—不平衡—新的平衡"的循环中得到不断的丰富、提高和发展，所以说平衡也是认知发展的推动力。

举一个简单的例子来了解皮亚杰的认知模型：幼儿学习了狗的概念，知道用四条腿走路、有尾巴、毛茸茸的动物是狗，在这个时候幼儿认知状态达到平衡，即形成了对狗的初步图式；后来，幼儿看到一只猫，第一次看到猫，发现猫的身上也是毛茸茸的，有尾巴，能用四条腿走路，那么就会把猫当成狗，即在大脑中同化这个动物，出现"指着猫说出狗"的认知行为；但当幼儿进一步观察，发现猫的形象与狗的形象是不相符的，猫和狗的叫声也是不同的时候，他的认知状态会失衡，这时就需要调整原有的认知结构（顺应），即调整"所有用四条腿走路、带尾巴、毛茸茸的动物都是狗"的这个错误认知，开始生成新的图式，即形成"喵喵叫、带尾巴、用四条腿走路的、毛茸茸的动物是猫"的信息组合，这时幼儿就会出现"这是猫不是狗"的认知行为，获得新的认知平衡。

（二）认知发展阶段论

皮亚杰将儿童认知发展的过程划分为4个阶段：感知运动阶段（0~2岁）、前运算阶段（2~7岁）、具体运算阶段（7~11岁）和形式运算阶段（11岁及以上），皮亚杰认为每个阶段都具有独特的认知特征和思维方式，且各个阶段之间还存在连续性和渐进性，即每个阶段都是在前一阶段发展基础上的扩展和深化。本书主要介绍婴幼儿经历的前两个阶段。

1. 感知运动阶段（0~2岁）

在此阶段，儿童主要通过感官和运动来探索和理解周围世界，形成一些基本的图式。其中，手的抓握和嘴的吸吮是他们探索这个世界的主要手段。这一阶段最显著的标志是儿童渐渐获得客体永久性（9~12个月），即当某一客体从儿童的视线范围内消失时，儿童知道该客体并非不存在。例如，先向婴幼儿展示一个玩具，再将玩具与婴幼儿用隔板隔开，然后观察婴幼儿对此的反应，没有获得客体永久性的婴幼儿会因物体的丢失而感到困惑或不安，而获得客体永久性的婴幼儿则会拿开隔板去寻找该物品。

2. 前运算阶段（2~7岁）

在此阶段，儿童开始使用符号和语言来表示外界的事物，出现表象或形象图式，还能够从事许多象征性游戏，如儿童用小木凳当木马骑，小木凳是符号，而木马则是符号象征的东西，通过用小木凳指代真正的木马进行游戏。此时，他们还不能很好地将自己与外部世界区分开来，认为外界的一切事物都是有生命的，具有泛灵倾向，比如此阶段的儿童认为小草是有生命的，人们踩到小草身上，小草会疼。在思维方面，皮亚杰用三山实验表明此阶段的儿童还存在自我中心的倾向，不能设想他人的观点，认为别人眼中的世界和他所看到的一样，世界因他而存在、一切围绕他转，例如这个阶段的儿童会认为太阳和月亮是跟着"我"走的，给妈妈送礼物时会送自己喜欢的礼物，认为自己喜欢的就是妈妈喜欢的。同时，这个阶段的儿童尚未获得物体守恒的概念，思维存在刻板性和不可逆性，他们会倾向于运用一种标准或维度做出判断。例如，在儿童的面前放置一个量筒（细长）和一个烧杯（矮粗），两个杯子中水量一样多，让儿童观看量筒中的水倒入烧杯中的全过程，然后问他们这两个杯子中的水哪一个更多，因为他们的思维此时还存在不可逆性，所以不能将烧杯中的水在心理上倒回原来的量筒中，在做出判断时，在长、宽、高三个维度，儿童只会选择感知最明显的维度，如他们的回答可能是"因为量筒高，所以量筒中的水多"，或是"因为烧杯宽，所以烧杯中的水多"，还不能同时关注两个维度，表现出思维的刻板性。

二、维果茨基的社会建构主义

苏联著名心理学家维果茨基作为社会建构主义的代表人物之一，他强调社会和文化环境在个体认知发展中的关键作用。他认为虽然知识是个体主动建构的，但这种建构并不是随意的任意建构，不可避免地受到他人和当时社会文化因素的影响。在他的理论中，核心观点是"最近发展区理论"。

维果茨基认为儿童的发展有两种水平：一种是儿童的现有水平，即在独立活动时所能达到的解决问题的水平；另一种是儿童潜在的发展水平，即在借助成人引导或同伴的帮助下所能达到的解决问题的水平，这二者之间的差异就称"最近发展区"。

维果茨基的"最近发展区理论"揭示了幼儿认知发展的潜力和可能性。这启示教育工作者必须认识到教师不仅仅是知识的传授者，更是幼儿发展的引导者和支持者。根据幼儿的发展潜能，教师要着眼于他们的"最近发展区"，提供带有难度的知识内容，调动起他们的积极性，并通过与幼儿的互动和合作，帮助幼儿挖掘自身的潜力，激发他们的学习兴趣和动力，推动他们不断超越自我从而达到下一发展阶段的水平。

相关链接

支架式教学理论

"支架式教学"是源于维果茨基的"最近发展区理论"，它作为建构主义的一种基本教学策略，近年来在国内外教育教学理论和实践领域日益受到重视。支架原本指建筑行业中使用的脚手架，在这里用来形象地描述一种教学方式，即教师需要给学生提供的支持与帮助，教师通过为学生的学习搭建"支架"，支持其不断地建构自己，不断建造新的能力；学生的发展被看作是一座建筑的建构过程，学生的"学"是在不断积极建构自身能力的过程。在学生面临学习任务时，需要在现有的水平上去达到可能的发展水平，这时教师就需要为学生提供"脚手架"，随着学生能力逐渐增强，教师需要及时调整"脚手架"，直到完全撤出，让学生独立地完成任务为止。

效果自测

序号	学习要点	学生自评达到的程度
1	皮亚杰的个人建构主义	☆ ☆ ☆ ☆ ☆
2	维果茨基的社会建构主义	☆ ☆ ☆ ☆ ☆

项目小结

通过了解不同理论视角下的婴幼儿早期学习与发展，教育者可以结合行为主义的即时反馈、认知主义的阶段适配、人本主义的情感关怀、建构主义的主动探索，设计多元化活动，既不过度依赖奖惩（行为主义），也不放任自由（人本主义），平衡引导与自主，更全面地为婴幼儿学习与发展提供良好的支持。

思考与练习

一、选择题

1. 在下列四个选项中，不属于"联结–试误"说学习理论的基本规律的是（　　）。
   A. 接近律　　　　B. 练习律　　　　C. 效果律　　　　D. 准备律

2. 明明吃饭的时候主动去帮忙拿筷子，妈妈看到后，表扬了明明，后面的几天里，明明都会在吃饭前帮忙拿筷子，这可以用（　　）道理来解释。
   A. 正强化　　　　　　　　　　　　　B. 负强化
   C. 操作性条件反射　　　　　　　　　D. 经典性条件反射

3. 爸爸对小明说："如果你三次没有完成作业，就取消周末去公园的计划"，这对于小明来说属于（　　）
   A. 惩罚　　　　B. 正强化　　　　C. 消退　　　　D. 负强化

4. 一名儿童上课时因吃零食被老师发现而受到了批评，另一名准备吃零食的儿童看到这个现象后，把自己的零食收起来，这个是一种广泛存在的学习现象，被心理学家班杜拉称之为（　　）。
   A. 观察学习　　　B. 主动学习　　　C. 参与性学习　　　D. 机械学习

5. 学生已知"平行四边形"这一概念的意义，教师再通过"菱形是四边一样长的平行四边形"这一命题界定菱形，使学生在掌握平行四边形概念的基础上学习菱形这一概念，这种学习属于（　　）。
   A. 总括学习　　　B. 上位学习　　　C. 下位学习　　　D. 组合学习

6. 罗杰斯的"以学生为中心""让学生自发学习"的教学模式属于（　　）
   A. 非指导性教学模式　　　　　　　　B. 结构主义课程模式
   C. 发展性教学模式　　　　　　　　　D. 最优化教学模式

二、案例分析

3岁的玲玲走到餐桌边,桌子上放着两瓶完全相同的牛奶。她看见妈妈打开一瓶,将牛奶倒进一个大玻璃坛子里。她的目光从那只装满牛奶的瓶子转回到坛子。这时妈妈问:"玲玲,哪个牛奶多,瓶子里还是坛子里呢?"

根据皮亚杰的认知发展阶段论,玲玲会如何回答?请对玲玲的回答加以分析。

拓展实训

请观察记录一个婴幼儿学习的现象,运用本模块的学习理论,谈谈案例中的婴幼儿是如何进行学习的,并分析教师可以通过哪些方式更好地促进婴幼儿的学习。

项目三 婴幼儿动作发展与早期学习支持

知识目标

① 认知动作、粗大动作和精细动作的概念。

② 熟知婴幼儿动作发展的规律,清晰掌握婴幼儿各动作出现的顺序和具体月龄段。

③ 了解婴幼儿粗大动作和精细动作发展的早期支持规律,掌握具体的支持原则和指导要领。

能力目标

① 能根据动作发展规律,精准判断婴幼儿粗大动作和精细动作的发展阶段,并匹配适宜活动。

② 针对不同年龄段婴幼儿,开展科学的粗大动作训练活动和精细动作训练游戏。

③ 对于婴幼儿动作发展的问题,能分析成因并提出有效改进策略。

素质目标

① 树立科学的育儿观,重视婴幼儿动作发展,尊重婴幼儿个体发展差异。

② 培养耐心和细心,及时察觉婴幼儿的需求与进步,给予鼓励支持。

③ 增强责任意识,主动营造利于婴幼儿动作发展的环境,促进其全面成长。

思维导图

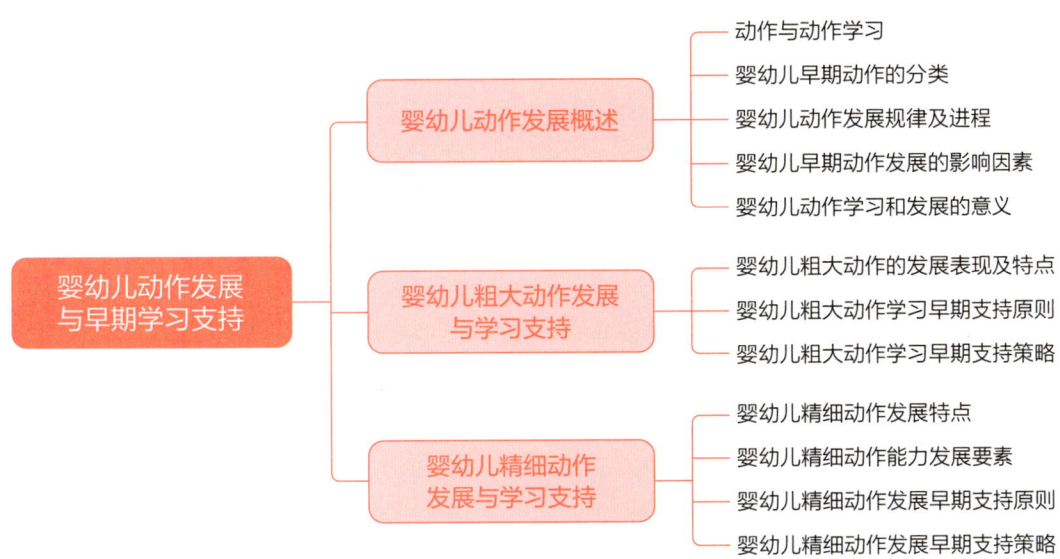

项目导读

你了解婴幼儿的动作发展规律吗？你是否认同动作发展对于婴幼儿学习具有重大意义呢？本模块将以婴幼儿粗大动作和精细动作的发展为切入点，深入了解婴幼儿动作发展的特点和规律。通过本项目的学习，掌握并尊重婴幼儿动作发展规律，通过多种早期教育活动推动婴幼儿身心健康发展。

任务一　婴幼儿动作发展概述

任务目标

1. 认知动作和动作学习。
2. 熟悉婴幼儿早期动作的分类
3. 熟悉婴幼儿动作发展规律，能有效判断婴幼儿动作发展状态。
4. 掌握婴幼儿动作发展的影响因素
5. 明确婴幼儿动作学习和发展的意义。

案例导入

年轻妈妈晓琳最近特别开心，因为6个月大的宝宝琪琪有了新变化。以前琪琪总是安静地躺着，现在却开始不安分起来，先是努力地抬起头，小脑袋左顾右盼，对周围的一切都充满好奇。没几天，晓琳又发现琪琪竟然能从仰卧翻到侧卧了，小胳膊小腿扑腾着，像是在努力探索更广阔的空间。晓琳把这些点滴都记录下来，每次翻看都觉得很神奇。

问题：琪琪的这些动作发展正常吗？其他宝宝也是这样吗？

核心知识

一、动作与动作学习

关于动作的解释有多种说法。动作可以是全身或者身体某一部分的活动，也可以是由单个动作引起的一系列运动反应的统称，还可以是具有一定动机和目的并指向一定客体的运动系统。

同样，动作发展可以是由神经系统、肌肉协调控制的身体动作的发展，主要指行走的动作、手的抓握能力和动作技能的提高与改善；也可以是运动器官、神经系统和心理系统在一定环境要求和条件作用下的协同活动过程与结果[①]；还可以是婴幼儿从抬头、抓握、翻身到走路、跑跳等，一切需要身体肌肉活动的运动发展过程。无论是哪种观点，都可以归纳出：动作的发展必然包括个体感觉运动器的参与、神经系统的调控和心理活动的影响。

婴幼儿动作的获得过程即动作的学习过程。参照美国心理学家格赛尔"成熟势力说"理论，婴幼儿早期动作的学习应当建立在生理成熟的基础上，通过适宜的环境和教育刺激，不断丰富幼儿的经验储备。同时，保教人员应当基于婴幼儿的身心发展现状，按照从易到难的顺序，从单一的动作开始逐渐提升婴幼儿动作学习的难度和复杂程度，以便激发婴幼儿动作学习的自信心和成就感。

二、婴幼儿早期动作的分类

按照参与动作的肌肉群的大小，可以将婴幼儿动作分为粗大动作和精细动作两类。

粗大动作又称大肌肉群动作，指由头颈部肌肉群、腰部肌肉群以及四肢肌肉群参与控制的动作，包含基本姿势（坐、跪、站立、蹲等）、移动技能（爬行、行走、跑步、跳跃、滑行等）和技巧动作（投掷、抛接、推拉、跳跃、翻滚、旋转、弯曲、扭转等）。

精细动作又称小肌肉群动作，指由手部、眼部、嘴部和脸部的小肌肉群控制而产生的动作。婴幼儿的精细动作特指由手指、手指和手掌、手掌和手腕组成的系列动作以及手眼协调动作，包括按、压、捏、抠、撕、扯、穿珠、抓握、拼搭、嵌套、写和画等。

三、婴幼儿动作发展规律及进程

尽管婴幼儿个体的动作发展很早就表现出个体差异性，但整体而言，婴幼儿动作的发展具有一定的规律性和相对固定的发展进程。

婴幼儿动作发展规律表现与生理基础

---
① 代娅丽，胡红梅. 婴幼儿动作发展与训练［M］. 重庆：西南大学出版社，2021.

（一）婴幼儿动作发展规律

婴幼儿动作发展一般遵循以下六条规律。

1. 整体分化规律

整体分化规律是指婴幼儿的动作从整体动作向分化动作发展。婴幼儿早期动作具有全身性、笼统性和弥漫性。比如新生儿受到外界刺激时，全身都会出现惊跳反应，动作幅度大且不精准。随着年龄增长与神经系统发育，动作逐渐分化，变得局部化、精准化。如婴儿最初想要抓取物品时，可能是整个手臂随意挥动，经过不断尝试与练习，逐渐学会用手指精准捏取小物件，能灵活控制手部小肌肉完成特定动作。

2. 首尾规律

首尾规律是指婴幼儿的动作发展从身体的上部开始，逐渐发展到身体的下部。遵循从头到脚的顺序。头部动作最先发展，如抬头、竖头。接着是躯干部位动作开始发展，4个月婴儿学会翻身，6~7个月能够独坐，8个月会爬。这涉及对躯干的控制和平衡能力的发展。最后发展下肢动作，9~12个月婴儿开始学习爬行、站立，12~18个月逐渐学会走路，下肢肌肉和骨骼在这个过程中不断发育成熟，支撑起身体重量并实现移动，如图3-1所示。

图3-1 婴幼儿动作发展顺序

3. 近远规律

近远规律是指动作的发展从靠近身体中线的部分开始发展，越接近躯干的部位动作发展越早，即动作从身体中心部位向四肢远端发展。如头部、肩部和腰部动作先发展，然后是胳膊、腿的动作，最后发展躯体边缘部分的动作，如手的精细动作和脚部的动作。婴儿会先学会用整个手臂去够取距离较近的物品，此时主要依靠肩部和上臂的大肌肉运动，然后手部和脚部的精细动作开始发展，从大把抓握到逐渐学会用拇指和食指对捏，手部动作越来越灵活，再到能完成更复杂的任务；脚部也从最初的随意踢动，发展到能够控制脚踝和脚趾，完成站立、行走、跳跃等动作。

4. 大小规律

大小规律是指大肌肉动作先发展，小肌肉动作后发展。婴幼儿先掌握抬头、翻身、坐、爬、站、走、跑、跳等大动作，这些动作需要调动大肌肉群，对身体的平衡和协调能力要求较高。随着身体协调性和控制能力的增强，小肌肉动作逐渐发展起来，如1~3岁婴幼儿开始学会握笔涂鸦，3~4岁能够自己穿衣、扣纽扣，5~6岁可以使用剪刀剪出简单形状，这些精细动作需要手部小肌肉的精确控制和手眼协调能力。

5. 无有规律

无有规律是指从无意动作到有意动作。婴幼儿最初的动作是无意识、反射性的,这是与生俱来的本能反应,如新生儿的吸吮反射、握持反射等。随着大脑和神经系统的发育,婴儿逐渐产生有意识、有目的的动作。2~3个月时,婴儿开始注视自己的手,随后会主动伸手去抓感兴趣的物品,这标志着婴儿从无意识动作向有意识动作转变。之后,婴幼儿的动作越来越具有目的性和计划性,能根据自己的需求和想法主动做出各种动作。

6. 正反规律

正反规律是指正向的动作先发展,反向的动作后发展。如婴幼儿先学会朝前走,后学会倒着走;先学会抓握物品,后学会松开物品。

(二)婴幼儿动作发展的进程

婴幼儿动作发展有早有晚、有快有慢,个体差异明显,但整体呈现出一定的顺序性和相对固定的发展进程,前一个动作的发展常常是为下一个动作的发展做准备。3岁前婴幼儿动作的发展,分别从粗大动作和精细动作的发展进程看,粗大动作的发展主要以抬头、翻身、坐、爬、站、蹲、走、跑、攀爬、跳、投掷等基本动作为主,精细动作则以抓握、摇、拿、撕、敲、捏、放、取、画、拼、插、穿等小肌肉动作为主。具体发展进程和发展水平如表3-1所示。

表3-1 婴幼儿动作发展进程

月龄	粗大动作发展	精细动作发展
1个月	拉腕部可坐起,头竖直片刻,俯卧抬头片刻	触碰手掌紧握拳
2个月	俯卧抬头,头抬离床面	能够短暂地握住类似于拨浪鼓的物体
3个月	俯卧抬头45°,抱直头稳	能将双手放在一起玩弄3~4秒;能自己握住拨浪鼓类物体30秒
4个月	俯卧抬头90°,扶住腋下可站立2~3秒	能将手中的拨浪鼓类物体拿到眼中线注视,并能够主动摇晃几下
5个月	轻拉腕部即可坐起,独坐时头身前倾,用手撑床	能一只手拿住一块积木,并注视另外一块
6个月	从仰卧自行翻身到侧卧位	能用双手将纸撕破;能拿起桌上的积木
7个月	独坐自如,不需要用手支撑	主动伸手抓到桌上的积木,握住一块后用另一只手抓取第二块积木
8个月	双手扶物可站	能用拇他指捏住小丸;拿到两块积木后,有要抓取第三块积木的表示
9个月	会爬,能仅用手膝动作向前爬行;拉双手会走,可以自己用力协调地移动双腿	能拇指、食指配合捏起小丸;能自行将积木从杯中取出
10个月	能够拉栏杆站起,并自行扶着栏杆行走	能拇指和食指对捏,动作协调迅速,熟练地捏起小丸;能主动拿掉杯子,取出藏在杯子里面的积木
11个月	能独自站立2秒以上,能扶着物体蹲下取物并能够再站起来	能有意识地打开包积木的纸,寻找积木;能将积木放入杯中

续表

月龄	粗大动作发展	精细动作发展
12个月	独自站立10秒以上，能协调移动双腿迈步，牵一只手可走	试图把小丸投进瓶里；可以在纸上留下笔道
15个月	独走自如，可以自己开步、停步，也能够弯腰捡物	能将小丸拿出或倒出；能用笔在纸上自行乱画
18个月	能举手过肩扔球	能在纸上画出道道；能搭高4块积木
21个月	能用脚尖行走数步，脚跟部着地；能手扶住楼梯上台阶	能将玻璃丝穿过扣眼5厘米以上；能搭高7~8块积木
24个月	能双脚同时离地跳起	能将玻璃丝穿过扣眼，用另一只手将线拉出
27个月	不扶扶手，能稳定地上下楼梯	能模仿画竖道
30个月	不扶任何物体，可一只脚站立2秒以上	能模仿搭出有孔的桥；能熟练地穿口子、拉线
33个月	能立定跳远超过20厘米	能模仿画出闭合的圆形
36个月	可以双足交替跳起，超过5厘米以上	能模仿画出成角大于45°的相交直线；能用长方形的纸横竖对折

四、婴幼儿早期动作发展的影响因素

影响婴幼儿动作发展的因素不是单一的，而是多个系统协调作用的结果。个体自身的发展状况、个体所处环境以及所面临的任务要求等都会对婴幼儿个体的动作发展产生重要影响。主要影响因素有以下几个。

（一）遗传

遗传会影响和制约儿童动作的发展。身体素质的发展是以遗传因素为基础的。不同身体素质的儿童的动作发展是不同步的。身体健壮的儿童的动作发展要早于瘦弱的儿童。如果在产前就已存在的因素如基因突变、染色体异常等，对个体在动作发展上会有影响。有些会使个体的动作发展迟缓，甚至可能导致无法从事某些活动。

（二）成熟

生理成熟是影响儿童动作发展的重要因素。不论经济、文化教育水平如何，世界各民族的儿童基本上都以同样顺序获得各种动作发展。

个体自身的肌肉、骨骼、关节与神经系统在结构与功能上的成熟为动作发展提供了生物前提，是动作发展的物质基础。每一个儿童的成熟过程都有一个自然的发展顺序表。美国心理学家格赛尔的"双生子爬楼梯实验"研究表明，成熟对动作发展有重要影响。但是，遗传和成熟不是决定儿童动作发展的唯一因素。比如，"狼孩"不会直立行走，只会四肢着地走。

（三）感官经验的统合

感官经验的统合会影响动作的产生和发展。感官，包括眼、耳、鼻、舌、皮肤等。通过感觉系统（如视觉、听觉、触觉、味觉、嗅觉、前庭觉、本体觉等），将感觉信息送到大脑进行统合、分析，然后再发出指令使运动系统做出反应，即所谓的感官经验的统合。感觉信息在运动控制中有重要的作用，对于编制运动程序和执行运动活动起着必要的反馈调节作用。所以，如果感觉器官出现问题，或者在统合时无法命令运动系统做出应有的反应，就会影响动作的产生和发展。比如，儿童学走路，只有当神经系统成熟到能够控制特定的腿部肌肉，腿部发育到足以支撑身体重量，以及儿童想运动时，才可以进行。

（四）家庭生态环境

家庭生态环境对儿童动作的发展影响深远，主要包括物质环境和心理环境。

1. 家庭物质环境为儿童的动作发展提供了活动的场地和前提条件

物质条件的匮乏会限制婴幼儿动作的发展。有调查表明，在我国部分大城市中有一部分儿童没有经过明显的爬行阶段就直接学会了行走，这与居住条件及其父母的养育方式有密切关系。因为城市部分家庭居住面积狭窄，婴儿缺少爬行练习机会；有些父母怕地面太凉，不让婴儿在地上爬行，而在床上练习，但因为床面柔软，不利于婴儿用力，因此不能很好地发展爬行动作。

2. 家庭心理环境为儿童的动作发展提供了活动的机会和必要条件

父母的文化程度、态度与期望、是否经常对儿童进行动作游戏训练等因素都会影响儿童精细动作的发展。有意识地进行多种动作训练、丰富的抚养环境、科学的养育观念能促进儿童动作技能的发展，反之则会对儿童的动作发展起一定的阻碍作用。比如，家长通常会有意识地训练儿童抬头、翻身、坐、站和独立行走，但相对手指精细动作发育则关注较少。这可能会对将来儿童独立生活能力的培养产生一定的影响。又如，父母希望女孩多进行一些安静的精细动作活动，鼓励男孩进行较激烈的粗大动作活动，这也是两性动作发展差异的重要原因之一。再如，有的家长选择用学步车帮助儿童行走，而相关研究证明：学步车非但不能帮助儿童行走，而且会在一定程度上阻碍儿童对独立行走能力的掌握。

（五）后天的学习和训练

长期的动作训练可以加速动作发展，但训练对某些活动的影响更大一些。例如，学者泽勒佐（Zelazo）、科布尔（Kolb）对婴儿进行了行走训练研究，训练从婴儿出生后第二周开始到第八周结束。24名婴儿被分成4组，积极练习组的婴儿每天有4次练习，每次3分钟，在这段时间里他们被人扶住腋下，脚底接触平面；消极被动组的婴儿则躺在小床上，坐在婴儿座位上，或者坐在父母膝上，轻轻伸屈他们的双脚和手臂；无练习组的婴儿没有训练，每周测试一次；控制组的婴儿只是在这项训练计划结束时才测试一次。研究结果发现，积极练习组的婴儿平均在10~12个月时就会走路，比常模年龄（14个月）提早2~4个月。研究者认为，这可能是行走反射在帮助婴儿产生更大的活动性方面起到了一定作用；行走能力的发展存在一个关键期，因此应该利用行走反射，不要让其自然消失。

另外，气候、文化背景以及性别差异等因素也都会影响儿童动作的发展。比如，冬季出生的婴儿，其爬行起始年龄比其他季节出生的婴儿平均提前2~4周。这是因为这些儿童在其开始爬行的月份，气温正处于上升的阶段，父母会更多地指导其与爬行动作发展有关的活动。通过对文化背景不同的美国、巴西两国的婴儿动作发展对比发现，巴西婴儿在第3、4、5个月的整体动作发展分数显著低于美国婴儿。因为巴西的母亲认为坐和爬会损害儿童的脊柱和腿，在前6个月中，婴儿大多数时间会被抱在母亲的腿上，从而限制了巴西婴儿粗大动作的发展。

五、婴幼儿动作学习和发展的意义

婴幼儿动作学习和发展能够促进其身体发育、推动认知发展、助力情感和社会能力发展。

（一）促进身体发育

1. 增强体质

婴幼儿在进行各种动作时，肢体动作是基本形式，会使拥有充分使用动作机会的婴儿身体的肌肉得到锻炼。例如，抬头动作能锻炼颈部肌肉，为日后的坐立和头部稳定控制奠定基础；爬行需要手臂、腿部和腹部肌肉协同工作，有助于增强这些部位的肌肉力量。同时，动作发展还能提高身体的协调性与平衡能力。例如，在学步过程中，婴幼儿会不断调整身体姿势和步伐，以保持平衡，这对身体的控制能力是很好的训练，也有利于骨骼的正常发育，使身体更加健康强壮。

2. 提升身体机能

动作发展对心肺功能的提升效果显著。婴幼儿在活动时，身体的代谢加快，心肺需要更努力地工作，为身体各组织器官提供充足的氧气和能量。长期坚持适量的运动，能使心肺功能逐渐增强，心脏收缩力加强，肺部通气量增大。此外，动作发展还能促进消化系统的正常运转，活动时身体的血液循环加快，有助于胃肠道的蠕动，提高消化和吸收能力。同时，神经系统在控制和协调动作的过程中也会得到锻炼和发展，神经传导更加迅速和准确，使身体各部分的反应更加灵敏。

（二）推动认知发展

1. 拓展认知范围

婴幼儿的动作发展为他们探索世界提供了便利。通过伸手抓握物体，他们可以感知物体的大小、形状、质地等物理特性，了解物体的重量和空间位置关系。例如，婴儿会反复抓握不同材质的玩具，感受毛绒玩具的柔软、塑料玩具的光滑和金属玩具的坚硬。爬行和行走则让婴幼儿能够突破原来的活动范围，到达更远的地方，接触到更多的人和事物，从而丰富他们的认知经验，认识到周围环境的多样性和变化性。

2. 促进思维发展

动作发展与思维发展密切相关。在解决问题的过程中，婴幼儿需要运用动作来尝试不同的方法。比如，当他们试图将一个较大的物体放入一个较小的容器中时，会通过不断地调整物体的角度和位置，观察和思考如何才能成功。这种动手操作的过程有助于培养他们的空间思维能力、逻辑思维能力和创造力。同时，动作发展还能促进婴幼儿语言能力的发展，当他们通过动作认识了新的事物和概念后，会更有表达的欲望，从而推动语言的学习和运用。

（三）助力情感和社会能力发展

1. 增强自我意识

随着动作技能的不断掌握，婴幼儿能够独立完成越来越多的任务，如自己用勺子吃饭、自己穿衣服等。每一次成功地完成一个动作，都会让他们体验到成就感，从而增强自信心。这种自信心的建立有助于婴幼儿形成积极的自我意识，让他们认识到自己是有能力的个体，能够对周围的环境和事物产生影响。例如，当婴幼儿第一次自己穿上鞋子时，脸上会露出自豪的笑容，这表明他们对自己的能力有了新的认识，自我意识得到了发展。

2. 促进社交互动

动作发展使婴幼儿能够更加主动地参与到社交活动中。学会走路后，他们可以自由地走到同伴身边，与其他孩子一起玩耍。在游戏过程中，他们需要与同伴进行交流、分享玩具、合作完成任务等，这有助于提高他们的语言表达能力、沟通能力和合作能力。例如，在玩搭积木的游戏时，他们会互相交流想法，共同搭建一个建筑物，通过这种互动，婴幼儿学会如何与他人相处，理解他人的感受和需求，逐渐掌握社交规则和礼仪，为日后建立良好的人际关系奠定坚实的基础。

效果自测

序号	学习要点	学生自评达到的程度
1	动作与动作学习	☆ ☆ ☆ ☆ ☆
2	婴幼儿早期动作的分类	☆ ☆ ☆ ☆ ☆
3	婴幼儿动作发展的规律和进程	☆ ☆ ☆ ☆ ☆
4	婴幼儿早期动作发展的影响因素	☆ ☆ ☆ ☆ ☆
5	婴幼儿动作学习和发展的意义	☆ ☆ ☆ ☆ ☆

任务二　婴幼儿粗大动作发展与学习支持

任务目标
1. 掌握婴幼儿各阶段粗大动作发展表现和特点。
2. 熟悉婴幼儿粗大动作早期支持原则。
3. 掌握婴幼儿粗大动作早期支持策略，能有效支持婴幼儿动作学习。

案例导入
伴随着清晨的第一缕阳光，2岁半的牛牛开始了运动。他哼着动感十足的儿歌，小屁股一扭一扭的，时不时地跟随鼓点双脚跳离地面。

问题：作为一名托育教师，应该如何更好地促进婴幼儿粗大动作发展呢？

核心知识
婴幼儿粗大动作的发展是一个循序渐进、逐步完善的过程，涉及多个关键阶段和动作技能。要学会支持婴幼儿粗大动作的发展首先要了解其粗大动作发展规律。一般来说，婴幼儿粗大动作发展首先应具备的是头部和躯干的自主控制能力，之后是爬行、走等自主位移动作的发展，最后才是跑、跳等技巧性粗大动作技能的发展。

一、婴幼儿粗大动作的发展表现及特点

（一）粗大动作的反射阶段

婴幼儿最初的运动技能是反射。反射是对特定刺激的天生的、自主的反应。新生儿的反射包括生存反射和原始反射，这些反射的存在，在较高级脑中枢的连接建立之前，使孩子处于一个健康的状态，很多反射出生几个月后会自动消失，但却为儿童未来运动能力的发展提供了准备条件（表3-2）。本书主要介绍以下三种：莫罗反射、游泳反射和迈步反射。

表3-2　婴儿粗大动作相关的反射行为[1]

反射	刺激	反应	截止年龄	功能
觅食反射	抚摸婴儿嘴角边的面颊	头转向刺激源	3周（此时已能主动转头）	帮助婴儿找到乳头
蜷缩反射	让婴儿脚背触及桌面边缘	将腿抬到桌面上，做出类似小猫的蜷缩动作	2个月	帮助婴儿保持温度和舒适
游泳反射	将婴儿放入水中，或者使其俯卧在床上并托住腹部	婴儿抬头，伸腿做游泳动作	4～6个月	有助于刺激婴儿的感官和运动发育

---

[1] 张继平. 0～3岁儿童发展心理学[M]. 上海交通大学出版社，2019：55.

续表

反射	刺激	反应	截止年龄	功能
迈步反射	将婴儿夹在手臂下，并且让他光脚去触碰平面或平地	婴儿两脚上下不停地蹬	2个月	为婴儿自己行走做好准备
躯体同向反射	转向肩头或臀部	身体其他部位转向相同方向	12个月	帮助婴儿控制体态
莫罗反射	让婴儿卧躺并使其头稍后仰	婴儿通过弓背、伸腿和伸手臂等做出"拥抱"动作	6个月	有助于婴儿抱住母亲

1. 莫罗反射

莫罗反射又称拥抱反射，是婴儿先天具有的反射之一。当婴儿突然失去支持或突然受到高声、疼痛等刺激时，表现出双臂伸直、手指张开、背部伸展或弯曲、头朝后仰、双腿挺直，双臂呈拥抱状，这种反射在婴儿仰躺时看得最清楚。一般在3~5个月消失。

2. 游泳反射

把婴儿放入水中，他会出现协调性很好的类似游泳的动作；或者托住新生儿的腹部，他会做出像游泳一样的动作。6个月后，此反射逐渐消失。

3. 迈步反射

把婴儿直立抱住并使上半身稍微前倾，让其双脚接触平面，他就会交替地伸腿，做出迈步状（图3-2）。在出生后2个月内消失。

图3-2 迈步反射

相关链接

自发动作

婴幼儿期的反射是生命最初几个月里早期动作发展的重要组成部分，但这些反射只能代表婴幼儿动作行为很小的一部分。新生儿最经常表现的是自发动作，如踢腿、挥动手臂和摇摆躯干。尽管自发动作似乎不同于后来获得的自主动作，但是它们在动作发展上可能是相关的连续体。

婴儿较常见和较早出现的自发动作之一是踢腿。当婴儿仰卧时，他的腿强有力地向空中踢动，这种动作一般在第1个月左右出现，在第6~8个月时达到高峰，到出生后一年末时变得不太常见，这些踢腿动作形式一致，并且类似于踏步动作。经过出生后第一年的发展，婴幼儿踢腿动作关节间的协调和肌肉的收缩方式变得和成年人的行走越来越相似。婴幼儿动作发展具有连续性，其自发动作是后来获得的动作技能的前身。

不论有无握持物体，挥动手臂是婴幼儿早期另一个常见的自发动作。婴幼儿自发挥动手臂动作是后来获得的自主且有目的伸够动作的前身。婴幼儿自发动作的其他例子还包括躯体摇摆、弓背、手指屈曲和摇头等，这些特点也可以在婴幼儿期出现，但没有踢腿和挥动手臂那么常见。

资料来源：Greg Payne，耿培新，梁国立. 人类动作发展概论［M］. 北京：人民教育出版社，2008.

（二）头颈部动作的发展

这一阶段动作发展的里程碑是抬头（图3-3）。婴儿大概在2~3个月学会抬头。

婴儿刚出生时几乎无法控制自己的头部，在2~3个月时，婴儿仰卧时能左右转头；然后能在坐和立的状态下自主将头竖直；接着能在俯卧时抬头。4个月时，如果婴儿在别人的支撑下身体前倾，他的头部仍能够保持直立状态。5~6个月时，婴儿在俯卧的时候能用手臂支撑住身体，能够轻松地抬头并且转来转去。

图3-3　抬头

头颈部动作的发展能帮助婴儿扩大视线范围，拓展可探索的环境，同时也能帮助婴儿逐渐获得直立姿态。

（三）躯干动作的发展

这一阶段动作发展的里程碑有翻身、坐和站立。

1. 翻身

婴儿在3个月左右开始学习翻身。婴儿一般先学会仰卧翻身，然后逐渐在可以翻身的同时，自由转动头部，接着可以灵活地俯卧翻身、仰卧翻身交替进行。翻身是儿童人生中最早的"大型"自主运动，标志着儿童的身体机能和智力的发展迈上了一个新的台阶。

2. 坐

婴儿在5~6个月学会独立坐（图3-4）。婴儿学坐的顺序依次是：扶髋能坐、身体前倾独坐、用手支撑、自如独坐、卧位坐起。婴儿在3个月时凭借外力已经可以扶坐；5个月时，婴儿可以身体前倾，双手在两侧支撑以维持坐姿平衡；7个月时，婴儿在俯卧或仰卧状态下能独自坐起来；8个月时，婴儿可以不需任何帮助独立坐直。

坐是婴儿继翻身之后的另一个具有标志意义的基本动作。在发展上，坐姿代表了婴儿从仰卧姿势到站立姿势的一个过渡时期。自主坐立能让婴儿扩大自己的活动范围，进一步解放双手，从而推动婴儿手眼协调能力和双手协调能力的发展。

3. 站立

婴儿在9个月左右开始表现出试图从坐姿拉拽自己起身的倾向，婴儿经常想让自己扶着其他物体站起来（图3-5）。到1岁时，儿童通常都能独立站直。儿童学会站立后，在大人的扶持下，能够尝试跳跃动作。但是独立原地跳跃在18~24个月。

图3-4 独立坐　　　图3-5 扶站

站立是个体生命中一个重要里程碑，而且是很多后来出现的动作技能（如行走、跳跃等）的基础。

（四）位移动作的发展

1. 爬行

爬行是婴儿动作发展的一个重要环节，是婴儿出生后第一次全身协调运动。5~7个月的婴儿能用手支撑胸腹使身体离开床面，8~9个月时婴儿能够比较灵活地爬行。

爬行主要有腹地爬和手膝爬两种姿势。一般而言，婴儿先开始腹地爬，表现为胸腹部着地，用手肘的力量往前匍匐前进。7~9个月时，随着腿的有效使用和手部力量的增强，腹地爬逐步发展为手膝爬，表现为腹部逐渐离开地面，手膝前后交替前进爬行。

爬行是婴儿成长中的一个重要环节，是婴儿最早出现的自主位移动作，也是婴儿神经系统发育良好的重要标志。爬行扩大了婴儿视野范围和活动范围，能够促进婴儿空间知觉能力、平衡能力和感觉统合能力的提高，爬行的过程也锻炼了婴儿的意志和胆量，有助于婴儿良好个性的形成。

2. 行走

行走是用双脚来移动位置的运动技能。学会行走（图3-6）是儿童成长中一次大的飞跃。一般儿童可以在12个月左右学会独立行走。

8个月时，婴儿能从扶物站立，逐渐扶物行走，9~10个月时，开始学习如何弯曲膝盖蹲下去和站累了怎么坐下，这对婴幼儿来说是个大工程，需要骨骼、肌肉的力量和控制。11~12个月的婴儿，从需成人用一只手牵着走路发展到不用扶也能走几步，能独立站立片刻，弯腰、招手、蹲下再站起这些动作比较自如。接着，就开始了独立行走。他们走路时摇摇晃晃、趔趔趄趄的样子会让成人很担心，但他们不愿意再让成人牵着手走，他们非常喜欢自己走。

行走是婴幼儿动作发展的重要里程碑，直立行走是人类独有的姿势。行走使儿童的躯体移动从被动转为主动，使活动具有了一定的主动性。同时，直立行走解放了儿童的双手，并使儿童的眼手配合的动作大大增加，促进其脑的发育和认知的发展。

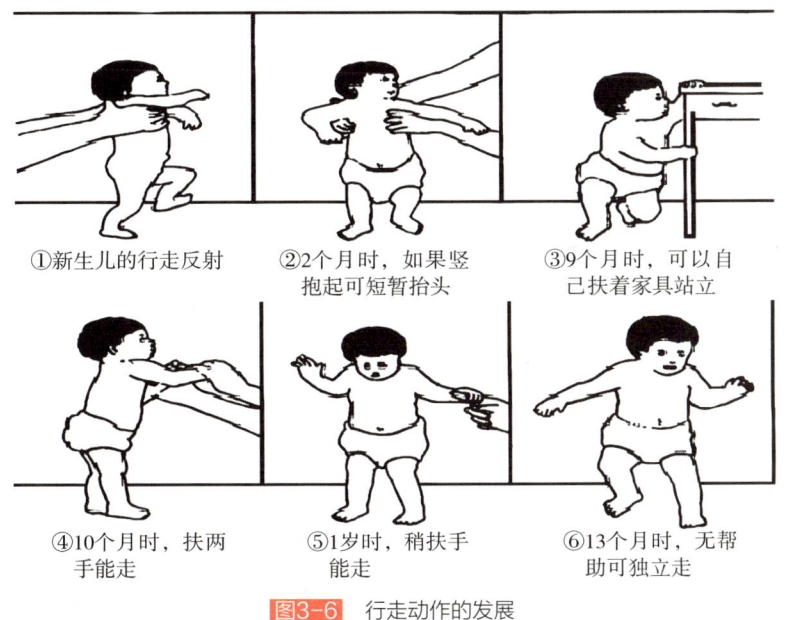

图3-6 行走动作的发展

（五）技巧性粗大动作的发展

1. 跑

跑是在走的基础上，加大步伐和频率的一种行动方式。婴幼儿在13~18个月时开始学会跑，但是步伐和节奏都不均匀，上下肢动作也不够协调。2岁以后，婴幼儿能够迈开较大的步子奔跑，还可以追逐跑、绕开障碍跑等。

跑是婴幼儿智能发展的标志之一。跑意味着儿童四肢肌肉和腰腹肌肉的力量以及身体的爆发力的进一步增强和运动速度的提高；跑还能刺激婴幼儿前庭器官的发育，促进其感觉综合功能的发展和平衡能力的提高。

2. 跳

0~3岁婴幼儿的跳表现为双脚离开地面，身体向上腾空的动作。婴幼儿在19~24个月时，开始能并足跳跃，可以原地跳、向前跳等；2岁半时，能单脚原地跳，还能从楼梯末级跳下；2.5~3岁时，能双脚离地腾空连续跳跃2~3次，能跨越一条短的平衡木；3岁左右，能双脚交替上下楼梯，还能并足跳远。

3. 攀爬

攀爬不仅能够增强孩子的身体协调性和肌肉力量，还能促进空间感知和探索能力的发展。18个月时，宝宝可以扶栏杆爬楼梯，这表明他们的攀爬能力有了显著的提升。24个月时，能独自上下77厘米高的攀登架，但动作不够协调。30个月时手脚动作基本协调，能翻过高133厘米的攀登架。36个月时，能先移动脚，后移动手，灵活地翻过高133厘米的攀登架。

4. 投掷

婴幼儿的投掷动作发展是其运动技能发展的重要组成部分，它涉及手眼协调、肌肉控制、空间感知等多方面的能力。12~18个月时，开始尝试投掷动作，但动作不协调，力量控制差。18~24个月时，投掷动作开始变得更加协调，能够进行基本的投掷动作。36个月时，婴幼儿能够投掷沙包2.5~3米远，姿势比之前正确，能够控制投掷的方向和力度。

二、婴幼儿粗大动作学习早期支持原则

为了促进婴幼儿的粗大动作发展，家长或照料者需遵循以下原则，以保证对婴幼儿进行科学的指导。

1. 循序渐进原则

婴幼儿粗大动作的发展遵循一定的顺序，即抬头→翻身→坐→爬→站→走。这一顺序是婴幼儿生理发育和神经系统成熟的自然体现，任何训练都应遵循这一规律，不可随意跨越或颠倒。

在训练过程中，应根据婴幼儿的年龄、体质和现有能力，逐步增加训练的难度和强度，避免过度训练或过早进行不适合的动作。

2. 适应性原则

每个婴幼儿的生长发育速度和体质都存在差异，因此在进行粗大动作训练时，应根据婴幼儿的实际情况制定个性化的训练计划，尊重个体差异。

婴幼儿的精力有限，训练时间过长容易导致疲劳和兴趣丧失。因此，一次的训练时间不宜过长，以婴幼儿不感觉疲劳为宜。同时，训练频率也应适中，避免过于频繁或稀疏。

3. 趣味性原则

在进行粗大动作训练时，应注重培养婴幼儿对运动的兴趣和乐趣。通过游戏化的训练方式，让婴幼儿在愉快的氛围中积极参与训练。

家长或照料者应与婴幼儿进行亲密的互动和合作，共同完成训练任务。这不仅可以增强亲子关系，还可以激发婴幼儿的积极性和创造力。

4. 安全性原则

训练环境应确保安全无隐患，如地面平整、无尖锐物品等。同时，应根据训练内容设置适当的保护措施，如使用防护垫、护栏等。

在进行训练时，应确保婴幼儿的动作规范、正确，避免因错误动作而导致的伤害。对于不熟悉的动作或高难度动作，应在专业人员的指导下进行。

5. 综合性原则

粗大动作训练应注重婴幼儿的全面发展，不仅包括大肌肉群的运动能力，还应包括平衡、协调、灵敏等综合素质的培养。

粗大动作训练应与婴幼儿的认知、情感、社会性等其他领域的发展相结合，形成相互促进、共同发展的良好局面。

三、婴幼儿粗大动作学习早期支持策略

（一）促进头颈部动作的支持策略

头颈部的转动、抬头动作是婴儿最早发展起来的自主动作，适时、适当地转头、抬头锻炼，能促进婴儿头颈部肌肉发育，提高动作能力水平。

1. 环境与材料的支持

照料者在遵循个体自身成长规律的前提下，应当为婴儿提供适当的材料和环境，以保障和促进其粗大动作的顺利发展。引导婴儿做转头、抬头动作时，可以选择能发出声音的材料和玩具去吸引婴儿，比如铃、八音盒、小鼓、沙锤、拨浪鼓等；也可以选择色彩鲜艳明亮的

玩具，比如黄色小鸭、红色的球、彩色棒棒糖等；还可以利用爸爸、妈妈的脸和声音促使婴儿转头或者抬头。

2. 抬头训练

（1）竖抱抬头（0~3个月）

训练目的：锻炼颈部肌肉，帮助宝宝学会竖直状态下自主控制头部。

操作方法：喂奶后，照料者一手托住宝宝臀部，一手扶住背部和颈部，慢慢竖抱宝宝，让宝宝的头靠在肩上。宝宝此时可以短暂抬头。每天竖抱4~5次，每次训练时间根据宝宝的状态调整，一般几分钟即可。

注意事项：竖抱时保持宝宝头、颈、背在一条直线上，避免扭伤。注意宝宝情绪和体力，若宝宝抗拒或疲倦，立即停止。

（2）俯腹抬头（0~3个月）

训练目的：增强颈部和背部肌肉力量，提升抬头能力。

操作方法：给宝宝做抚触或按摩时，照料者平躺，让宝宝趴在自己的肚子上。用温柔的声音和宝宝互动，同时用色彩鲜艳、能发声的玩具（如花楞棒）在宝宝眼前晃动，吸引宝宝抬头。

注意事项：动作轻柔，避免用力过猛。观察宝宝反应，若宝宝没兴趣或疲惫，不要强行训练。

（3）俯卧抬头（0~3个月）

训练目的：锻炼颈部肌肉，为后续粗大动作发展打下基础。

操作方法：宝宝空腹时（喂奶前1小时左右），让宝宝趴在有硬度的床上（如在硬板床上铺上薄垫）。用手轻抚宝宝背部，再用鲜艳、能发声的玩具在宝宝前方晃动，吸引宝宝抬头。初期每次抬头10~30秒，逐渐延长时间，但每次不超过2分钟，每天2~3次。

注意事项：全程观察宝宝的状态，确保宝宝呼吸顺畅。若宝宝头部转向一侧休息，不要强行纠正，可调整玩具位置重新吸引宝宝注意力。

（二）促进躯干动作发展的支持策略

1. 支持婴幼儿翻身动作发展的策略

婴儿学习翻身的时机在出生4~5个月后，这个时候婴儿的颈部已经具备自主转头、抬头的能力，肩膀、手臂和手腕的力量变大，具有一定的支撑能力。翻身训练可帮助婴儿学习控制关节，强化肌肉，逐渐掌握如何协调四肢、头部及躯干。

最初，照料者可帮助婴儿练习"翻半身"，就是将婴儿从仰卧状态推到侧卧状态，再回到仰卧状态，反复练习这个动作，锻炼相关运动器官的力量和协调性，经过一段时间的训练，婴儿能够从翻半身发展到自主完整翻身的水平，能自如地从仰卧翻身成俯卧，或从俯卧翻身成仰卧，当婴儿能够熟练地完成完整的翻身动作后，应当训练其连续的翻身动作。让婴儿完成一个独立翻身动作后，照料者用手推动婴儿臀部，鼓励婴儿连续翻身。

下面介绍几种常用的训练方法。

（1）被动翻身

训练目的：帮助宝宝感知翻身动作，锻炼肌肉协调性。

操作方法：宝宝仰卧时，照料者将左腿搭在右腿上，左手握住宝宝左手，右手轻柔帮助宝宝向右侧翻身。向左翻身则反向操作。每天做4~5次，可结合抚触或被动操进行。

注意事项：动作要缓慢轻柔，控制力度，避免拉伤。选择宝宝放松时进行，若宝宝抗拒，不要强行操作。

（2）引逗翻身

训练目的：激发宝宝自主翻身意识，提升动作控制能力。

操作方法：宝宝仰卧时，在宝宝一侧稍远处放一个鲜艳或发声玩具，鼓励宝宝主动翻身去抓。若宝宝有翻身趋势但力量不足，照料者可轻轻推宝宝的肩膀或臀部协助完成。

注意事项：根据宝宝的能力调整玩具位置，保持适当挑战性，避免难度过高导致宝宝失去兴趣。

（3）主动翻身

训练目的：帮助宝宝自主、熟练翻身，增强身体协调性和力量。

操作方法：在安全、宽敞的爬行垫上，让宝宝仰卧，鼓励他自主从仰卧翻到俯卧，再翻回仰卧。照料者在旁观察并及时表扬宝宝。

注意事项：宝宝遇到问题时，及时帮助解决，尽量让宝宝自主完成动作。

2. 支持婴幼儿坐的动作发展的策略

从4个月起，照料者可以每天和婴儿玩仰卧拉坐游戏，来训练婴儿的头颈、胸和腰腹部活动能力。婴儿能够坐起来是很重要的，不仅有利于婴儿的脊柱开始形成第二个生理弯曲，即胸椎前突，对保持身体平衡有重要作用，还能扩大婴儿的视野，使肢体接触到身边更多的东西，对感知觉的发展具有重要意义。坐的练习可以慢慢将婴儿从仰卧位拉到坐位，然后再慢慢让婴儿躺下去，每次可以连续做两个八拍。到5个月时，可以让婴儿进行靠坐练习，逐渐减少他身后的东西。进入6个月后，慢慢延长独坐时间，直到能稳稳地独坐。在婴儿能稳定独坐后，照料者可以提供一些有趣的玩具给婴儿玩耍，让其每天坚持独坐练习。

下面是关于坐的训练方法。

（1）拉坐

训练目的：全面锻炼宝宝头颈、胸和腰腹部肌肉力量，为宝宝独坐夯实基础。

操作方法：宝宝平躺在床上时，照料者坐在宝宝对面，用双手轻轻握住宝宝的小手，缓慢且轻柔地拉着宝宝起身，让宝宝逐渐坐起来。每次练习10~15组，每天训练2~3次。

注意事项：尽量让宝宝自己主动用力，去感受身体肌肉的收缩。照料者在拉宝宝起身时，注意不要用力过猛，速度要适中，不能太快。

（2）扶坐

训练目的：助力宝宝掌握坐立的平衡感，增强腰部和背部肌肉支撑力。

操作方法：让宝宝坐在照料者腿上，双手轻轻托住腋下或扶住髋部，给宝宝足够的支撑，帮助他坐稳。可以用玩具逗引宝宝，让宝宝在坐着的时候伸手去抓，锻炼平衡和手部协调能力。每次训练时间根据宝宝的状态灵活调整，从几分钟开始，慢慢延长。

注意事项：时刻注意观察宝宝的背部是否挺直，有效避免养成不良坐姿。

（3）靠坐

训练目的：进一步深度锻炼宝宝的坐立能力，逐步减少对他人支撑的过度依赖。

操作方法：把宝宝放在有靠背的沙发、椅子或软床上，背后和两侧用软靠垫撑住。让宝宝坐一会儿，观察他是否舒服。如果宝宝很放松，就慢慢增加时间，从每次2~3分钟增加到5~10分钟，每天训练3~4次。可以在宝宝面前摆放有趣的玩具，鼓励他伸手去抓，锻炼平衡能力。

注意事项：靠垫要放稳，别让宝宝摔倒。待宝宝能力变强后，慢慢减少支撑物，比如轻轻拿掉一个靠垫，看看宝宝能不能适应。

（4）独坐

训练目的：让宝宝能够独立自主保持坐立姿势，大幅提升身体控制能力。

操作方法：当宝宝靠坐比较稳的时候，找一个比较平坦、柔软的地方，让宝宝自己坐着，周围不要有东西遮挡。一开始宝宝可能坐不了多久，照料者要在旁边守着，看到宝宝要倒的时候，马上扶住他。每次练习3~5分钟，每天训练3~4次。仍然在宝宝面前摆放各种玩具，鼓励他伸手去抓，这样能更好地锻炼平衡和控制能力。

注意事项：一定要时刻注意宝宝的安全，防止摔倒受伤。待宝宝能力变强后，慢慢增加独坐时间。

3. 支持婴幼儿站立动作发展的策略

站立能力发展是婴儿学会独立行走的前提，站立训练可增强婴儿上肢、颈、胸、腹及下肢肌肉的力量和全身运动器官的协调性。婴儿刚开始站立还不是太稳。在婴儿有能力较稳地扶物体站立后，可训练婴儿独自站立片刻。一开始可用一只手扶着站，或靠墙站，逐渐使婴儿独自站立片刻。站立训练时照料者要注意在一旁做好保护，并注意站立时间不宜过长，随着婴儿能力的发展而逐渐延长时间。

下面介绍几种关于站立的训练方法。

（1）扶物站起

训练目的：锻炼腿部肌肉，学习站立平衡。

操作方法：在宝宝活动区放矮桌、沙发或椅子等稳固的物品。让宝宝靠近，鼓励他抓住边缘慢慢站起来。宝宝可能需要多次尝试，照料者要在旁边保护，防止摔倒。每次站立从几秒开始，慢慢延长到1~2分钟，每天练习3~4次。

注意事项：确保支撑物稳固，不会倾倒。观察宝宝姿势，双脚要踏实，膝盖不过度弯曲，及时纠正。

（2）坐椅站起

训练目的：增强宝宝独立站起和坐下的能力，培养平衡感。

操作方法：让宝宝坐在合适高度的椅子上，鼓励他站起来再慢慢坐下。照料者用亲切语言指导，并保护宝宝。开始时宝宝可能需要多次尝试，随着练习动作会越来越熟练。

注意事项：椅子要稳定，高度合适。注意宝宝的情绪和体力，避免过度疲劳。

（3）站起坐下

训练目的：提高宝宝站立和坐下的稳定性与协调性，增强平衡感。

操作方法：让宝宝先站好，然后指导他慢慢坐下，再站起来，反复练习。观察宝宝动作是否平稳，身体是否摇晃。

注意事项：动作要规范，避免过快或姿势不正确导致摔倒。可以在宝宝周围铺设软垫，防止受伤。

（三）促进位移动作发展的支持策略

1. 支持婴幼儿爬行的策略

婴儿的爬行能力最初主要是在出生后5~6个月时通过家庭教育获得的，之后还可以继续通过一系列的互动形式获得进一步的发展，如亲子互动、师幼互动、人与环境互动的方式来进行爬行练习。通过手膝爬行、手足爬行，四肢轮流支撑体重，使四肢肌肉耐力和肌肉承受力得到锻炼，同时加强前庭与感觉系统的统合，促进相关神经网络的联结。研究发现，爬行有助于日后语言学习和阅读能力的发展。

下面介绍几种关于爬行的训练方法。

（1）俯卧，抵足匍行

训练目的：锻炼腹部和四肢肌肉，为手膝爬行做准备。

操作方法：让宝宝趴在床上，以腹部为支点。照料者用手抵住宝宝足部，给予助力，鼓励宝宝往前匍行。也可以用色彩鲜艳的玩具在前方引逗。每次练习5~10分钟，每天训练2~3次。

注意事项：注意宝宝的情绪和体力，避免过度疲劳。如果宝宝兴趣不高，可以更换玩具或改变训练方式。

（2）匍行

训练目的：提升爬行能力，增强四肢协调性。

操作方法：用玩具引逗宝宝匍行，照料者用手抵住宝宝足部助力，或用毛巾轻轻提起小腹，帮助宝宝找到手脚支撑的感觉。每次练习约10分钟，每天训练2~3次。

注意事项：毛巾高度要适中，确保宝宝舒适。观察宝宝的动作，及时纠正不正确的姿势。

（3）手膝爬行

训练目的：实现手膝爬行，提高身体控制和协调能力。

操作方法：引导宝宝手膝着地，五指分开，双臂和双膝与肩同宽。用玩具吸引宝宝前进，适当帮助推脚，让宝宝学会双侧协调爬行。如果宝宝无法从匍匐转为手膝爬行，可以用手或毛巾托住宝宝腹部，帮助宝宝将重心转移到手和膝上。

注意事项：注意引导节奏和力度，避免宝宝摔倒或受伤。鼓励宝宝尝试不同方向的爬行，拓展活动范围。

（4）花样爬行

训练目的：增加爬行的趣味性和挑战性，综合锻炼运动能力。

操作方法：用玩具引导宝宝向前、向后、向左、向右爬行，设置简单障碍，让宝宝翻越或穿过。也可以和宝宝玩爬行追逐游戏，增加趣味性。

注意事项：障碍设置要安全、合理，高度和难度要适合宝宝能力，避免挫败感。全程关注宝宝安全，防止碰撞受伤。

2. 支持婴幼儿行走的策略

10~12个月后，婴儿从扶走逐渐学会独走。照料者可以站在婴儿后方扶住其腋下，或在前面搀着婴儿的双手向前迈步；也可以让婴儿扶着手推车学习走步。当婴儿两手扶走比较稳之后，再引导婴儿用一手扶走，最后再逐渐松开扶持物，照料者在离婴儿1米左右处引逗婴儿向前独立行走。在12~14个月时，婴儿大多能学会独自行走。

婴儿学会走路后，视野越来越开阔，也会发展出更多的身体动作需要。此时可以增加行走动作的难度，以满足婴儿的需要。例如，训练婴儿学习上下楼梯。在训练宝宝上下楼梯时，开始选择的楼梯不要太多层，以便婴儿能够较顺利地上完楼梯，体验到成功的快乐。后面可训练婴儿行走中跨越单一障碍、连续障碍；训练婴儿在坡道、弯道、窄路上行走等。

相关的行走训练方法包括以下几种。

（1）推车走

训练目的：增强腿部力量，提升行走平衡和方向控制能力。

操作方法：准备一辆适合宝宝身高的学步推车，让宝宝双手握住把手慢慢向前推。照料者在旁看护，必要时轻轻扶住推车帮助宝宝保持平衡。

注意事项：选择平坦、宽敞、无障碍物的地面，如客厅或室外步道。定期检查推车的安全性，确保轮子灵活、结构稳固。

（2）独立行走

训练目的：帮助宝宝独立行走，增强自信心和运动能力。

操作方法：一个照料者站在宝宝身后护住宝宝，另一个照料者站在对面张开双臂，用温柔的语言鼓励宝宝走过来。照料者要给予宝宝充分的肯定和鼓励，随着练习增加，逐渐延长行走距离。

注意事项：确保周围环境安全，移开尖锐物品和易碎品。照料者对宝宝的保护要适度，既不能让宝宝过于依赖，也不能让宝宝处于危险之中。

（3）踢球走

训练目的：锻炼腿部力量和协调性，增加行走的趣味性。

操作方法：将一个软质小球（如小足球或海绵球）放在宝宝的脚前方，鼓励宝宝用脚踢球并向前走。照料者在旁指导和鼓励，帮助宝宝协调动作。

注意事项：选择大小合适、质地柔软的球，避免宝宝受伤。活动空间要安全，避免在有台阶或不平地面进行训练。

（四）促进技巧性动作的支持策略

1. 支持婴幼儿跑的动作的策略

一般婴儿会在1岁半左右开始学习跑。跑的动作可以训练婴儿的下肢力量、身体平衡和身体的灵活性。照料者可通过游戏来训练婴儿跑步的灵活性和稳定性，如灵活地向前跑、转弯跑、躲避障碍跑、追逐跑。

2. 支持婴幼儿蹲和跳的策略

蹲和跳的动作可以锻炼婴儿的下肢力量、膝关节的灵活性，拉伸腿部肌肉，增加下肢的柔韧性。刚开始练习蹲和跳的时候，由照料者带着婴儿进行各类蹲和跳的运动，让婴儿逐渐适应蹲和跳的感觉；然后可以拉着婴儿的双手让他在原地跳；之后可以由照料者扶着婴儿双膝弯曲跳；熟练后让婴儿自己从上往下跳一级阶梯，做"小白兔"游戏练习"并脚跳"，最后做出单脚连续跳。

3. 支持婴幼儿抛接动作的策略

婴儿从6~8个月时就有了抛物行为，这种行为一开始是没有目的的抛物动作，他们通过抛物动作体验自身动作能力的存在，同时他们也没有主动接物的行为。随着年龄增长，照料者可以逐渐引发婴儿抛物动作的目的性，如1岁过后，可以让婴儿玩近距离的"抛球入筐"游戏，还可以和婴儿玩滚球、接球游戏，根据婴儿动作发展的情况逐步提高游戏的难度，直到可以玩空中抛球、接球游戏。

4. 支持婴幼儿投掷动作的策略

婴儿的自主肩上投掷动作也是从6~8个月时的无目的抛掷动作发展起来的，照料者可以通过让婴儿玩肩上掷物、打沙包、打地鼠等游戏，提高婴儿投掷动作的方向感和目的性，增强上肢肌肉力量，发展动作的协调性。

5. 支持婴幼儿攀登动作的策略

有效的攀登活动有助于提高婴儿的攀登能力，促进婴幼儿协调性的发展。2~3岁的婴幼儿在攀登活动中能增强腿部的肌肉力量，发展平衡能力、协调能力、灵敏性以及耐力。照料者可以创设富有童趣的攀登情境，在婴幼儿与环境的互动中发展攀登能力。例如：用轮胎搭建栅栏，用沙发搭建小山坡，用纸箱搭建大树，让婴幼儿扮演小松鼠；在有趣的环境中，翻过栅栏，登上小山，攀爬上大树，摘到松果。丰富多样的情境游戏可以激发婴幼儿攀登的兴趣和情感体验。

相关链接

托班粗大动作游戏：解救蝴蝶宝宝

适用月龄段：25~30个月

一、游戏目标

（1）在解救蝴蝶的过程中，锻炼走、跑、跳等综合运动能力。

（2）喜欢抓蝴蝶游戏，体验游戏的刺激与快乐。

二、游戏准备

物质准备：自制蝴蝶若干，高柱子（牢固），舒缓的音乐，空旷的场地。

经验准备：宝宝喜欢抓蝴蝶，走、跑、跳能力得到了初步发展。

三、游戏过程

1. 游戏玩法

（1）热身运动。

教师：小朋友们，跟着老师一起扭扭屁股，举举小手，蹬蹬腿，一二三四，二二三四。

（2）出示蝴蝶，引发宝宝兴趣。

教师出示五颜六色的蝴蝶，并讲述蝴蝶宝宝的故事。（故事内容：蝴蝶宝宝开心地跟着妈妈在森林里飞来飞去，突然一场暴雨来临，蝴蝶宝宝和妈妈走散了，而且它的翅膀被雨水打湿了，又被树枝刮破了，现在停留在了高高的大树上。）

设计意图：通过故事代入，引发婴幼儿解救蝴蝶的兴趣。

（3）想办法解救蝴蝶宝宝——跳。

婴幼儿尝试多种跳的方式，单腿跳、双脚跳、助跑跳等。

（4）蝴蝶宝宝得救——跑。

教师：蝴蝶宝宝得救了，我们帮它修好翅膀，跟着它一起去找妈妈吧！

（5）放松运动。

2. 游戏整理与评价

（1）请婴幼儿协助教师将蝴蝶整理好放回玩具柜。

（2）讲评环节重点，示范助力跑跳的姿势。

3. 游戏注意事项

（1）观察婴幼儿情绪，若无任何不适可以多次重复。

（2）游戏时，尽量选择较大的空间，将周围易碎的物品移开。

（3）训练前要用防护角和防护条将家具的边角包上，防止婴幼儿训练中发生意外。

4. 游戏延伸

阅读关于蝴蝶的绘本,在家中锻炼婴幼儿的跳跃能力。

效果自测

序号	学习要点	学生自评达到的程度
1	婴幼儿粗大动作发展的表现和特点	☆ ☆ ☆ ☆ ☆
2	婴幼儿粗大动作发展早期支持原则	☆ ☆ ☆ ☆ ☆
3	婴幼儿粗大动作学习支持策略	☆ ☆ ☆ ☆ ☆

任务三　婴幼儿精细动作发展与学习支持

任务目标

1. 掌握婴幼儿精细动作发展特点与要素。
2. 明确婴幼儿精细动作发展早期支持原则。
3. 掌握婴幼儿精细动作发展早期支持策略，有效促进婴幼儿精细动作发展。

案例导入

豆豆快2岁了，当妈妈帮豆豆洗澡时，豆豆会在澡盆里用两个洗发水的盖子不停地倒水；当奶奶给豆豆倒好果汁时，豆豆会拿来另一个杯子，把果汁在两个杯子里倒来倒去。豆豆还喜欢把摆好的小椅子搬来搬去，喜欢帮妈妈扫地、擦桌子。虽然豆豆常常给家人制造麻烦，把果汁洒一地，把地越扫越脏，桌子越擦越花，但渐渐地，豆豆的动作越来越准确，"麻烦"越来越少了。

问题：豆豆在后来为什么制造的麻烦越来越少了？频繁的手部动作对豆豆的精细动作发展意味着什么？

核心知识

婴幼儿精细动作主要指手的动作，手是婴幼儿认识客观世界、与外界交往的重要器官。手部精细动作的发展对婴幼儿的成长极为重要。婴幼儿精细动作发展顺序大致为"三玩五抓七换手，九月对指，一岁乱画，两岁折纸，三岁搭桥"。婴幼儿未来的抓握、拿、捏、画画、写字、弹琴等每一项技能的学习都离不开手部精细动作的发展。

一、婴幼儿精细动作发展特点

（一）本能的抓握

婴儿在3个月前，手指虽有时也会伸展，但基本是攥紧拳头，或随同手臂和脚一起乱伸乱动，只能做一些散漫杂乱的动作。其中抓握动作是个体最初的和最基本的精细动作。2~3个月的婴儿，只会抚摸放在他手上的东西，还不会自主抓握，这时的抓握属于本能的抓握反射，无方向、无目的、纯粹的无意识动作。

（二）自主随意抓握

3~4个月的婴儿能进行自主随意抓握，但还受到抓握反射的影响，其抓握的特点是：手眼不协调，看到东西但是不能准确抓到；动作无目的、无意识，碰到东西不能拾起，因为手指不能灵活配合。随意的抓握动作的出现标志着手部动作的一个重大发展。为了抓握物体，除了需要把抓握的对象从周围其他事物中区分出来外，还需有手眼的协调和五指的分化。

（三）手眼协调、有目的抓握

5~6个月的婴儿，手眼协调动作发生了，能将视觉、触觉、动觉配合行动，从而准确地抓住物体。其发展主要经历以下三个阶段。

1. 空间判断

婴儿到5个月大时，能看清物体形象并对物体空间位置做出准确判断。在物体被移出他的够物范围时，他会很敏感地减少够物行为。

2. 五指配合

在此阶段，婴儿开始学会变换手的姿势，大拇指逐渐和其他四指相对起来，这是人类手部动作发展的第一步。改变整个手掌一把抓取物的习惯。

3. 多种途径

婴儿能够用眼、手、嘴去认识拿到的物体。拿到物体以后，他们会用手不断地摆弄，有时还会用嘴咬。这是儿童认识事物、了解物体属性的重要途径。

（四）手部动作逐渐灵活

6个月以上的婴儿，在反复用手的过程中，积累了一定的经验，他们逐渐能够灵活而有效地使用自己的双手。具体表现为：

7个月左右的婴儿能够用拇指与食指、中指配合一起抓握东西，学会传递东西，能用两只手同时玩玩具，也能把玩具从一只手递给另一只手。学会反复从容器中取物、放物。

8~11个月的婴儿，其够物和抓握动作已经得到很好的锻炼。婴儿能解决一些涉及够物动作的简单问题，比如寻找并找到隐藏起来的玩具。

9个月的婴儿发展到能用拇指与食指指尖抓起东西，手部动作进一步复杂化，不仅学会了取物的方法，而且会采取相应的策略。他们可以用左右手分别抓住不同物品并可以自由放开物品，会用食指将附近的小物件拨弄到自己的身边以方便抓取，还会借助成人的手去拿自己够不到的玩具。

（五）手部动作发展迅速

1岁以后，儿童发展了更为熟练的手部动作，具体表现为：

1岁的儿童学会了抓握笔的姿势和动作，开始会用工具，能按照工具特点使用工具，并根据需要改变动作方式。他们能旋动旋钮，也能关盒子；13个月时可以在纸上画线；15个月时可以自发画画；16~17个月是婴幼儿垒叠平衡能力产生发展的关键期，他们开始把握自身平衡和控制物体的平衡，可以搭3~4块积木；18个月时喜欢翻书，对拉链、扣子产生浓厚的兴趣，经常低头摆弄；20个月时可以用积木搭简单的高楼；22个月时可以翻开家里的抽屉、盒子等找出自己喜欢的东西摆弄。2岁时婴幼儿能一页一页翻书，旋转和拧动东西，玩橡皮泥（揉、捏、挤、压），手眼协调能力增强了。

2岁以后，婴幼儿开始学习自己系扣子、洗手、用筷子吃饭，自己穿鞋、脱鞋。他们还会描画一些简单的水平线或竖直线，甚至可以搭五层或更高的积木。

二、婴幼儿精细动作能力发展要素

决定婴幼儿精细动作能力发展的要素主要包括以下五个方面。

1. 五指分化

婴幼儿最初的及物动作，通常不是手指的动作，而是整个手掌一把抓，到5~6个月，大拇指才逐渐和其他四指相对起来。随着不断发育，婴幼儿逐渐学会分开并控制五指，学会三指捏、二指捏、钳式抓握等动作，进而能完成更复杂的精细动作。

2. 双手协作

双手协作指的是双手在空间感知和时间控制上的配合，共同完成某项任务。日常生活中我们所做的大多数活动，如一只手拿着瓶子另一只手拧盖子，一只手扶着纸另一只手写字等，都需要双手的协作。婴幼儿通常到7个月才能出现双手协调动作。

3. 手眼协调

手眼协调是指手和眼在感知觉、注意等多方面心理活动的配合下，共同完成某项任务的能力。手眼协调不仅涉及手和眼的配合，更重要的是可以锻炼大脑。因为眼睛看到的图像需要传递到大脑，经过大脑的处理后再向手发出信号，所以手眼协调实际上是手眼脑的协调。婴幼儿一般到5~6个月才出现手眼协调动作。

4. 抓握力量

抓握力量是指手臂和手掌肌肉收缩产生的力量，用于完成各种抓握动作。手掌小肌肉群的力量训练可以保证婴幼儿使用正确的姿势来做精细操作。如果抓握力量不足，婴幼儿可能会使用前臂肌肉来代替，从而导致动作别扭、笨拙。

5. 手腕灵活及稳定

手腕的灵活性和稳定性在精细动作中发挥着重要的作用。它涉及手腕在各种动作中的灵活转动和稳定支撑。手腕的锻炼非常容易被忽视，但它在精细动作中却扮演重要的角色。例如，涂鸦、端水、使用工具等都需要手腕的灵活性和稳定性。因此，手腕的锻炼也是精细动作训练中的重要一环。

相关链接

0~3岁婴幼儿精细动作的发展里程碑

顺序	动作技能	年龄
1	握住物体后能坚持5秒	0~2个月
2	试图拿走其手中的物品时会出现轻微的反抗	3个月
3	会将握住的物品放入嘴中或挥动	4个月
4	会自发性地伸手握住物品（伸手去摸）；可张开五指	5个月
5	会以双手握持的方式，通过双手配合翻转物体	6个月
6	会传递（倒手）；难以做到自己放开手中的物品	7~8个月
7	左右手可以分别握持不同物品，并能够自己松开握持的物品；喜欢乱扔东西；会玩拍手游戏	9个月

续表

顺序	动作技能	年龄
8	出现将物品放入容器样的"内向调整"动作；能用拇指及食指抓住斜上方的小件物品	10个月
9	能将两个立方体叠成塔状	12~15个月
10	会用勺子及杯子将食物或沙土捞起或放入；用匙外溢；可堆起3~10个积木	15~18个月
11	会将不同物品分别放入不同容器，并会将物品在容器间相互转移；双手端碗会延长排列积木，并在延长过程中调整对齐；画圆（涂鸦）	18~24个月
12	可以手指用力以改变黏土的形状；可以参照示例画出横竖线条；会做"V"手势；会撕开贴纸并做折纸手工；会脱鞋袜；会串珠	24~30个月
13	会排列、堆砌等不同的搭建（如卡车、房子等）方法；可以一手端碗；可以理解折纸的正反面，完成双折或四折	30~36个月

注：这些里程碑呈现的是总体的年龄趋势。达到每一个里程碑的准确年龄存在个体差异。

三、婴幼儿精细动作发展早期支持原则

1. 适度性原则

婴幼儿手部肌肉与骨骼尚在发育，精细动作训练强度和难度要适度。比如，教1岁婴幼儿搭积木，最开始可提供2~3块大积木，让婴幼儿轻松完成搭建，获得成就感；若一开始就给数量多、体积小的积木，婴幼儿难以操作，易产生挫败感，阻碍精细动作发展。

2. 循序渐进原则

精细动作发展是连续过程，遵循从简单到复杂的规律。婴幼儿先学会抓握，接着是拿捏，再到更复杂的操作。训练时，先让婴幼儿练习抓握摇铃，待熟练后，过渡到用拇指和食指捏取小颗粒食物，之后再进行串珠子等难度稍高的活动，逐步提升动作技能。

3. 趣味性原则

婴幼儿注意力易分散，有趣活动能吸引他们主动参与精细动作训练。比如：玩"手指画画"游戏，让婴幼儿用手指蘸颜料随意涂抹，既能锻炼手指的灵活性，又充满乐趣；或者进行"藏物寻找"游戏，把小玩具藏在盒子里，让婴幼儿打开盒子寻找，激发好奇心和探索欲，促进精细动作发展。

四、婴幼儿精细动作发展早期支持策略

婴幼儿精细动作主要包括单手动作和双手动作。下面主要讲述这两类动作的支持策略。

（一）锻炼婴幼儿单手动作的支持策略

1. 支持单手抓握动作的策略

初生的婴儿只有无意识的抓握反射，2~4个月后，婴儿紧握的双拳开始舒展，手可以抓住拨浪鼓，在眼睛的引导下伸手去够东西，此时婴儿的抓握动作是拇指还没有与其他四指分化的"全掌抓握"，但是婴儿经常试图用手去接触物体，因此应该把玩具放在离婴儿脸部

25厘米左右处，鼓励婴儿自己用手去触摸。虽然婴儿够取玩具经常失败，但是照料者也不可代劳，应鼓励婴儿自己努力。照料者可选择不同材质、色彩明亮、可以发声的玩具吸引婴儿的注意，引导婴儿用手抓握，促进其感知觉运动发展。

随着婴儿拇指功能的逐步分化，婴儿的抓握开始从全掌抓握发展到四指抓、三指抓，最后达到较为精细的拇指与食指指尖相对的二指拈物。照料者要根据婴儿抓握动作发展的这一规律，在婴儿抓握动作发展的不同阶段提供不同材质、大小和软硬的物体让婴儿操作玩耍，进而促进婴儿抓握动作水平的不断提高。

下面介绍几种训练婴幼儿抓握动作的小游戏。

（1）反射抓握

训练目的：刺激抓握反射，锻炼手部肌肉，为自主抓握做准备。

操作方法：宝宝1~3个月大时，照料者用手指或小玩具轻触宝宝手掌，诱发抓握反射，每次保持3~5秒，每天多次练习。

注意事项：物品要干净、柔软，无尖锐边角；不要用力拉扯宝宝抓握的物品，以免损伤宝宝的手部关节和肌肉。

（2）自主抓握

训练目的：发展自主抓握能力，增强手部肌肉力量和控制能力。

操作方法：宝宝3~6个月时，照料者准备不同大小、质地的玩具（如毛绒玩具、塑料玩具），放在宝宝伸手可及的地方，鼓励宝宝自主抓握。每天练习3~5次，每次5分钟。

注意事项：玩具大小要适中，防止玩具过大掉落时砸伤宝宝或过小被宝宝误食；定期清洗和消毒玩具，保持卫生。

（3）手指对捏

训练目的：锻炼食指和拇指的精细对捏能力。

操作方法：宝宝7~12个月时，照料者准备颗粒物品（如小馒头、小豆子），先向宝宝示范用拇指和食指捏取，再引导宝宝模仿。从大颗粒逐渐过渡到小颗粒，每天练习2~3次，每次5分钟。

注意事项：训练时照料者须全程陪同，防止宝宝将小颗粒物品放入口鼻；训练结束后及时清理物品，避免宝宝在无人看管时拿到发生危险；如果宝宝对某种物品过敏，应立即停止使用。

2. 支持单手使用工具动作的支持策略

能够使用各种工具是人与其他动物的重要区别。照料者应根据婴儿的动作发展水平和需要，分别提供不同形状和功能的工具让婴儿操作，不断提高婴儿使用各种工具的动作能力。比如：提供带柄水杯，在婴儿喝水时鼓励婴儿用手握住杯柄；提供大小适合的勺子，注意勺子的边缘要圆滑，鼓励婴儿用勺子舀饭；提供不同的笔，可适当选择彩色铅笔、油画棒、磁性画板笔等，用不同的笔激发和保持婴儿对涂鸦的兴趣；提供外形可爱、大小适合的牙刷，照料者每天刷牙时鼓励婴儿模仿刷牙。总之，照料者要善于教会婴儿使用生活中简单的工具，提高婴儿使用工具的能力。

（二）锻炼婴幼儿双手动作的支持策略

双手的协调配合能力对婴儿完成各类游戏、学习和生活活动具有非常重要的意义。婴儿的双手动作包括对称的双手协调和不对称的双手协调动作两类。

1. 对称的双手协调动作的支持策略

对称的双手协调动作可以有多种支持策略。2~6个月的婴儿可以在照料者的帮助下,用双手食指对食指配合玩"斗虫虫"的游戏;7~8个月的婴儿会两只手各抓一个玩具,照料者可训练宝宝双手各拿一个物体进行对敲;还可以给双手力量和协调性发展水平不同的婴儿提供不同厚薄、不同韧性的纸张,让婴儿玩"撕纸"游戏,提高双手的动作水平。

2. 不对称的双手协调动作的支持策略

针对婴幼儿的不对称的双手协调动作的训练,照料者应根据婴幼儿的能力水平,设计搭积木、剪纸、穿物、折纸等游戏活动来进行。

（1）搭积木

婴幼儿一开始是利用积木玩敲敲打打的游戏,1岁左右,可以支持他们横着排积木,慢慢平铺积木,玩"修马路""开火车"等游戏,13~15个月,可以双手配合一层一层地搭,慢慢地就能玩"搭塔""搭桥"等游戏。

（2）剪纸游戏

剪纸是婴幼儿喜闻乐见的锻炼不对称的双手协调动作的游戏形式,根据难易程度不同,婴幼儿可以先后完成剪断纸条、剪开纸张、沿着纸上面的直线剪、沿着纸上的弧线剪、剪出简单的几何形状。

（3）穿物游戏

婴幼儿可以玩的穿物游戏,由易到难分别是放物入孔、硬线串珠、软线串珠等。

相关链接

精细动作训练活动：我是妈妈的小帮手

年龄：18~24个月
场地：室内活动室
人数：10人（成人5人,婴幼儿5人）

	家长学习目标	幼儿发展目标
活动目标	1. 知道18~24月龄婴幼儿手部精细动作的发展特点,了解婴幼儿的发展水平 2. 学会在家庭中开展促进幼儿手部小肌肉发展和锻炼婴幼儿手眼协调能力的游戏	1. 婴幼儿手部小肌肉的力量逐渐增强 2. 婴幼儿手眼协调能力进一步提高
活动准备	1. 彩色卡纸10张（纸上有打好衣服形状的小孔） 2. 音乐《我的好妈妈》 3. 3个支撑架,每个支撑架带有3个木夹子	
活动过程	一、导入环节 教师播放音乐《我的好妈妈》,让幼儿体验妈妈的辛苦,一边播放音乐一边引导婴幼儿用自己的小手给妈妈捶背 二、游戏环节 （一）衣服做好了 1. 教师发给每个家庭2张彩色卡纸。教师：宝宝们,你们有没有穿过妈妈给你们做的衣服呀?今天我们来给妈妈做一件衣服。教师示范沿着彩色卡纸上的小孔撕成一件衣服的形状	家长指导语： 手是认识事物特征的重要器官,手部的动作在婴幼儿心智教育中非常重要。18~24个月婴幼儿的手眼协调能力进一步增强,我们可以通过各种有趣的游戏,使幼儿在愉快的氛围中锻炼手部肌肉

续表

活动过程	2. 父母带领婴幼儿一起参与撕纸游戏，如果婴幼儿撕不动，家长可帮其撕一个小口。婴幼儿撕得不像衣服也没关系，重点是体验游戏的乐趣 （二）晾衣服 1. 教师：衣服做好了，我们要来洗一洗、晒一晒，晒在哪儿呢？教师给每个家庭分发一个支撑架。示范如何把"衣服"晾上去：右手拇指、食指二指捏住木夹子的顶端，使木夹子打开，左手把"衣服"放到打开处，松开右手，使夹子夹住卡纸 2. 家长与婴幼儿一起晾衣服。教师进行观察并指导 （三）折衣服 1. 教师：宝宝们，衣服已经晒干了，大家闻一闻，可香了。衣服干了我们就要把衣服收下来，折叠起来。教师示范：右手拇指、食指二指捏住木夹子的顶端，使木夹子打开，左手把"衣服"取下来，松开右手。把"衣服"平铺在地垫上，整理平整，左右对折，再上下对折 2. 家长带领婴幼儿收衣服、折衣服 三、结束活动 1. 教师表扬婴幼儿：今天可帮了妈妈大忙了。引导家长拥抱、夸奖婴幼儿 2. 播放音乐，放松小手并互相道别	家长提示： 1. 在做衣服时，宝宝撕不动，家长可帮婴幼儿撕一个小口，这个纸是打了衣服形状的小孔的，婴幼儿易操作 2. 该年龄阶段的婴幼儿使用剪刀的能力还不足，随着年龄的增长，可以让婴幼儿用剪刀剪出衣服等形状 3. 家长在指导的过程中要有耐心，多鼓励、表扬婴幼儿
家庭延伸活动	在日常生活中，家长们可以这样做： 1. 在家里准备若干积木，让婴幼儿随意垒高、垒长 2. 给婴幼儿购买拼插的游戏套盒，让婴幼儿用二指捏着材料进行拼插	

效果自测

序号	学习要点	学生自评达到的程度
1	婴幼儿精细动作发展特点	☆ ☆ ☆ ☆ ☆
2	婴幼儿精细动作能力发展要素	☆ ☆ ☆ ☆ ☆
3	婴幼儿精细动作发展早期支持原则	☆ ☆ ☆ ☆ ☆
4	婴幼儿精细动作发展早期支持策略	☆ ☆ ☆ ☆ ☆

项目小结

对婴幼儿动作学习的支持，必须遵循动作发展的规律和敏感期，提供安全环境、丰富玩具和陪伴练习是有效策略。同时，注意安全防护，避免过度保护，让婴幼儿在探索中成长，能促进其身体协调性和大脑发育，为未来学习、社交和生活能力的发展奠定基础。

思考与练习

一、选择题

1. 关于婴幼儿动作的描述，正确的是（　　）。
   A．无条件反射性动作是先天的，随意动作也是先天的
   B．无条件反射性动作是先天的，随意动作是后天的

C. 无条件反射性动作是后天的，随意动作是先天的

D. 无条件反射性动作是后天的，随意动作也是后天的

2. 用手指碰触新生儿的嘴唇，新生儿会立即做出吸吮的动作，这称作（　　）。

　　A. 觅食反射　　　　B. 吸吮反射　　　　C. 抓握反射　　　　D. 惊跳反射

3. 婴幼儿受惊或头部突然下坠时，会两手向前作拥抱状，这称作（　　）。

　　A. 觅食反射　　　　B. 吸吮反射　　　　C. 拥抱反射　　　　D. 击剑反射

4. 以下属于婴幼儿无条件反射性动作的是（　　）。（多选）

　　A. 觅食反射　　　　B. 吸吮反射　　　　C. 拥抱反射　　　　D. 膝跳反射

5. （　　）活动属于精细动作。（多选）

　　A. 双手抓握小球　　B. 自己穿衣系扣　　C. 踢球　　　　　　D. 扔球

二、案例分析

宝宝20个月了，被妈妈笑称为"小小破坏家"，为什么这样说宝宝呢？宝宝最近和家里的门把手较上劲了，乐此不疲地拧啊拧，结果让爸爸连续换了4个门把手；宝宝还喜欢玩妈妈的口红，插来插去，价格昂贵的口红都插断了，把妈妈心疼得够呛；一段时间后，宝宝又迷上了使用剪刀，把家里的桌布、床单都剪坏了。宝宝好像总是在换着花样破坏家里的东西，真是拿他没办法啊！

思考：请根据以上案例分析宝宝的行为，并谈谈自己的看法。

拓展实训

训练一：

为16～18个月的婴幼儿设计一个精细动作游戏，包括游戏名称、游戏目的、游戏时间、游戏方法、注意事项。

训练二：

为22～24个月的婴幼儿设计一个粗大动作游戏，包括游戏名称、游戏目的、游戏时间、游戏方法、注意事项。

项目四 婴幼儿语言发展与早期学习支持

知识目标

① 理解婴幼儿语言发展的意义、规律及影响因素。

② 掌握婴幼儿语言发展的特点。

③ 掌握婴幼儿早期语言学习支持要点。

能力目标

① 学会运用观察法、测试法等方法,对婴幼儿的语言发展水平做出评估。

② 能根据婴幼儿语言发展的特点和规律,设计语言的学习支持活动。

③ 学会在婴幼儿发音不准确时给予正确的引导和支持。

素质目标

① 明确婴幼儿语言发展的重要性,树立科学的早期语言教育观。

② 关注婴幼儿语言学习动态,养成耐心、细致的师幼沟通态度。

思维导图

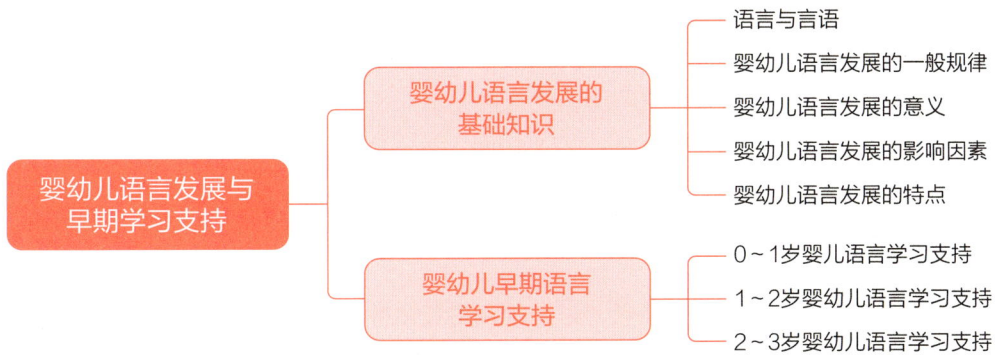

项目导读

你了解婴幼儿语言发展水平和规律吗？如果错过婴幼儿语言发展的关键期，其语言的发展还能够得到弥补吗？本项目将从语言和言语的概念和关系入手，帮助学生了解婴幼儿语言发展的一般规律、影响因素及意义，掌握婴幼儿不同阶段语言发展的特点及支持策略。

任务一　婴幼儿语言发展的基础知识

任务目标

1. 了解语言与言语的概念和关系。
2. 了解婴幼儿语言发展的一般规律。
3. 理解婴幼儿语言发展的影响因素。
4. 理解婴幼儿语言发展的意义。
5. 掌握婴幼儿语言发展的特点。

案例导入

2岁半的小宝性格内向，比较胆小，不爱说话。小宝马上上小班了，却只会发出一些单音节，模糊的音。小宝的父母很担心，奶奶却说，孩子还小，就是性格内向，再大一些自然就会说话了。小宝的父母由于工作较忙，平常是奶奶独自带他，奶奶喜欢安静，平常不爱出门，也不爱说话，多数时间任由小宝自己玩玩具。

讨论：你是否赞成小宝奶奶的观念？你认为哪些因素会影响婴幼儿语言的发展水平？

核心知识

一、语言与言语

在日常生活中，语言和言语这两个词经常被混用。在进行学前儿童语言教育工作时，必须区分语言和言语这两个紧密联系而又彼此不同的概念。

（一）语言和言语的概念

1. 语言

语言是以语音或字形为物质外壳，以词汇为建筑材料，以语法为构造规则的符号系统。语言以其物质化的语音或字形而为人所感知，它以词汇表示一定的事物，它以语言规则反映人类思维的逻辑规律。语言是人类在社会实践中逐渐形成和发展起来的交际工具，是一种社会上约定俗成的符号系统，通过符号来代表和传递信息，这些符号可以是声音、文字或手势等。语言是一种社会现象，是社会共有的交际工具。它随着社会的变迁而发展变化，反映了人类社会的复杂性和多样性。语言的主要功能是传递信息、交流思想和情感。它是人类进行社会交往、文化传承和发展的重要工具。

2. 言语

言语是指人们运用语言进行交际的活动过程及其结果。它包含两个主要方面：一是指人的说和写的过程，即言语活动或言语行为；二是指人说出来的话或写出来的东西，即言语作品。言语是心理现象，具有个体特色，每个人的言语习惯、表达方式等都有所不同。

言语是随着交际活动的进行而不断变化的动态的过程，涉及思维、表达、理解等多个心理环节。言语在使用过程中具有一定的创造性，人们可以根据需要创造出新的词汇、表达方式等。言语通常分为外部言语和内部言语两类。外部言语包括口头言语和书面言语，其中口头言语又分为对话言语和独白言语；内部言语则是一种自问自答或不出声的言语活动，具有隐蔽性和简略性。

（二）语言和言语的关系

语言和言语是两个不同的概念，但它们之间又存在密切的联系。一方面，言语活动是依靠语言材料和语言规则来进行的。个体言语活动的效能如何，受其对语言掌握程度的制约，因此离开语言，就不会有言语活动。另一方面，语言也离不开言语活动。因为语言是在人们具体的言语交际中形成和发展起来的，并且任何一种语言都必须通过人们的言语活动才能发挥它作为交际工具的作用；如果某种语言不再被人们用来进行交际，它最终将从社会中消失[1]。例如，人们使用汉语、英语、俄语等进行交际，这里的汉语、英语、俄语，就是作为交际工具的各种语言；而教师用汉语讲课的过程则是言语。二者相互依存、相互促进，共同构成了人类交际的复杂体系。

---

[1] 张明红. 婴幼儿语言发展与教育［M］. 上海：上海科技教育出版社，2017：3-4.

 **相关链接**

美国作家海伦·凯勒自幼生活在无声与黑暗中，语言成为她探索外界的钥匙。9岁时，家庭教师的出现改变了她的命运，通过"水"字的直观教学，让她首次理解了语言的意义。她的老师继续用创意教学法，将物品与文字对应，帮助她构建语言世界。这一过程为她的心灵带来了光明与色彩，开启了新视界。海伦最终掌握了盲文，学会写作，并成为知名作家。她的故事展现了勇气、坚持与知识如何照亮黑暗，赋予生命声音。

二、婴幼儿语言发展的一般规律

语言的发展，也常被称作语言的获得，是指儿童逐步掌握并熟练运用其母语的过程，这涵盖了语言的产生与理解能力的全面提升。具体而言，它主要聚焦于儿童在口语交流中的两大核心技能：说话能力和听话能力。说话能力指的是儿童能够运用母语准确地表达自己的思想、情感和需求；而听话能力则是指儿童能够有效地理解他人通过母语传达的信息，包括词汇、句子乃至复杂对话的深层含义。

语言一般由语音、词汇（名词、动词、形容词等）及语法（完整句、简单句、陈述句）构成。词是语言最基本的结构材料，可以由词汇进一步构成短语或句子。因此，儿童口语的发展具体表现在掌握语音、词汇、语法以及语言表达力的发展等方面。一般认为，婴幼儿语言发展要经历三个阶段，即准备语言阶段、理解语言阶段和表达语言阶段。

（一）准备语言阶段（0~1岁）

0~1岁是准备语言阶段，这个阶段婴儿虽然还不会说话，但是在为语言的产生做积极的准备。婴儿自出生后就对声音非常敏感，他们通过聆听周围的声音（尤其是人类的语言）来建立听觉模式，逐渐区分不同的语音、语调和节奏。随着口腔和喉部肌肉的发育，婴儿开始尝试发出各种声音，如咕咕声、咿呀声等。这些声音虽然不是真正的语言，但它们是婴儿探索声音世界、锻炼发音器官的重要步骤。婴儿还可以通过面部表情、眼神接触和声音变化来与成人进行情感交流，这种交流方式为他们日后的语言学习提供了重要的社交和情感基础。

（二）理解语言阶段（1~1.5岁）

1~1.5岁是理解语言阶段，这个阶段婴幼儿开始开口说话，能说出一定数量的词汇，对成人语言的理解能力迅速发展。婴幼儿开始能够识别并模仿一些常见的词汇，如"妈妈""爸爸"等。他们可能无法准确地发音，但已经能够将这些词汇与具体的事物或人联系起来。随着词汇量的增加，婴幼儿对成人语言的理解能力也逐步提高。他们能够理解简单的指令、询问和描述，并据此做出相应的反应。

在此阶段，婴幼儿开始尝试使用语言来与成人进行简单的交流。他们可能会用词汇或短语来表达自己的需求、情感和意愿，虽然这些表达可能还不够准确或完整。

（三）表达语言阶段（1.5~3岁）

1.5~3岁是表达语言阶段，这个阶段婴幼儿的语言能力飞速发展，是语言发展的突发期，词汇量迅速增加，并且能说出短语和句子，听和说的积极性很高，而且听和说的能力提高很快。婴幼儿的词汇量在这个阶段迅速增加，他们不仅能够掌握更多的名词、动词和形容词，还能够开始使用代词、连词等更复杂的词汇。随着词汇量的增加和对语言规则的初步理解，婴幼儿开始尝试构建更复杂的句子结构。他们可能会使用短语、简单句甚至复合句来表达自己的想法和感受。在这个阶段，婴幼儿的交流能力显著提高。

三、婴幼儿语言发展的意义

语言与婴幼儿的生活息息相关，对他们的身心健康有积极的影响。从婴幼儿身心发展的特点看，婴幼儿正处于语言发展的关键期，抓住关键期施加教育影响往往会产生事半功倍的效果。蒙台梭利认为："一个人的智力发展和形成概念的方法在很大程度上先取决于语言的发展。"由此可见，语言的发展是儿童心理发展的重要方面，它对儿童其他方面的促进作用十分突出。

（一）促进婴幼儿认知能力的发展

婴幼儿认知能力的发展是指婴幼儿获取知识的过程，包括感知觉、注意、记忆、思维等发展的过程。对婴幼儿进行语言教育，可以促进认知能力的发展。语言与思维有着密不可分的关系，儿童语言能力的高低会影响他的思维活动，儿童借助词汇可以认识事物的名称、形态、习性及特征，把感知的事物及其属性特征标示出来。当婴幼儿学会使用"狗狗"这个词时，他们开始意识到语言可以用来指代和区分不同的物体。随着词汇量的增加，他们能够更好地理解和分类周围的世界，比如区分动物、颜色和形状等。此外，通过语言，婴幼儿还能学习因果关系、时间和空间等抽象概念。比如，当他们听到"把玩具放进盒子里"的指令时，他们需要理解并执行这一序列动作，这要求他们具备一定的认知能力和问题解决能力。由此可见，一个人的语言行为只有和他的认知行为相协调时，才能认为他的语言能力是完整的。而在现实生活中，语言发展迟缓的儿童也常常会伴有不同程度的智力障碍。

（二）促进婴幼儿情绪情感的发展

语言不仅是信息传递的手段，也是情感表达的桥梁。随着婴幼儿语言的发展，他们与成人互动交流的形式和内容越来越丰富，这样不仅可以帮助婴幼儿表达生理的需求，还可以表达情感的需求。婴幼儿与父母之间建立的最初的情感联结，即依恋的质量，也依赖于语言的发展。婴幼儿通过语言表达自己的需求和感受，如"饿了""想要抱抱"。家长的理解和回应，如"妈妈知道宝宝饿了，马上给你准备吃的"或"来，妈妈抱抱"，让婴幼儿感受到被关爱和理解的温暖，从而增强他们的安全感和信任感。同时，婴幼儿也能通过语言学习识别和理解他人的情绪，如看到别人难过时会说"别哭，我在这里"，这有助于培养他们的同情心和共情能力。此外，家长与孩子之间的亲子交流能带给孩子极大的愉悦，满足孩子爱的需要。比如，家长一边讲，一边指着书中画面让孩子跟着看，看到熟悉的动物、水果、生活用品，还引导孩子一起说，或者是把故事情节讲给孩子听，或者是回答孩子的问题，都能激发孩子的兴趣，增进与父母的亲近感。

（三）促进婴幼儿社会性的发展

婴幼儿社会性的发展是指在婴幼儿成长的过程中，对他人产生关注、与他人互动、学习社会行为规范等社会性能力的逐渐发展和成熟的过程。这个过程涉及婴幼儿与他人的交往和互动，以及他们如何逐渐形成并表现出对他人的情感依存、对社会行为规范的认知和理解等社会性行为。婴幼儿社会性发展的关键任务包括建立和维持与父母和其他重要人物之间的情感联系，以及与他人产生初步的社会交往。婴幼儿在参与家庭和社会交往中，通过语言与他人建立联系，分享经验，解决冲突。例如，在托幼机构里，孩子们会用语言邀请同伴一起玩耍，或者在玩具被抢时表达不满并尝试协商。这些经历不仅可以教会婴幼儿如何与他人沟通合作，还可以让他们学会轮流、分享、等待等社会规则。语言成为婴幼儿融入社会、建立友谊、培养团队精神和领导力的重要媒介。同时，通过语言表达自己的想法和感受，婴幼儿也更能得到他人的理解和支持，从而增强他们的自信心和社交能力。

四、婴幼儿语言发展的影响因素

（一）生理因素

1. 正常的发音器官

发音器官的完善和成熟是婴幼儿能够发音的重要前提。人的发音器官（图4-1）可以分为以下三大部分。

（1）呼吸器官

呼吸器官主要是由肺和气管等构成。当肺部扩张或者收缩时，气管和支气管吸入或呼出气流，气流从气管经过喉头和声带，最后送出咽腔、鼻腔和口腔。呼吸的气流是人类发音的动力。

（2）喉头和声带

喉头是呼吸道中的一部分，位于气管的上方。声带是位于喉头内的两片薄膜状结构，它们能够振动并发出声音。当呼出的气流经过声带时，声带振动产生基音。通过改变声带的紧张度和长度，可以发出不同音高的声音。

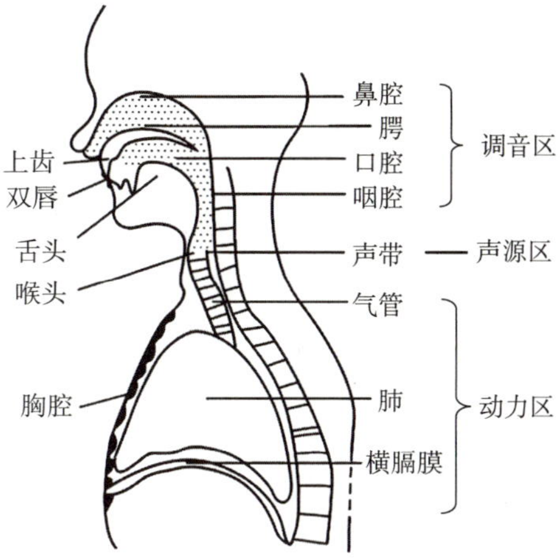

图4-1 发音器官图

（3）口腔和鼻腔

口腔是发音时最为灵活的共鸣腔，它的大小、形状和位置都可以随着舌、唇、腭等发音器官的运动而发生变化。这种灵活性使得口腔能够产生丰富的元音和辅音。例如，元音的发音依赖于口腔的形状和大小，而辅音的发音则与舌、唇等发音器官的位置和动作密切相关。鼻腔虽然相对固定，但在发音过程中也起着重要的作用。特别是在发鼻音时，鼻腔成为主要的共鸣腔。当软腭下垂，鼻腔与口腔的通道打开时，呼出的气流会同时进入鼻腔和口腔，形成鼻音共鸣。这种共鸣使得鼻音听起来更加饱满和圆润。

2. 正常的听觉器官

正常的听觉器官主要包括外耳、中耳和内耳三部分（图4-2），它们共同协作，以实现听觉功能。

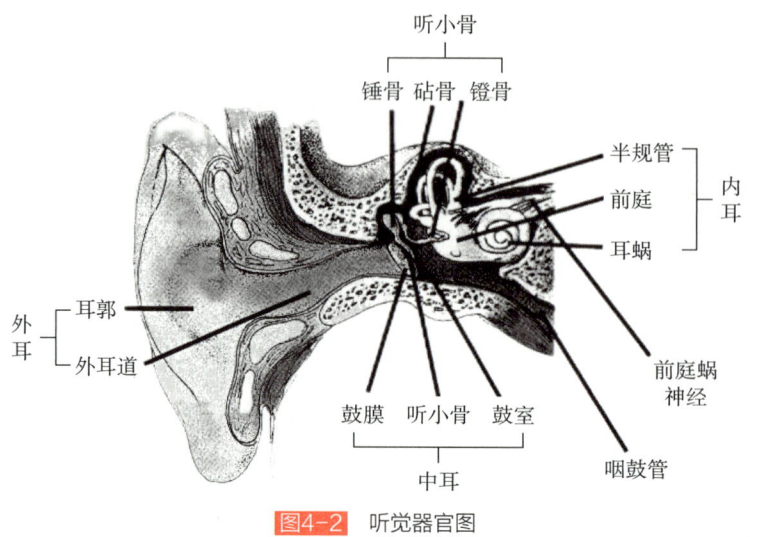

图4-2 听觉器官图

（1）外耳

外耳包括耳郭和外耳道。耳郭是头部外面可见的部分，负责收集并传递声波到外耳道。外耳道不仅传递声音，还可对声波起到共振作用。耳郭的主要功能是收集并传递声波到外耳道，声音抵达两耳时存在时间差别和强度差别，经中枢神经系统的分析处理，两侧耳郭的协同集声，又可以起到辨别声源方向的作用。

（2）中耳

中耳包括鼓膜、鼓室和三块听小骨（锤骨、砧骨、镫骨）。鼓膜是外耳和中耳的分界线，三个听小骨连接在一起，形成听骨链，将鼓膜的振动传递到内耳。中耳的主要功能是将外耳道空气中的声波能量传递至内耳，使液体对声波传播的高阻抗与空气较低的声阻抗得到匹配，从而将空气中的声波振动能量高效率地传入内耳淋巴液中。中耳的阻抗匹配作用是通过鼓膜与听骨链组成的传音装置来完成的。

（3）内耳

内耳包含耳蜗、前庭和半规管。耳蜗是听觉的感受器，负责将声音信号转换为神经信号。前庭和半规管是位觉感受器的所在之处，与身体的平衡有关。耳蜗内部有一个构造精巧的器官称作柯蒂氏器，上面有上千个听觉毛细胞整齐排列成四排，以螺旋状盘绕。这些毛细胞能够感受声波振动，并将其转换为神经信号，通过听神经传递到大脑皮层，从而产生听觉。

正常的听觉是语言发展的前提条件。一方面，听觉的发展依赖听觉器官的正常发育与成熟，而正常的听觉是语言发展的保障。在开口说话之前，婴幼儿必须能够正确地辨别、理解语言内容的具体含义。另一方面，正常的听觉器官对婴幼儿的语言发展具有监督作用。人类发出声音的范围与听觉的范围是相匹配的，婴幼儿通过对比周围人的发音与自己发音的不同来调整自己发音的准确性，为正常的沟通与交往奠定语言基础。

3. 健全的大脑

人脑由大脑、小脑、间脑、脑桥四部分组成，其中大脑是最发达的部分，是产生心理现象的主要器官和机能结构。大脑是语言活动的中枢，人的语言经过听觉器官和视觉器官感知后，输入大脑皮质语言活动中枢，经中枢分析处理后，再经神经传出，支配外周发音器官进行言语的口语表达。大脑皮质机能定位如图4-3所示。

婴幼儿语言的发展有赖于一个健全的大脑，如果大脑受到损伤，尤其是大脑左半球受到损伤，会使婴幼儿的语言发展出现各种不同类型的语言障碍。例如，位于大脑左侧额下回后部的布洛卡区，它的主要作用是激活发音器官，产生说话活动。若该脑区受损，患者虽能发音，但不能说出流畅连贯的语句，这种表达障碍称为表达性失语症；位于大脑左侧颞上回后部的威尔尼克区，其主要作用是分辨语音并形成语义，因而这个区域受损的患者即使听觉器官正常，但仍听不懂别人的话，理解力几乎丧失，他们可以表达，但语法有问题，别人会感到难以理解，自己也听不懂自己在说什么，这种障碍称为听觉性失语症。

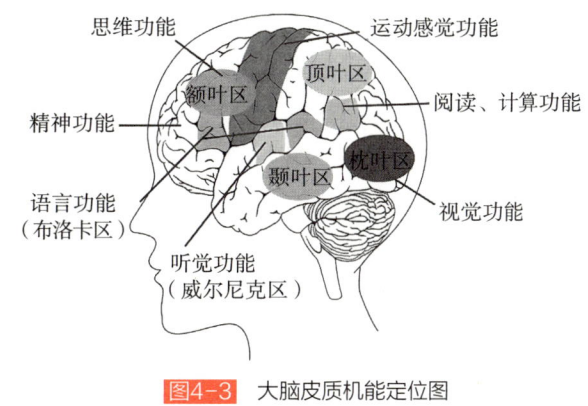

图4-3　大脑皮质机能定位图

综上所述，发音器官、听觉器官以及大脑的健康和完善是婴幼儿语言发展的先决条件，为婴幼儿提供了一种语言发展的可能性。这种先天潜在的可能性能否成为现实，还受到一些后天因素的制约和影响。

相关链接

额叶位于大脑前部，占大脑皮质的1/3。研究发现，左额叶负责词语的认知记忆功能，右额叶负责图像的认知记忆功能。左额叶受损的患者在言语活动方面虽然有复述的能力，但对变化的词序掌握有困难，他们往往缺乏洞察力、自发性和积极主动性。额叶受损会导致额叶综合征，患者缺乏说话的愿望和动机，主动性言语受到严重破坏，患者会跟从问话回答，说一些重复性的语言，但是不会回答"晚饭吃的什么"这类问题。

（二）心理因素

1. 认知能力

认知能力是指人脑加工、储存和提取信息的能力，它是人们成功完成活动的重要心理条件。语言能力与认知能力之间存在着密不可分的关系。语言能力，包括听、说、读、写等方面，都建立在对语言内容深入理解的基础之上。也就是说，学前儿童要获得语言能力，学会使用语言，必须对语言所表达的客观世界和社会生活有一定的了解，必须掌握一定的文化知识，而要掌握这些知识，必然需要一定的认知能力。因此，家长和教育者应该注重培养婴幼儿的认知能力，为他们的语言学习提供有力的支持。

相关链接

"我记得女儿三四岁的时候，是她的语言发展最有意思的时期。下面给大家讲一段她的小故事。我们平时带孩子去饭店吃饭，饭前都按惯例带她到洗手间洗手。大家知道，洗手间的门上一般都贴有男女性别的标志图示。男士一般用一个直立的人形简图表示，女士一般用直立的留着长发或穿着短裙的人形简图表示。我们告诉她怎样根据这些标识区分男女性别，孩子很快就能领会并记住。一次晚饭后，我带着她在校园里的小路上散步，她突然停下来拉住了我的手说：爸爸、爸爸，快看，那里有一个'男'垃圾箱！孩子的话使我震惊了。'男'垃圾箱，一个多么莫名其妙的组合。我顺着她的手指看去，不远处的路旁果真立着一个垃圾箱，它的上端赫然印着一个人形标志——一个人侧身站立，正把手中的垃圾投向下方的盒子。哦！我明白了，原来这个标志中的人没有留着长发，也没有穿着短裙。"

"男"垃圾箱，在成人的语言世界这是一种典型的语法错误，因为它违反了常识和逻辑。但是，在孩子的世界里，这是一种重要的发现和大胆的想象，是创造性地以自己的方式给世界"命名"。

资料来源：潘庆玉. 语言与认知发展：内视教育的心理透镜[J]. 当代教育科学，2009（22）：3.

2. 个性

心理学中的个性是指一个人全部心理活动的总和，或者说是具有一定倾向性的各种心理特点或品质的独特结合。个性是一个复杂的、多侧面、多层次的动力结构，它包括了一个人的气质、性格、能力、动机、志向、兴趣、信念、人生观和自我意识等。

个性的差异对婴幼儿的语言发展也会有较大的影响。例如：外向的婴幼儿通常更乐于与人交流，他们更愿意尝试发音、模仿和表达自己的想法，这种积极的交流态度有助于他们更早地接触和使用语言，从而促进语言的发展；而内向的婴幼儿可能不太愿意主动与人交流，他们在语言学习上的表现可能相对保守，然而，这并不意味着他们的语言能力会受到严重限制，只要给予足够的鼓励和支持，他们同样可以取得良好的语言发展。因此，在婴幼儿语言发展的过程中，家长和教育者应该充分考虑婴幼儿的个性特点，采取有针对性的教育措施来激发他们的学习兴趣和动力，从而促进他们语言能力的全面发展。

（三）环境因素

1. 家庭环境

家庭是婴幼儿最早接触的社会环境，父母是孩子的第一任老师，家庭环境对婴幼儿语言发展有着重要的影响。良好的家庭环境可以促进婴幼儿的语言发展，而不良的家庭环境会阻碍婴幼儿的语言发展，以下是一些具体的影响。

①语言输入。家庭的语言环境是婴幼儿接触和学习语言的主要来源，如果家庭中的语言环境丰富多样，婴幼儿就会接触到更多的语言输入，促进婴幼儿的语言发展。

②语言输出。家庭中的语言交流也是婴幼儿进行语言输出的主要方式，如果家庭成员之间的交流频繁，婴幼儿就会更愿意进行语言输出，有利于婴幼儿的语言发展。

③家庭氛围。家庭氛围轻松愉快，婴幼儿会更愿意进行语言交流，锻炼婴幼儿的语言能力。

④家庭教育。家长注重婴幼儿的语言教育，经常与婴幼儿进行语言交流，能为婴幼儿提供丰富的语言环境。

⑤家庭成员的语言能力。家庭成员的语言能力也会对婴幼儿的语言发展产生影响，如果家庭成员的语言能力较强，婴幼儿的语言能力也通常会较强。

因此，家长应该重视家庭环境对婴幼儿语言发展的影响，尽量提供一个良好的家庭环境。

2. 社区环境

社区环境对婴幼儿语言发展的影响是多方面的，具体而言，主要从以下几个方面影响婴幼儿语言的发展。

①语言刺激与模仿机会。社区环境可以为婴幼儿提供丰富的语言刺激。不同的家庭、邻居、公共场所等都会使用不同的词汇和表达方式，这种多样性有助于婴幼儿接触并学习更多的语言元素；婴幼儿具有天生的模仿能力，在社区环境中，他们可以模仿成人的语言、语调、发音等，从而加速语言学习的进程。例如，在社区活动中，婴幼儿可能会模仿其他孩子的发音或参与简单的对话，这些经历都有助于他们提高语言能力。

②社交互动与情感交流。社区环境为婴幼儿提供了与同龄人和其他成人互动的机会，这有助于他们发展社交技能。在互动过程中，婴幼儿需要学会倾听、理解并回应他人的语言，这些技能对于语言发展至关重要；在社区环境中，婴幼儿可以通过与亲人的亲密互动、与其他人的友好交流等方式，建立深厚的情感联系。这种情感联系有助于婴幼儿更愿意开口说话，更积极地参与语言学习。

③认知发展与语言理解。社区环境为婴幼儿提供了丰富的认知刺激，他们可以通过观察周围的事物、参与各种活动等方式，不断拓宽自己的认知视野，这种认知能力的提升有助于婴幼儿更好地理解语言中的抽象概念和复杂信息；随着认知能力的提升，婴幼儿的语言理解力也会逐渐增强。他们能够更好地理解他人的话语、识别语言中的模式和规则，并学会运用这些规则来表达自己的意思。

④社区资源的利用。社区通常会提供丰富的社会资源，如图书馆、早教中心、儿童乐园等，这些资源可以为婴幼儿提供更多的学习机会和娱乐方式。通过这些活动，婴幼儿可以接触到更多的语言材料和知识信息，从而促进他们的语言发展。

由此可见，社区环境对婴幼儿语言发展影响很大。为了促进婴幼儿的语言发展，家长或教育者应该充分利用社区资源，为婴幼儿提供丰富的语言刺激和模仿机会；同时加强家庭与社会的合作与支持，共同为婴幼儿的成长营造良好的语言环境。

3. 早教或托幼机构环境

早教或托幼机构是对婴幼儿实施保育和教育的机构。机构环境对婴幼儿语言发展的影响是多方面的，以下从几个关键方面进行详细阐述。

①提供丰富的语言环境。早教或托幼机构通常可以提供丰富的语言环境，包括教师与婴幼儿之间的频繁交流、同龄婴幼儿之间的互动以及多样化的语言刺激，这种丰富的语言输入有助于婴幼儿积累词汇、理解语法结构和提高语言表达能力；婴幼儿具有很强的模仿能力，他们会模仿教师和同伴的发音、词汇和句子结构，早教机构中的语言模仿行为有助于婴幼儿形成正确的语言习惯和发音。

②促进语言理解和应用。早教或托幼机构常常通过情境教学的方式，将语言学习与日常生活情境相结合，这种教学方式有助于婴幼儿理解语言的实际意义，并能在实际情境中运用所学语言；在机构中，婴幼儿有更多的机会与教师和其他婴幼儿进行互动交流，这种交流过程有助于婴幼儿理解他人的语言意图，提高语言理解能力和社交技能。

③培养语言兴趣和习惯。早教或托幼机构通常采用趣味化的教学方式，如游戏、歌曲、故事等，以激发婴幼儿对语言学习的兴趣，这种兴趣将促使婴幼儿更加积极地参与语言学习活动，形成良好的语言学习习惯；机构还会通过环境布置和装饰等方式，为婴幼儿创造一个温馨、舒适、有安全感的语言学习环境。这种环境有助于婴幼儿放松身心，更好地投

入语言学习中。

综上所述，早教或托幼机构环境对婴幼儿语言发展具有重要影响。通过提供丰富的语言环境、促进语言理解和应用、培养语言兴趣和习惯以及具体的环境创设措施，早教和托幼机构可以有效地促进婴幼儿语言能力的全面发展。

五、婴幼儿语言发展的特点

0~3岁是人一生中学习语言最迅速、最关键的时期。在短短的3年中，婴幼儿从能听懂成人的话语、学说单词句，发展到能运用基本完整的句子表达自己的意思。3岁前婴幼儿语言的发展是连续的，有顺序、有规律的过程，是不断由量变到质变的过程。其发展阶段可划分为前语言阶段（0~1岁）、语言发展阶段（1~2岁）和基本掌握口语阶段（2~3岁）。

（一）前语言阶段（0~1岁）

0~1岁是婴幼儿语言发生的准备期，也称前语言期或语言准备期，具体是指婴幼儿在掌握语言之前，有一个较长的语言发生的准备期，一般是指从婴儿出生到说出第一个具有真正意义的词之前的这一段时期（0~12个月）。在这个阶段，婴幼儿还不会说话，家长或教育者不能消极地等待宝宝说话，而是要积极地做宝宝说话前的准备工作。

1. 简单音节阶段（0~3个月）

（1）听觉比较敏锐，对语音敏感，具有一定的辨音水平

听力是婴儿语言发展的基础，没有听力婴儿对成人语言的模仿就无从谈起。胎儿在母体内便可以听辨语音，包括妈妈的说话声、吃喝及肠蠕动声、呼吸声、心跳声，甚至肌肉运动声，以及由外界传入的声音，这也是胎教音乐的理论基础。因此，母亲温柔的说话声或心跳声最能安抚新生儿，母亲与新生儿借着声音彼此沟通。1个月的婴儿会因突然发出的声音而惊醒或受到惊吓。2个月的婴儿开始对家长的逗引、说话、微笑、做鬼脸等发出声音、做出反应，能发出几个可辨认但无意义的声音，而这些都是语言发展所必需的基本能力。3个月的婴儿已经学会辨认妈妈的声音，在其号啕大哭时，听到妈妈温柔的安慰声音，多半会安静下来，也会因妈妈生气的语调而显露不安。听到新奇的声音时，婴儿会转头注视。面对家长的逗引，3个月的婴儿会以微笑、蹬腿和挥舞双臂来表达喜悦。

（2）能发出一些简单音节

0~3个月的婴儿的发音多为单音节，称为单音节发音阶段。1个月的婴儿哭停间隙可发"ei""ou"等音。至2个月时，哭声中可听到类似"m-ma"声，且在非哭状态下，尤其是受成人逗引时，能发出"a""ai""e"等多种单音节，多为韵母音，声母仅见"h"和"m"，发音多基于气流出口腔的简易方式。此阶段婴儿的发音受限于发音器官未成熟，舌、唇运动能力有限，且未长牙无齿音。自2~3个月起，婴儿进入语言自发发声的新阶段。

（3）用不同的哭声代表不同的意思

新生儿是伴随着哭声来到这个世界的，哭便是婴儿最初的发音，也是他们最初的语言。第一声啼哭标志婴儿开始独立呼吸，同时代表婴儿肺部膨胀，可以自行呼吸，这是一种必不可少的生理反应。婴儿初期主要通过哭声表达生理需求与不适，这是其与外界建立联系的核心方式，也是学习说话的发音练习。家长能从孩子的哭声中判断出孩子是饥饿、烦躁、疲倦还是不舒服等。

 **相关链接**

乐乐2个月时,细心的妈妈已总结出乐乐哭声的特点:闭着眼睛哭闹,是乐乐饥饿的表现,以哭求奶;当乐乐的哭声刺耳、急躁,那是受到惊吓或受到刺激,想要妈妈用拥抱来安慰;光哭没有眼泪、手脚乱动是乐乐感到寂寞,需要别人的逗引;乐乐的哭声哼哼唧唧,时而伴有哭闹,是她的尿片已湿的表现;如果乐乐的衣服穿得不舒服时,会在哭闹的同时手脚乱动等。总之,妈妈发现乐乐的大部分需求都是通过哭来表达的。

2. 连续音节阶段(4~9个月)

(1)发音数量增加,经常发出连续音节

4~9个月婴儿相较于1~3个月,发音显著增加,尤其是声母如"b""d""g""p""n""f"等和韵母如"ong""eng"等新音的出现。这些音基本上还是一些比较容易发的音。5个月的婴儿就能发出许多不同的声音,如"a-a""e-e""k-k"等。由于发音的连续性增加,此阶段的婴儿出现了以辅音和元音相结合的连续音节,如"da-da-da""a-ba-ba-ba""na-na-na"。6个月的婴儿开始发出近似词的音,如"ba-ba(爸爸)""ma-ma(妈妈)""ge-ge(哥哥)"等,但是此阶段的婴儿还不能够将这些发音与现实中的人物对应起来,只是通过发音游戏获得感官快感,此阶段的发音属于无意义的发音。

相关链接

每当孩子无意识地发出"ma-ma"这个音时,妈妈就会高高兴兴地出现在孩子面前,答应着并亲吻孩子。每当孩子无意识地发出"ba-ba"的音时,爸爸也会高兴地将其紧紧拥抱。孩子看到他最亲近的两个人都对自己发出的声音感兴趣,就会因此受到鼓舞。久而久之,孩子就会把"ba-ba""ma-ma"这两个音当作对父母的称呼。

(2)懂得简单的词、手势和命令,理解具有情境性

这个阶段的婴儿会理解经常听到的名词和指令,对家人的表情、动作和指令会做出积极的回应,例如叫他的名字,他会转头看,会挥手、再见、招手、欢迎、拍手等。此阶段的婴儿能够感知愉快、冷淡和愤怒的语调,并对其做出不同的反应。当成人用愉快的语调和婴儿说话时,语调升扬,婴儿能用微笑做出反应;当成人用冷淡的语调和婴儿说话时,婴儿的反应是平淡的;当成人用生气的语调和婴儿说话时,婴儿会紧张、害怕、愣住、瞪大眼睛或号啕大哭。此时的婴儿往往不能真正听懂成人说话的含义,而是依据成人的语调、手势及整个情境进行判断。

相关链接

在一项实验研究中,研究人员给9个月的婴儿看"狼"和"羊"的图画,每当出示"羊"时,就用温柔的声音说"羊,羊,这是小羊"。而出示"狼"时,就用凶狠的声音说"狼,狼,这是老狼"。若干次以后,当实验者用温柔的声音说:"羊呢?羊在哪里?"婴儿就会指着画着羊的图片,当实验者改变说话的语调,用凶狠的声音说:"羊呢?羊在哪里?"婴儿会

毫不犹豫地指向画着狼的图片。

该实验研究证明，婴儿反应的主要对象是语调和说话时的整个情景，而不是词。婴儿还不能把词从语音复合情境中分离出来。

（3）出现"小儿语"，呈现交际倾向

4～9个月的婴儿在语言发展上呈现出显著的"小儿语"现象，他们通过模仿、发音和社交互动来不断提高自己的语言能力。这个阶段的婴儿表现出强烈的交际倾向，他们渴望与成人进行交流和互动，并通过声音、肢体语言和面部表情来表达自己的情感和需求。比如，当婴儿自己不愿意躺下时，婴儿会发出尖叫声或急促升扬的语调，伴有伸手、蹬腿的动作，表情不愉快。当心情愉悦时，婴儿会用平静、温和的语调或表情来表示，有时会用平和的语气自言自语。这说明，此时婴儿能够用符合沟通规则的方式和人交流交际，已有明显的社会性成分。

3. 学话萌芽阶段（10～12个月）

（1）不同的连续音节明显增加，近似音增多

此阶段的婴儿能够发出更多的连续音节，这些音节不只是同一音节的重复，还明显增加了不同音节的连续发音，音调也开始多样化，四声都出现了，听起来很像是在说话。此时的婴儿发出的音节开始与一些简单的词语发音相近，并开始模仿成人的语音，如"ba-ba（爸爸）""ma-ma（妈妈）"，这一进步标志着婴儿学话的萌芽。

（2）听懂和能理解的词语明显增多

婴儿大约从9个月开始真正理解成人的语言，判定依据是在自然语境下，婴儿能对语言刺激做出合适和恰当的反应，他们能用语音、动作和表情的结合，对成人的话语做出反应，这种方法称作"话语反应判定法"。比如，成人说"跟爷爷说再见"，婴儿就会挥挥自己的小手。但此阶段的婴儿只能理解成人词语的一部分含义，缺乏概括性。例如，给婴儿抹完"香香"后，问"宝宝香不香"，婴儿会"吧嗒"嘴巴表示"香"，这时婴儿理解的"香"是吃饭香，说明婴儿在理解成人词语的含义时缺乏概括性。这个月龄的婴儿会用语音、语调、眼神、动作、表情等表达自己的意愿，以达到交流目的。比如，用点头表示"要"，用摇头表示"不要"。他们的语音和动作表情实际上已经产生了陈述句、否定句、疑问句、感叹句、祈使句等多种句式所代表的意义。婴儿就是在这样的交往过程中不断发展其语言交际能力的。

相关链接

娇娇是一个刚满1周岁的宝宝，在她学说话前，有一个过渡阶段——用手指东西，这就是娇娇的手指语言。当全家人一起在外面乘凉的时候，如果有人问："妈妈在哪里？"娇娇虽然不会说话，却能在人群中指出妈妈。当被问道："姥姥呢？"她也会转过脸来，指向姥姥。娇娇看图画书时，如果妈妈问："小兔呢？"她会用手指在图画中找出小兔子；如果妈妈问到图画中其他的小动物，凡是娇娇认识的，娇娇都能够用手一一指出。

娇娇的手指语言充分说明，她已经能将自己所熟知的事物的音、义和具体事物之间建立准确的联系。

（3）出现第一个有意义的单词

婴儿大约在10个月时会说出第一个有意义的单词，即婴儿能够有意识地、准确地使用某个词来代表特定的人、物、动作或概念。这些词往往是名词（如"妈妈""爸爸"）、动词（如"吃""喝"）或形容词（尽管形容词的出现相对较晚），这些词通常具有专指的性质，比如说"车车"就是专指他的小汽车，这在很大程度上与婴儿日常生活中所感知、接受的语言有关。由于遗传、环境、社会互动以及父母或照顾者的语言输入等因素的影响，婴儿开口说话的时间最早的在10个月前，有的要到1岁，甚至1岁半以后，体现了不同的婴儿在语言发展的速度和方式上的个体差异性。

（二）语言发展阶段（1~2岁）

经历了近一年的语言准备，从1岁起婴幼儿进入了正式学习语言的阶段。

1. 单词句阶段（1~1.5岁）

单词句指婴幼儿用一个单词来表达比该词意义更为丰富的意思。单词句阶段的词所表达的意思是不精确的，往往是和这个词的相关情境相联系，成人需要将婴幼儿说话时附加的手势、表情、体态等因素结合起来理解，才能确定他们说话的意思。

（1）语音方面

婴幼儿模仿发出声音的积极性明显提高，常常自发地模仿他所听到的音。这个阶段婴幼儿模仿发音有以下特点。

①单音重叠现象普遍。婴幼儿在这个阶段经常会发出类似"爸爸""妈妈""哒哒""嘎嘎"等单音节重叠的声音，这些声音是婴幼儿模仿成人语言初期的一种表现，他们通过重复这些音节，逐渐熟悉并掌握发音的技巧。

②连续的音节增多。婴幼儿开始能够发出更长的连续音节串，如"ba-ba-ba""ma-ma-ma"等。这些连续的音节虽然还没有明确的语义，但显示出他们发音能力的进步和语音组织的初步尝试。

③无意义的音节逐渐减少。在模仿发音的过程中，婴幼儿会逐渐减少发出无意义音节（如"啊啊""嗯嗯"）的频率。相反，他们会更多地模仿那些有具体音节的词汇或声音，这表明他们开始将注意力从单纯的发音练习转向更有意义的语言交流。

④不完整的模仿词音。婴幼儿在这个阶段还无法完整地模仿出成人所说的词汇，但他们已经能够捕捉到词汇中的部分音节或音素，并进行不完整的模仿。比如，他们可能会听到"苹果"这个词后，尝试发出"苹苹"或"果果"这样的音。虽然这些模仿并不准确，但它们是婴幼儿向完整词汇表达迈出的重要一步。

（2）词汇方面

这个阶段的婴幼儿在词汇表达方面有以下特点。

①以音代物。婴幼儿在词汇表达的初期，由于词汇量有限，他们常常会使用简单的音节或声音来代表某个物体或动作，这种现象被称为"以音代物"。例如：婴幼儿在见到小狗时，可能会发出"汪汪"的声音来代表小狗，而不是说出"小狗"这个词；在表达小便的需求时，婴幼儿可能会用"嘘嘘"这样的声音来代替"我要小便"或"小便"这样的词汇。

②一词多义。婴幼儿在词汇学习的过程中，由于他们对词汇的理解还不够准确和全面，因此常常会出现一个词有多种含义的现象，即"一词多义"。婴幼儿可能会用"奶奶"这个词来指代多种不同的意思。例如，当他们饿了想要喝奶时，可能会说"奶奶"，这时"奶奶"

实际上是指代"喝奶"这个动作或需求。而当他们看到奶奶本人时，也会用"奶奶"这个词来称呼她，有时他们甚至会用"奶奶"来表达对某个食物的渴望，比如"奶奶，我要吃饼干"，这里的"奶奶"则可能是一种情感上的依赖或请求的表达。

相关链接

　　瑶瑶是小托班新来的小朋友，她很爱哭，还喜欢在自己的床边打转。为了转移她的注意力，王老师主动靠近她，并夸奖她："瑶瑶真乖，你的小辫子梳得真好看。"可瑶瑶根本不理王老师，仍然"mie-mie"地一个劲儿哭。"咦？瑶瑶的外套和被子上都有喜洋洋啊，真好看。"王老师试图转移瑶瑶的注意力，可瑶瑶还是"mie-mie"地哭。过了一会儿，瑶瑶用手指指自己的被子，但仍旧没有停止哭泣。"你是不是要棉被啊，我们待会拿回家，好吗？"老师再次逗瑶瑶说话，可瑶瑶还是哭，身体在被子上来回转动。"mie-mie"既不是"羊"也不是"棉被"，那会是什么呢？王老师很着急，因为瑶瑶所表达的音让她无法理解。"是不是睡觉？"突然，这一情景从王老师的脑海一闪而过。"嗯。"瑶瑶马上停止了哭声，并回答了王老师的问题。

（3）词义方面

这个阶段的婴幼儿在词义方面的表达有以下特点。

①词义泛化。又称词语扩充，是指儿童对词义的理解使用超出了目标语言范围的现象，这是由于婴幼儿对于词的含义特征掌握过少造成的。婴幼儿可能会用"狗狗"这个词来指代所有毛茸茸的四足动物，包括猫、兔子等，而不仅仅是狗，这是因为婴幼儿在初步接触和学习词汇时，往往难以准确区分不同事物之间的细微差别，因此会将具有某些共同特征的事物都归类到同一个词汇下。

②词义窄化。这是一种儿童对于词义理解和使用达不到目标语言的现象。婴幼儿可能会将"车车"这个词仅仅理解为自己的小推车或婴儿车，而不包括其他类型的交通工具，如汽车、自行车等。这是因为婴幼儿在学习和使用词汇时，往往先从一个具体的事物或情境出发，逐渐扩展到更广泛的概念。在这个过程中，他们可能会将某个词汇与特定的事物或情境紧密联系在一起，从而限制了该词汇的使用范围。

③词义特化。是指儿童的词语指称对象完全与目标语言不同。这通常是由于儿童在特定的语言环境中，将某个词汇与特定的情境或事件联系在一起，从而赋予了该词汇特殊的含义。例如，当婴幼儿尿床后，妈妈可能会说"糟糕"来表示不满或失望。婴幼儿在多次听到这个词与尿床这一情境相联系后，可能会将"糟糕"这个词与尿床这一行为紧密联系在一起。因此，在以后的日子里，每当婴幼儿想要小便时，他可能会说"糟糕"来表达自己的需求或感受。这种情况下，"糟糕"这个词就会被婴幼儿特化为与尿床相关的特定词汇。

2. 双词句阶段（1.5~2岁）

这个阶段的婴幼儿在双词句表达方面有以下特点。

①"词语爆炸"现象。指的是婴幼儿在特定年龄段（通常是1岁半左右）出现的词汇量迅速增长的现象。这个时期，婴幼儿掌握新词的速度显著加快，词汇量呈现爆发式的增长。例如，一个婴幼儿在19个月前可能只会说"妈妈""爸爸"等简单的词汇，但在接下来的几个月里，他可能会迅速学会"苹果""汽车"等更多复杂的词汇。

②"电报句"现象。"电报句"现象是指婴幼儿在这一阶段开始使用不完整但具有表达意义的简短语句的现象。这些句子往往省略了助词、介词等功能性词汇，只保留了句子的核心成分，如主语、谓语和宾语，因此听起来像电报中的简短信息。例如：当看到小狗时，他们可能会说"狗狗跑"，而不是"看，那只小狗在跑"；表达需求时，可能会说"妈妈抱"，而不是"妈妈，我想让你抱我"。"电报句"现象是婴幼儿语言发展过程中的一个重要里程碑，它标志着婴幼儿开始掌握更复杂的语法结构，并尝试使用更丰富的词汇来表达自己的意思。

③语言理解逐步摆脱具体情境的制约。婴幼儿在1.5~2岁期间，其语言理解能力经历了显著的发展，其中一个重要的标志就是他们逐渐能够摆脱具体情境的制约来理解语言。在此之前，他们对词汇的理解往往依赖于具体的情境。例如，1岁半之前他们可能只有在看到苹果时才能理解"苹果"这个词，但到了1.5~2岁，婴幼儿开始能够将词汇与更广泛的概念联系起来，即使在没有苹果的实际情境下，他们也能理解并说出"苹果"这个词，这表明他们的词汇理解已经超越了具体情境的束缚；在这一时期他们开始能够更好地理解故事或叙述中的情节和角色，不再仅仅关注故事中的具体事物或动作，而是能够理解故事的整体框架和逻辑关系。例如，在听一个关于小动物去森林探险的故事时，婴幼儿能够理解小动物们为什么要去森林、他们在森林中遇到了什么以及最后发生了什么等情节。

（三）基本掌握口语阶段（2~3岁）

2~3岁的婴幼儿逐渐掌握了基本的口语表达，他们在语音、词汇、语法和口语表达能力方面都有了明显的进步。他们开始使用合乎语法规则的较为完整的语句表达观点，并且能够用比较完整的句子与成人交往。

1. 简单句阶段（2~2.5岁）

这个阶段的婴幼儿在简单句表达方面有以下特点。

①发音更加准确。随着口腔肌肉和发音器官的逐渐成熟，2~2.5岁的婴幼儿在发音上变得更加准确。但是，这个阶段婴幼儿发舌尖音、舌面音、舌根音等还存在不同程度的困难，其中发舌尖音困难最为突出，如"zh、ch、sh、r"等，少数婴幼儿发"n、l"等音也有困难。例如，有的婴幼儿会将"牛奶"说成"liu lai"。

②基本能理解成人的语言。在这个阶段，婴幼儿的语言理解能力有了质的飞跃。他们不仅能够理解简单的词汇和短语，还能够理解包含多个词汇和简单语法结构的句子。这使得他们能够更好地与成人进行沟通和交流。但是对某些词在理解上还具有直接性和表面性，理解起来比较困难。例如，成人对婴幼儿说"你笑得可真甜呀"，婴幼儿会问"比糖还甜吗"，因为此时他们还无法理解词的隐喻和转义。

③疑问句和否定句逐渐增多。这个阶段的婴幼儿开始喜欢使用疑问句来探索周围的世界，如"这是什么""为什么"等。同时，他们也学会了使用否定句来表达自己的意愿和态度，如"我不要这个""不对"等。因此，此时的婴幼儿可能会不断地向成人提问，以了解周围世界的更多信息；同时，他们也会使用否定句来拒绝自己不喜欢的事物或活动。

④能运用多词句和简单句。在这个阶段，婴幼儿不再仅仅依赖于单词或短语来表达自己的意思，而是开始构建和使用多词句和简单句。这些句子通常包含主语、谓语和宾语等基本成分，能够传达更为完整和复杂的信息。例如：多词句——"我要喝水"（包含主语"我"和谓语"要喝水"）；简单句——"妈妈，我看到了小猫"（包含主语"我"、谓语"看到了"

和宾语"小猫")。通过这些句子，婴幼儿能够更清晰地表达自己的需求和观察结果，与成人进行更有效的沟通。同时，这些句子也为他们日后学习更复杂的语法结构和句型打下了坚实的基础。

2. 复合句阶段（2.5～3岁）

这个阶段的婴幼儿在复合句表达方面有以下特点。

①能说出完整句子，复合句增加。在2.5～3岁这个年龄段，婴幼儿已经能够说出结构相对完整的句子，并且开始尝试在句子中嵌入从句或附加成分，形成复合句。这些复合句包括时间状语从句、条件状语从句、并列句等。例如："等我吃完饭，我就去玩玩具。"（时间状语从句）；"如果妈妈来，我就告诉她。"（条件状语从句）；"我喜欢玩积木，但是我也喜欢画画。"（并列句）。这些句子展示了婴幼儿对语言结构更深层次的理解和运用能力。

②词汇数量和种类迅速增加。3岁是婴幼儿学习口头语言的关键期。3岁左右，婴幼儿的词汇量通常能够达到1000个左右，使用的词汇量是2岁时的3倍，且开始学习和使用更多种类的词汇，包括名词、动词、形容词、副词、介词、连词等。这些词汇的丰富性使得他们的表达更加细腻和多样化。例如：名词（汽车、火车、飞机、花朵、小鸟等）；动词（跑、跳、唱、画、吃等）；形容词（大的、小的、红色的、漂亮的等）；副词（快速地、慢慢地、悄悄地等）；介词（在……上、在……里、到……去等）；连词（和、但是、因为等）。婴幼儿能够将这些词汇组合成各种句子，表达更加复杂和丰富的意思。

③说话不流畅，表达常有"破句现象"。尽管婴幼儿在这个阶段的语言能力有了显著提升，但他们的语言表达能力仍然不够成熟。在说话过程中，他们可能会出现停顿、重复、修正或中断等现象，被称为"破句现象"。这是由于他们的思维速度和语言组织能力尚未完全匹配所导致的。比如，婴幼儿可能会说："我……我……我想要那个……那个红色的车。"或者在说长句子时突然停下来，思考一会儿再继续："我昨天去了公园，然后……然后我看到了一个……"这些现象都是婴幼儿语言发展过程中正常的阶段性特征，随着时间和经验的积累，他们会逐渐克服这些困难，说话变得更加流畅和自然。

效果自测

序号	学习要点	学生自评达到的程度
1	语言与言语的概念和关系	☆ ☆ ☆ ☆ ☆
2	婴幼儿语言发展的一般规律	☆ ☆ ☆ ☆ ☆
3	婴幼儿语言发展的意义	☆ ☆ ☆ ☆ ☆
4	婴幼儿语言发展的影响因素	☆ ☆ ☆ ☆ ☆
5	婴幼儿语言发展的特点	☆ ☆ ☆ ☆ ☆

任务二　婴幼儿早期语言学习支持

任务要求
1. 掌握0~3岁婴幼儿各阶段语言学习支持策略。
2. 能够识别婴幼儿各阶段语言发展现象并给出指导建议。

案例导入
乐乐爸爸平常工作很忙，很少在家陪乐乐。一天下午，乐乐吃完午饭看电视时随手拿起旁边的玩具手机，假装拨号打电话，他慢条斯理地说："拨号码，喂，你好，爸爸，想爸爸，吃饭饭，看电视，谢谢，拜拜！"挂掉电话，停顿片刻后，乐乐轻叹了一口气，说道："没图像，没声音。"乐乐很爱吃西瓜，他一边吃西瓜，一边学着广告语，兴奋地说："好吃得不得了。"

讨论：乐乐的语言发展处于哪个阶段？此阶段成人应该给予什么样的语言学习支持呢？

核心知识

一、0~1岁婴儿语言学习支持

0~1岁婴儿语言学习支持分为0~3个月、4~9个月、10~12个月三个阶段。

（一）0~3个月

1. 建立语言环境

从婴儿出生的第一天起，照料者就应该经常与婴儿进行面对面的交流。尽管婴儿此时还不能理解语言的具体含义，但声音的刺激对婴儿的语言发展至关重要。照料者可以用温柔、清晰的声音描述正在做的事情或周围环境，如"宝宝，换尿布啦""看，这是你的小手"等。在与婴儿交流时，应使用简单、重复的语言，避免使用复杂的词汇和句子。例如，"宝宝，你好""宝宝，笑一笑"等短语，既易于婴儿模仿，又能加深他们对语言的理解和记忆。

2. 刺激听觉发展

经常给婴儿播放柔和、舒缓的音乐，不仅可以刺激婴儿的听觉发展，还能帮助他们建立对音乐的初步感知。照料者可以选择一些适合婴儿的儿歌或摇篮曲，每天播放一段时间。还可以利用日常生活中的各种声音来刺激婴儿的听觉，如摇铃、拨浪鼓等玩具发出的声音，以及开门、关门、水声等自然环境中的声音，这些声音有助于婴儿区分不同的音调和节奏，为未来的语言学习打下基础。

3. 互动游戏

当婴儿发出"咿咿""呀呀"的声音时，照料者可以模仿他们的发音进行回应，这种互动不仅能让婴儿感受到交流的乐趣，还能鼓励他们继续发音和尝试说话。还可以开展听音游戏，如"唤名游戏"，照料者在婴儿耳边轻声呼唤他们的名字，观察婴儿的反应。当婴儿能够转头寻找声源时，说明他们的听觉和注意力正在逐渐发展。

4. 视觉与触觉辅助

照料者可以利用黑白卡或彩色卡片等视觉刺激工具，引导婴儿进行视觉追踪训练，这不仅可以锻炼婴儿的视觉能力，还能促进他们的大脑发育和语言学习的能力。还可以通过触摸不同的物品（如柔软的布娃娃、硬质的塑料玩具等），让婴儿感受不同的材质和形状。

5. 日常护理中的语言互动

在进行日常护理时，如换尿布、穿衣等，照料者可以边做边用语言描述动作和物品的名称。例如，"宝宝，我们现在要换尿布了""这是你的小衣服，我们穿上它就不会冷了"。在喂奶或喂食时，照料者也可以与婴儿进行语言交流，如"宝宝，我们来吃奶了""这是你的小勺子，我们用它来吃饭"。

通过以上策略的实施，可以有效地促进婴儿的语言发展，为他们未来的学习和成长打下坚实的基础。

相关链接

对婴儿进行听音训练时应注意的问题

1. 声音的音量要适宜，切忌噪声。合理控制音量大小，以达到有效听音训练目的。音量过小达不到训练目的，音量过大容易造成婴儿听力损伤。如何调节和控制音量大小呢？把握好音源和婴儿之间的距离，调控音量的大小，保证音乐刺激在适宜的范围内；合理操控发音器，使音量适宜，如合理选择玩具，尽量不给婴儿提供高音量玩具，也不在婴儿身边播放高音量的音乐，更不要在婴儿面前大吵大闹或打砸物品。

2. 听音训练的时间。要坚持对婴儿进行听音训练，根据婴儿注意力发展水平，每次训练时间控制在3~5分钟为宜。保持一定的规律后，可以培养婴儿乐于接受听音训练的良好动机和习惯。照料者切记，不要因为自身的情绪问题而打破听音训练的规律。

3. 声音刺激的多样性和近似性。大千世界，囊括了多种多样的声音。照料者为婴儿提供的听音材料要广泛，日常生活环境中的声音都可以让婴儿去感知，不方便获取的音源，照料者可以有选择性地录下来，再播放给孩子去感知、辨别。

资料来源：田金长，马小琴. 学前儿童语言教育［M］. 上海. 华东师范大学出版社，2018.

（二）4~9个月

1. 增强语言输入

照料者应增加与婴儿的面对面交流时间，用清晰、温和的声音描述日常活动，如"宝宝，给你穿衣服啦""看，这是你的小脚"，这种持续的语言输入有助于婴儿建立语言与实物之间的联系。还可以选择一些简单的词汇，如"爸爸""妈妈""宝宝"等，并在日常生活中反复使用，这种重复有助于婴儿熟悉并模仿这些词汇。

2. 鼓励发音尝试

照料者可以通过与婴儿进行简单的游戏，如吹泡泡、摇铃铛等，来引导婴儿发出更多的声音，这些活动不仅能让婴儿感到快乐，还能为他们提供发音的机会。

3. 利用视觉和触觉辅助

照料者可以使用色彩鲜艳、形状各异的玩具来吸引婴儿的注意力，并在展示玩具的同时说出玩具的名称，这种视觉与语言的结合有助于婴儿建立对词汇的理解。照料者还可以让婴儿触摸不同材质的物品，并在触摸的同时用语言描述物品的特征。这种触觉与语言的结合能够加深婴儿对词汇的记忆。

4. 阅读启蒙

从婴儿4个月开始，照料者可以每天为婴儿朗读一些简单的绘本或儿歌。虽然婴儿此时还不能完全理解故事的内容，但声音的节奏和韵律有助于培养他们的语言感知能力。阅读时要为婴儿选择那些文字简单、图画色彩鲜艳、内容贴近生活的读物，这些读物不仅能够吸引婴儿的注意力，还能为他们提供丰富的语言输入。

5. 观察与反馈

照料者应仔细观察婴儿在听到语言输入时的反应，如是否注视说话者、是否模仿发音等。这些反应能够反映婴儿对语言学习的兴趣和进展。当婴儿尝试发音或模仿词汇时，照料者应及时给予积极的反馈，如微笑、拥抱或称赞，这种反馈能够增强婴儿的自信心和动力，促使他们更加积极地参与语言学习。

（三）10~12个月

1. 语音发展与模仿

这个阶段的婴儿开始模仿并尝试发出更多的音节和音调。照料者应鼓励婴儿的语音表达，积极回应他们的尝试，并给予积极的反馈。例如，当婴儿发出"ba-ba""ma-ma"等音节时，照料者可以模仿并回应，增强婴儿的发音兴趣和自信心。照料者要为婴儿提供丰富的语言环境，播放儿童音乐、儿歌和故事，让婴儿接触不同的语音和语调。照料者可以与婴儿一起唱歌、说故事，激发婴儿的听力和模仿能力。

2. 词汇学习与理解

照料者可以使用简单的词语和句子与婴儿交流，并重复关键词，帮助婴儿建立语言的联系和理解。例如，在喂食时说"宝宝，喝水""这是苹果"等。还可以利用实物和图片帮助婴儿学习词汇。例如，当婴儿看到苹果时，可以指着苹果说"这是苹果"，并出示苹果的图片进行对应，这样可以帮助婴儿建立词汇与实物之间的联系。

3. 社交交流与互动

婴儿在这个阶段开始使用非语言的手势和表情来沟通，如挥手、点头和摇头，这时照料者应回应婴儿的社交信号，与他们进行互动，通过面部表情和肢体语言来加强交流。当婴儿开始能够理解简单的指令，如"给我""拿来""再见"，照料者可以使用这些简单的指令与婴儿互动，并配合手势和示范，帮助婴儿理解并跟随指令。

4. 阅读与讲故事

照料者可以为婴儿选择适合他们年龄阶段的图画书和简单故事书，内容应贴近婴儿的生活，色彩鲜艳，文字简单易懂。照料者应与婴儿一起阅读，指着图片和文字进行解释，这不仅可以扩展婴儿的词汇，还能帮助他们理解故事结构，培养对书本的兴趣。

5. 创造语言环境

与婴儿保持频繁的对话，无论是在日常生活中的活动，还是在外出游玩时，都应与婴儿分享所见所闻，与他们交流并回应他们的表达，尽量使用简单的语言，重复和强调重要的词汇和短语。如果条件允许，可以适当地为婴儿提供多语言环境，有助于婴儿的语言发展，但需注意在婴儿早期阶段应保持主要语言的一致性，避免混淆。以教婴儿学习"灯"这个词为例，具体操作步骤如下：①实物展示。指着房间里的灯说："宝宝，看，这是灯。"并将灯打开再关上，让婴儿观察灯的变化。②图片对应。出示灯的图片，与实物进行对比，让婴儿理解图片代表实物。③重复练习。在不同的时间和场合下，多次重复"这是灯"的表述，加深婴儿对这个词的记忆。④简单指令。当婴儿对灯有了一定的认识后，可以发出简单的指令，如"请把灯关掉"，并观察婴儿是否理解并尝试执行。

相关链接

游戏名称：指五官

发展目标：

（1）跟随儿歌做动作。

（2）把语言和身体部位联系起来。

游戏玩法：

（1）照料者和宝宝面对面坐好，照料者一边念儿歌，一边拍着手，然后根据歌词内容指出自己五官的相应位置。

（2）念儿歌，拉着宝宝的手指做拍手状，再根据歌词指出宝宝相应部位。

（3）等宝宝熟练后，照料者可以让宝宝自己做动作，指出五官。

附儿歌：指五官

眼睛在哪里？眼睛在这里，用手指出来，用手指出来。

嘴巴在哪里？嘴巴在这里，用手指出来，用手指出来。

耳朵在哪里？耳朵在这里，用手指出来，用手指出来。

眉毛在哪里？眉毛在这里，用手指出来，用手指出来。

鼻子在哪里？鼻子在这里，用手指出来，用手指出来。

游戏建议：

（1）宝宝尚不熟练时，照料者可通过暗示，引导宝宝正确指出五官。

（2）照料者念儿歌时，速度稍慢。

（3）宝宝正确完成动作后，照料者要及时表扬。

二、1~2岁婴幼儿语言学习支持

（一）1~1.5岁

1. 多与婴幼儿交谈，提供良好的言语榜样和言语示范

婴幼儿在这个阶段主要是通过模仿来学习语言，照料者的言语是婴幼儿学习语言的重要来源，他们会在日常生活中模仿照料者的发音、词汇和语法结构。因此，与他们频繁、清晰地交谈至关重要。例如，家长可以在日常生活中给婴幼儿发出简单的指令，如"把球拿过来""给妈妈一个吻"等。同时，当孩子完成指令后，给予正面的反馈和表扬，如"真棒，你做到了！"这样不仅能提高孩子的语言理解力，还能鼓励他们模仿和学习语言。再如，在吃饭、洗澡、玩耍等日常活动中，照料者可以描述正在做的事情，如"宝宝，我们在吃饭饭，这

是胡萝卜，你喜欢吃吗？"通过情境对话，孩子能更好地理解语言的实际意义，并学习新词汇。

2. 鼓励孩子说完整句

随着婴幼儿语言能力的逐渐发展，他们开始从单词句过渡到双词句，最终学会说完整的句子。在这个阶段，照料者应该积极鼓励婴幼儿说完整句，这有助于他们语言结构的完善和表达能力的提升。当婴幼儿只说出单词时，照料者可以适时地补充成完整的句子。例如，婴幼儿看到狗说"狗狗"，照料者可以说"这是狗狗，一只可爱的狗狗在摇尾巴"。通过多次重复和补充，婴幼儿会逐渐理解并尝试说出更完整的句子。照料者也可以通过提出开放式问题来鼓励婴幼儿表达更多内容。例如，"宝宝，你今天想玩什么玩具呢？"这样的问题可以引导婴幼儿思考并回答更完整的句子。

3. 开展多种语言游戏，在游戏中学习

游戏是婴幼儿学习语言的有效途径之一。通过游戏，婴幼儿可以在轻松愉快的氛围中学习新词汇、练习发音和语法结构，同时增强对语言的兴趣和积极性。具体操作步骤如下：①模仿游戏。照料者可以和婴幼儿一起玩模仿动物声音的游戏，例如，模仿小猫"喵喵"叫、小狗"汪汪"叫等，这样的游戏不仅能让婴幼儿学习新词汇，还能锻炼他们的发音能力和模仿能力。②指认游戏。利用图片或实物进行指认游戏，照料者可以展示不同的图片或实物，并说出对应的名称，然后让婴幼儿指认，例如，"宝宝，哪个是苹果，你能指给我看看吗？"这样的游戏可以帮助婴幼儿学习新词汇，并提高他们的注意力和记忆力。③角色扮演游戏。照料者可以和婴幼儿一起玩角色扮演游戏，如"过家家"，在游戏中婴幼儿可以扮演不同的角色，并使用简单的语言进行交流。例如，"宝宝，你是爸爸，我是妈妈，我们一起来做饭吧！"这样的游戏可以让婴幼儿在情境中学习语言，提高他们的语言表达能力和社交能力。

（二）1.5~2岁

1. 帮助婴幼儿掌握新词，扩大词汇量

在这个阶段，婴幼儿的词汇量迅速增长，他们开始理解并使用更多的词汇描述周围的世界。因此，照料者应该积极为他们提供丰富的语言环境，帮助他们接触和学习新词。在日常生活中，照料者可以随时随地教婴幼儿新词。比如，在公园散步时，可以指着不同的花草树木告诉婴幼儿它们的名字；在超市里购物时，可以教婴幼儿认识各种食物和日常用品的名称。这样，婴幼儿就能在自然的环境中学习新词，并建立起词汇与实物之间的联系。照料者也可以制作一些简单的词汇卡片，上面印有常见的物品或动物图片及对应的名称，通过与婴幼儿一起玩卡片游戏，如翻卡片、指认图片等方式来教婴幼儿新词，这种游戏化的学习方式既有趣又有效，能够激发婴幼儿的学习兴趣。

2. 开展早期阅读指导，倾听文学作品

早期阅读不仅有助于培养婴幼儿的阅读兴趣，还能促进他们的语言发展和认知能力的提升，通过倾听文学作品，婴幼儿可以接触到丰富的语言素材，学习不同的表达方式，从而提高自己的语言表达能力。照料者可以选择一些适合婴幼儿阅读的绘本或图画书，与婴幼儿一起阅读，在阅读过程中，照料者可以用温柔的声音为婴幼儿朗读故事，同时引导婴幼儿观察图画中的细节，并鼓励他们猜测故事的发展。除了阅读绘本外，照料者还可以自己编故事讲给婴幼儿听。在讲述过程中，可以运用丰富的想象力和生动的语言来描绘场景和角色，以吸引婴幼儿的注意力。同时，照料者还可以根据婴幼儿的兴趣和反应来调整故事的内容和情节，以激发他们的想象力和创造力。

3. 正确对待婴幼儿的提问

随着婴幼儿认知能力的发展，他们开始对周围的世界充满好奇，并经常向照料者提出各种问题。这些问题是他们探索世界、学习语言的重要途径。因此，照料者应该正确对待婴幼儿的提问，给予耐心和细致的回答。当婴幼儿提出问题时，照料者应该给予积极的回应和鼓励，可以说："哇，你提了一个很好的问题！"这样的鼓励能够增强婴幼儿的自信心和求知欲。对于婴幼儿的问题，照料者应该尽量用简单易懂的语言进行解答，如果问题比较复杂或难以解释清楚，可以引导婴幼儿一起寻找答案或寻求专业人士的帮助。同时，照料者还应该注意保持耐心和热情，不要打断婴幼儿的提问或表现出不耐烦的情绪。在解答问题的过程中，照料者还可以引导婴幼儿进行思考和探索。比如，可以问婴幼儿："你觉得为什么会这样呢？""你还想知道什么？"这样的问题能够激发婴幼儿的思考能力和探索欲望，促进他们的语言发展和认知能力的提升。

相关链接

语言游戏：听指令

发展目标：

（1）锻炼语言理解力。

（2）培养记忆力。

游戏玩法：

（1）在宝宝心情愉快的时候，照料者就可以发出指令，请宝宝帮忙执行。

（2）照料者可以说："宝宝，帮我把拖鞋拿过来""把桌子上的书递给我""请从果盘里拿个苹果给我"。

（3）如果宝宝把东西拿过来，照料者要说"谢谢"。

游戏建议：

（1）照料者的语言表达要清晰，指令要明确。

（2）可以延伸到日常生活中，邀请宝宝帮忙做事情。

三、2~3岁婴幼儿语言学习支持

2~3岁婴幼儿在语言学习方面的支持可以分为两个年龄阶段：2~2.5岁和2.5~3岁。

（一）2~2.5岁

1. 创造良好的语言环境，鼓励婴幼儿多说话

婴幼儿的语言发展离不开良好的语言环境。在这个阶段，婴幼儿正处于语言学习的敏感期，他们通过模仿和交流来学习和掌握语言。为婴幼儿创造一个充满语言刺激和互动的环境，能够激发婴幼儿的语言表达欲望，促进他们的语言能力发展。

照料者可以设置"语言角"，放置一些婴幼儿感兴趣的图书、玩具和图片等，鼓励婴幼儿主动探索和表达。同时，照料者要多与婴幼儿进行面对面的交流，使用简单明了、富有情感的语言与他们对话。例如，在进餐时，照料者可以询问婴幼儿："你今天想吃什么？"或者"这个食物是什么颜色、什么形状的？"通过这样的问题引导，鼓励婴幼儿多说话、多表达。

在托幼机构中，教师可以通过组织丰富多彩的语言活动来创造良好的语言环境。比如，可以设置"小小广播站"，让婴幼儿轮流担任主播，播报天气、新闻或讲述故事等。这样的活动不仅能够锻炼婴幼儿的语言表达能力，还能增强他们的自信心和表现力。此外，教师还可以利用区域活动时间，与婴幼儿进行一对一或小组形式的交流，了解他们的想法和感受，鼓励他们多说话、多交流。

2. 运用儿歌故事等文学作品发展婴幼儿的语言能力

儿歌和故事等文学作品是婴幼儿语言学习的重要资源。它们以生动有趣的情节、朗朗上口的韵律和丰富的词汇为特点，能够吸引婴幼儿的注意力并激发他们的学习兴趣。通过聆听和复述儿歌故事，婴幼儿可以学习到新的词汇、句型和表达方式，从而丰富自己的语言储备并提高语言表达能力。教师可以选择一些适合2~2.5岁婴幼儿的儿歌进行教学。在教授过程中，要注重儿歌的韵律感和节奏感，引导婴幼儿跟随节奏拍手或做动作。同时，可以通过提问和互动的方式引导婴幼儿理解儿歌内容并尝试复述。例如，在教授儿歌《小星星》时，教师可以先播放歌曲让婴幼儿聆听并感受其韵律美；然后提问："小星星在哪里闪？"引导婴幼儿回答"挂在天空放光明"；最后鼓励婴幼儿尝试跟随节奏一起唱出来。

相关链接

托班的宝宝已经2岁半了，平时非常喜欢听故事。《拔萝卜》是我国经典的儿童故事，语句具有重复性和拓展性。于是李老师选择这个故事作为素材，还制作了可以操作的故事盒介绍给宝宝们，鼓励他们一边讲述，一边把人物摆放到相应的位置。第一次讲述时，宝宝们情不自禁地模仿起来："快来呀，快来一起拔萝卜""嘿呦嘿呦，拔萝卜"。后来，李老师发现每天一到游戏时间，总会有宝宝自言自语地讲述《拔萝卜》的故事。

（二）2.5~3岁

1. 利用游戏练习说话

2.5~3岁是婴幼儿语言发展的关键期，他们开始形成更加复杂的句子结构，并尝试使用更丰富的词汇来表达自己的想法和感受。游戏作为婴幼儿非常喜爱的活动之一，能够为他们提供大量实践和练习语言的机会。在游戏中，婴幼儿可以自由地表达、交流、合作，从而在不知不觉中提高语言能力。教育者可以设计一些贴近婴幼儿生活的情景模拟游戏，如"家庭餐厅""小小消防员"等。在游戏中，婴幼儿需要扮演不同的角色，并通过对话来完成任务。例如，在"家庭餐厅"游戏中，婴幼儿可以扮演厨师、服务员和顾客等角色，通过点餐、上菜、结账等环节练习使用礼貌用语和简单的交际用语。这样的游戏不仅可以锻炼婴幼儿的语言表达能力，还可以培养他们的社会交往能力。教育者还可以开展一些富有挑战性的语言游戏，如"快速问答"，在游戏中，设置一些语言上的难题或限制条件，鼓励婴幼儿快速思考并准确表达。例如，在"快速问答"游戏中，教育者可以提出一系列与日常生活相关的问题，要求婴幼儿迅速回答。这样的游戏能够激发婴幼儿的语言创造力和想象力，促进他们语言能力的进一步提升。

2. 组织多种活动，发展婴幼儿语言

多样化的活动能够为婴幼儿提供不同的语言实践场景和机会，有助于他们全面发展语言

能力。这些活动可以涵盖听、说、读、写等多个方面，通过丰富的感官刺激和情感体验来激发婴幼儿的语言学习兴趣和动力。教育者可以选择适合婴幼儿年龄段的优秀绘本或故事书，通过生动的讲述来吸引婴幼儿的注意力。在讲述过程中，可以适时地停下来引导婴幼儿观察图画、猜测情节或复述关键信息。例如，在讲述《三只小猪》的故事时，可以问婴幼儿："你们猜接下来会发生什么？"或"你能告诉我，第一只小猪是怎么盖房子的吗？"通过这样的问题引导，鼓励婴幼儿积极参与故事讲述和复述过程，提高他们的语言理解和表达能力。教育者还可以组织一些创意写作或绘画活动，鼓励婴幼儿用图画或文字来表达自己的想法和感受。在活动中，可以提供一些主题或线索来激发婴幼儿的创作灵感，如"我最喜欢的动物""我的梦想"等。婴幼儿可以通过绘画或涂鸦来描绘自己的想象世界，并用简单的文字或符号来标注或描述。这样的活动不仅能够锻炼婴幼儿的想象力和创造力，还能促进他们书面语言的发展。

相关链接

看图说话

发展目标：

（1）学习认真观察图片。

（2）学习语言组织和表达。

游戏玩法：

（1）准备两组图片：单纯的形象图、带有一定情节的图片，但构图不能太复杂。

（2）与孩子一起认读简单的形象图。展示图片给孩子，与孩子一起朗读图片形象的名字。如果是动物形象，还可以模仿动物的声音与动作。

（3）当孩子熟悉图片并且能够相对完整地表达一句话以后，给孩子一些有趣的情境图，与孩子一起说一说图片上画的是什么。

（4）活动延伸。与孩子一起想一想图片"外面"会发生什么故事，鼓励孩子讲出来。

游戏建议：

（1）选择的图片要形象、生动，构图简单，符合孩子的生活经验。

（2）教育者要耐心做示范，循序渐进。

效果自测

序号	学习要点	学生自评达到的程度
1	0~1岁婴儿语言学习支持要点	☆☆☆☆☆
2	1~2岁婴幼儿语言学习支持要点	☆☆☆☆☆
3	2~3岁婴幼儿语言学习支持要点	☆☆☆☆☆

项目小结

照料者在婴幼儿的语言发展过程中扮演着至关重要的角色。从婴儿出生的第一天起，通过建立语言环境、刺激听觉发展、进行互动游戏、利用视觉与触觉辅助以及在日常护理中进行语言互动，可以有效促进婴儿的语言启蒙。随着婴儿的成长，通过增强语言输入、鼓励发音尝试、利用视觉和触觉辅助、进行阅读启蒙以及观察与反馈，可以进一步丰富他们的语言体验，提升语言理解能力。1岁以后通过多与婴幼儿交谈、鼓励其说完整句、开展多种语言游戏，以及利用儿歌故事等文学作品，可以显著促进婴幼儿的语言表达能力。同时，针对不同年龄段的婴幼儿，照料者需要灵活调整策略，如帮助婴幼儿掌握新词、开展早期阅读指导、正确对待婴幼儿提问，以及利用游戏和活动来发展婴幼儿的语言能力。总之，持续、有效的语言学习支持策略对婴幼儿的语言发展具有深远的影响，能够为他们未来的学习和成长奠定坚实的基础。

思考与练习

一、选择题

1. 一般到了（　　）左右，语词才逐渐从复合情境中分离出来，真正作为独立信号引起婴幼儿相应的反应。
   A．6个月　　　　　B．9个月　　　　　C．11个月　　　　　D．15个月
2. 1~1.5岁婴幼儿处于（　　）。
   A．学话萌芽阶段　　B．单词句阶段　　C．简单句阶段　　D．复合句阶段
3. （　　）是掌握语音的关键时期，也是语音可塑性最大的时期。
   A．婴儿期　　　　　B．幼儿期　　　　C．学龄期　　　　D．青春期
4. 1岁半的婴幼儿想给妈妈吃饼干时，会说："妈妈……饼……吃"，并把饼干递过去，这表明该阶段婴幼儿语言发展的一个主要特点是（　　）。
   A．电报句　　　　　B．完整句　　　　C．单词句　　　　D．简单句

二、案例分析

齐齐的父母由于工作很忙，齐齐刚满月就被送到乡下奶奶家。奶奶是个沉默寡言的人，虽然她很疼爱齐齐，但不善于与齐齐进行语言上的交流。齐齐2岁时被父母带回城里，但齐齐妈妈发现齐齐基本上不怎么会说话，只懂得少量的词和一些简单的句子。齐齐会用"来"这个词描述所有他看到的并且能说出来的东西。例如，"汪汪……来""牛奶……来"。而同龄的孩子此时已经可以说很多完整的句子，甚至能背简单的儿歌。齐齐妈妈认为，过一段时间齐齐就会有进步。因此，每当齐齐用他的句型说出一句话的时候，齐齐妈妈还是会鼓励他，表扬他有进步。可是几个月之后，齐齐的词汇量并没有明显增加，齐齐妈妈开始担心，周围的邻居也劝她带孩子到医院去检查。

问题和讨论：

（1）齐齐说话晚是生理现象吗？

（2）如何改变齐齐目前语言发展的状况？

拓展实训

请选择0~3岁任一阶段的婴幼儿，针对其语言发展的某一方面（语音、词汇、句子、语用）设计一个语言游戏。

项目五 婴幼儿认知发展与早期学习支持

知识目标

1. 掌握婴幼儿感知觉、注意、记忆、思维发展的特点。
2. 理解婴幼儿早期认知学习活动原则。
3. 掌握婴幼儿早期认知学习支持策略。
4. 了解婴幼儿感觉统合相关知识。

能力目标

1. 能够根据婴幼儿的认知发展特点设计和实施相关学习支持活动。
2. 能够运用有效的训练方法帮助婴幼儿提高认知能力。
3. 能够支持婴幼儿感统能力的提升。

素质目标

1. 了解早期认知的重要性,乐意投入时间和精力支持婴幼儿的认知发展。
2. 重视感觉统合的价值,树立婴幼儿感统训练的意识。

思维导图

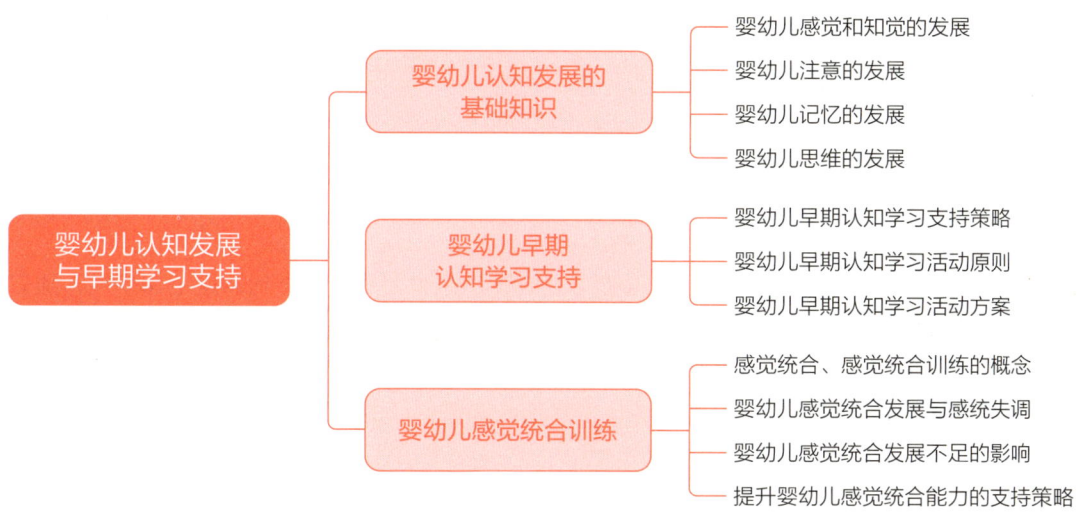

项目导读

婴幼儿出生后是怎样与周围的环境进行互动的？他们是怎样接收外界信息，形成对外部世界的认识的？他们的内在心理过程是如何发生变化的？本项目将从婴幼儿认知发展的基础知识入手，探索婴幼儿早期认知学习支持，了解感觉统合发展的基本内容与相关训练方法。

任务一　婴幼儿认知发展的基础知识

任务目标

1. 掌握婴幼儿感觉和知觉的发展特点。
2. 了解婴幼儿注意和记忆的发展特征。
3. 掌握婴幼儿思维的发生和思维发展的一般趋势。

案例导入

心心刚满1岁，每当家里来了客人，她都会好奇地盯着客人看。一天，家里的客人给她带来一个玩具电话，心心兴奋地立刻伸手去抓，独自玩了许久。几天后，这个客人又来到心心家里，心心看到他立刻开心地笑了，仿佛还记得上次送她玩具带来的快乐。

心心的这些反应，说明她的认知在不断发展。那么，婴幼儿的认知是如何一步步发展的呢？

核心知识

认知是个体对客观世界的认识活动,是人脑接收外界输入的信息,通过感知觉、注意、记忆、思维等认知因素的处理,将信息转化为内在的心理活动,从而实现对个体行为的控制和调节。下面从感知觉、注意、记忆、思维四个方面阐述0~3岁婴幼儿认知发展的基础知识。

一、婴幼儿感觉和知觉的发展

曾经在很长一段时间内,初生婴儿被认为是没有感知能力的,直到20世纪60年代,随着心理学研究技术的不断发展,才使人们惊异地发现初生婴儿具有的感知能力大大超出了人们的已有认识。他们从呱呱坠地的那一刻起,就调动了几乎人类所有的感知觉系统,甚至有了记忆和情绪体验,会根据自己的感知经验来修正或调整自己的行为。

(一)婴幼儿感觉的发展

1. 视觉

视觉是人们主要的感知渠道。婴幼儿视觉的发生发展情况主要表现在以下几个方面。

(1)视觉的发生

相关研究发现,4~5个月的胎儿就已经有了视觉反应能力和相应的生理基础。新生儿一出生就有眨眼反射和瞳孔反射,他们已能进行某些视觉活动。通过对新生儿瞳孔反射的观察得知,新生儿自出生后便能立即觉察眼前的亮光,还能区分不同明度的光,只是敏感度远低于成人。

(2)视觉集中的发展

婴幼儿出生后的2~3周内,成人常常可以看到他们两眼的不协调运动,说明婴幼儿集中的视觉活动尚未形成。2~3周后,他们两眼的不协调现象消失了,开始对光和物有集中的视觉反应,但还不能长久地把视线集中在一个物体上。新生儿还不能有效地控制双眼跟随物体的运动,而是跳跃式的注视,因而不能形成连续的视觉。2个月左右,婴幼儿有了明显的视觉集中活动,并能够随着物体的移动而移动自己的目光。3个月时,婴幼儿的视觉集中表现得更灵活,能够用眼睛搜寻附近的物体,并追随物体做圆周运动。从第5~6个月起,婴幼儿能够长时间注视远距离的物体,如街上的汽车灯。此后,婴幼儿的视觉集中进一步发展,开始对事物进行积极的观察。

(3)视敏度的发展

由于初生婴儿的晶状体不能自动调节,因而投射到视网膜上的形象比成人模糊。相关研究表明,新生儿最佳视距在20厘米左右,相当于母亲抱着孩子喂奶时,两人脸与脸的距离。

学者黑斯(Haith,1990)总结了一系列研究后指出:新生儿的视敏度为6/60到6/120,即新生儿能在6米处看见正常成人在60米或120米处看见的东西,其后视敏度迅速、稳定发展。

随着月龄的增加,婴幼儿的视敏度(图5-1)越来越精确,婴幼儿4个月开始建立立体视觉,对距离有了判断;到6个月时,其视敏度大概是成人的20/100;12个月时,婴幼儿的视敏度接近成人水平。

另有研究表明,0~6个月是婴幼儿视敏度发展的关键期,这个时期如果出现发育异常将造成视力丧失。

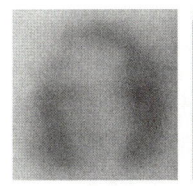 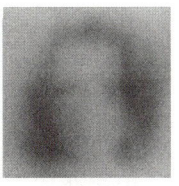 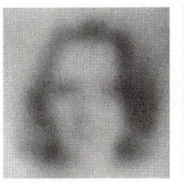 

1个月　　　　2个月　　　　3个月　　　　成人

图5-1　婴儿视敏度和成人的对比

图片来源：约翰·W.桑特洛克. 毕生发展［M］. 上海：上海人民出版社，2009：181.

（4）颜色视觉的发展

颜色视觉在婴幼儿出生后头几个月就会出现。新生儿出生不久就会对彩色表现出视觉偏好。婴幼儿学家斯梯布尔通过研究发现，3个月的婴儿注视彩色圆盘的时间是灰色圆盘的2倍。

4~8个月的婴幼儿，对不同的彩色表现出了偏爱，他们喜欢波长较长的暖色调，而红颜色特别能引起他们的兴奋。

2岁左右的婴幼儿能认识一些颜色，他们认识基本色（如红、黄、蓝、绿）要比认识混合色（如蓝绿）和近似色（如大红与浅红，深黄与浅黄）容易；婴幼儿对颜色的辨认早于对颜色名称的掌握。

3岁左右的婴幼儿开始能说出一些颜色的名称。他们喜欢明亮的颜色，不喜欢暗淡的颜色。2~3岁婴幼儿对颜色偏爱的一般顺序为红、黄、绿、橙、蓝、白、黑、紫。

2. 听觉

（1）听觉的发生

研究发现，早在婴幼儿出生前，他的听觉系统就开始发挥很好的作用。妊娠20周的胎儿已经具备听觉能力。25周的胎儿对声音刺激能做出身体运动反应，并伴随有生理指标的变化。28周的胎儿对靠近母亲腹部的响亮的声音震动刺激表现出惊跳反射。

（2）听觉敏锐度的发展

婴幼儿的听觉敏锐度不如成人。新生儿对较弱的声音不敏感，必须将成人能够听到的弱小声音放大很多倍，他们才能听到。在最好的情况下能听到的最轻声音也要比成人高10~20分贝，最差时要比成人高40~50分贝。

婴幼儿对某些较高和较低频率的声音比成人更敏感，这种敏感能力在其2岁之前逐渐增强。另外，婴幼儿最初对中等频率的声音不如成人敏感，但最终他们在这方面的能力会提高。令人困惑的是，过了这个时期，他们对极高频和极低频的声音的听觉能力将逐渐下降。

（3）听觉定位

婴幼儿在出生后几个月就具备相当好的声音定位能力了。曾有研究者对出生4个月的婴幼儿做过确定声源方位的实验，即在婴幼儿的左边或右边放一个声源，结果婴幼儿能正确地将头转向发声的一边（图5-2）。

（4）语音和音乐听觉

新生儿对语音的刺激非常敏感，他们不仅能够对语音进行辨别，而且还表现出对语音的偏好。如果在正常的说话声与音乐、混乱的声音中选择，他们更喜欢正常的说话声。婴幼儿出生后几天就能辨别不同人的声音，尤其表现出对母亲声音的偏好。出生不到一周的婴幼儿已经能区分元音a和i。1个月的婴幼儿已经能辨别纯音之间的差异（如200赫兹和500赫兹的声音）。2~3个月的婴幼儿已经能够分辨非常相似的发音（如ba和pa）。4个多月时，婴幼儿

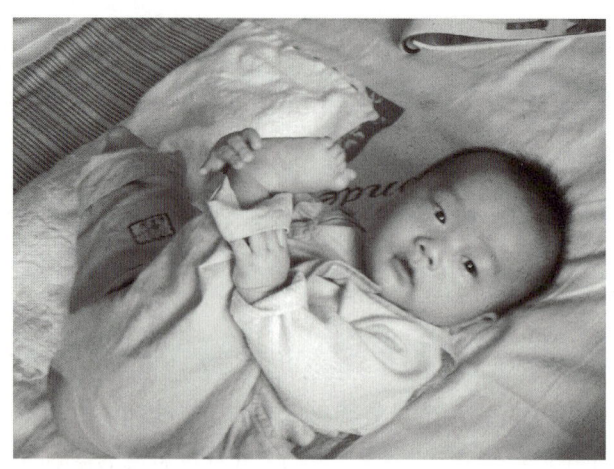

图5-2 4个月的婴幼儿在听到声音后停止啃脚，转向声源

能够分辨经常听到的词语，如听到自己的名字会将头转向声音传来的方向，如果是他人的名字，则不会有这种反应。

研究发现，24小时内的新生儿就能分辨乐音与噪声，并且表现出对乐音的喜好；2个月就能静静地倾听音乐了；3~3.5个月的婴幼儿能区别音乐的音色；5个月的婴幼儿已经能感知音乐旋律的变化；18个月的婴幼儿已经能协调身体运动和音乐节奏之间的关系。这一切都表明，婴幼儿刚出生时，听觉的发展水平高于视觉。他们的听觉能力在12~13岁以前一直在增长，成年后逐渐下降。

3. 肤觉

（1）触觉的发展

触觉在所有感觉中是发生最早的。研究表明，49天的胎儿就已经具有了初步的触觉反应。婴幼儿出生时已经具备了超出成人想象的发达的触觉，婴幼儿的唇、手掌、脚掌、前额、眼皮都非常敏感。

婴幼儿对外界事物的触觉探索活动主要包括口腔触觉和手的触觉这两个过程。婴儿的口腔触觉十分敏感。学者洛克贝特（Rocbat，1983）经过实验研究发现，1个月的宝宝已能凭借口腔触觉辨别不同软硬程度的乳头，4个月的宝宝则能同时辨别不同形状和软硬程度的乳头。手的本能性触觉反应在婴儿刚出生时也已表现出来，比如抓握反射。随后婴幼儿会出现一些无意识的手的触觉活动。一般而言，要到4~5个月以后，婴幼儿手眼协调动作的发生，才会有真正意义上的手的触觉探索。双手探索的协调要在7个月以后。婴幼儿掌握了手眼协调能力之后，会用手去摆弄物体，把物体抓在手里，挤它或把它转来转去。再大一些时，婴幼儿能双手转动物体，而且动作都有视觉伴随。这时，婴幼儿还可以从多个角度认识物体，触觉和视觉协调能力真正起到探索的作用。

（2）痛觉的发展

新生儿出生时就具有体验痛苦的能力。他们对疼痛的反应存在一个过程，例如在进行脚踝抽血化验时，新生儿要过数秒之后才有反应，随着年龄增长，婴幼儿对疼痛的反应会越来越敏感。

（3）温度觉

新生儿的温度觉比较敏锐，对低于体温的温度比高于体温的温度更敏感。由于婴幼儿缺乏对温度的认知，成人要对其加以保护。

4. 味觉

（1）味觉的发生

胎儿在第8周时味蕾开始发育，大约在第14周时，味蕾的神经和成长中的大脑皮质连接起来，胎儿就可以津津有味地品尝羊水了；在28～32周时，胎儿味觉的神经束已髓鞘化。所以，婴幼儿自出生时，味觉已发育完善。

（2）味觉的发展

新生儿的味觉十分敏锐，能分辨甜、咸、酸、苦的味道，并表现出对甜味的明显偏爱。几个月的婴儿对味觉上的差异特别敏感。因此，要让婴幼儿在很小的时候就习惯适应各种味道的食物，防止形成偏食习惯。

5. 嗅觉

（1）嗅觉的发生

研究表明，从6个月开始，胎儿就能闻到母亲吃的食物的气味。到7～8个月时，胎儿的嗅觉感受器已经相当成熟，有了初步的嗅觉反应能力，并能区分几种不同的气味。

（2）嗅觉的发展

出生不到12小时的新生儿即表现出一定的嗅觉，对各种气味做出不同的反应。新生儿已具有初步的嗅觉空间定位能力，比如能凭嗅觉找到妈妈乳头的位置。研究发现，母乳喂养的1～2周大的婴幼儿能根据母亲身上特有的气味将母亲与其他女性区分开。随着大脑的成熟和经验的积累，婴幼儿的嗅觉到1岁左右已经和成人大体相当。

（二）婴幼儿知觉的发展

1. 形状知觉的发展

婴幼儿在3个月时已有了分辨简单形状的能力。在8～9个月之前就获得了形状恒常性。3岁前能掌握一些简单的几何图形，如圆形、三角形、方形。婴幼儿识别几何图形的能力比掌握几何图形的名称要早。

2. 距离知觉的发展

为了探讨婴幼儿何时有了距离知觉，美国心理学家吉布森和沃克设计了"视觉悬崖"实验（图5-3）。实验表明：2个月的婴幼儿已有深度知觉，但其知觉所引起的反应是好奇而非恐惧。6个月的婴幼儿在悬崖边心跳加速，说明他的知觉已经发展到了知其恐惧的地步。

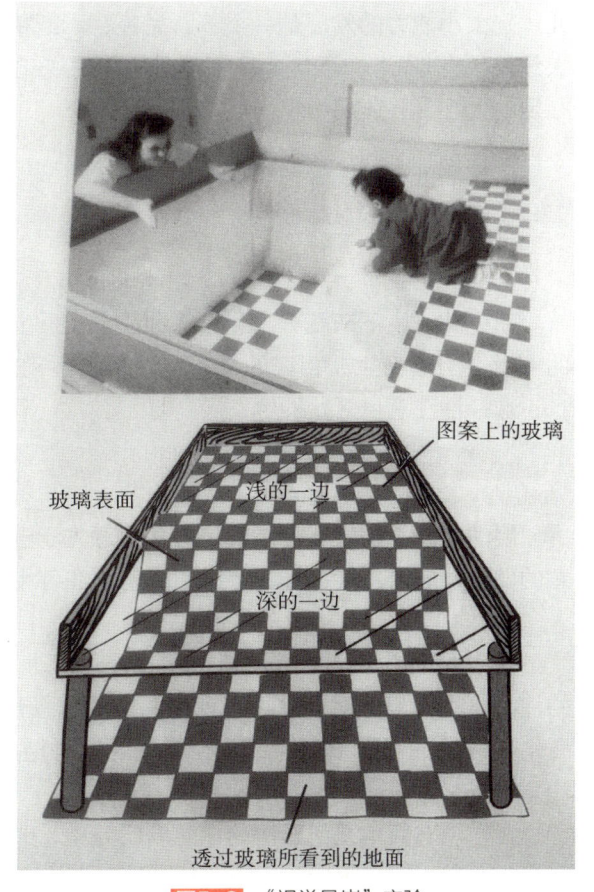

图5-3　"视觉悬崖"实验

图片来源：理查德·格里格，菲利普·津巴多. 心理学与生活［M］. 北京：人民邮电出版社，2003.

"视觉悬崖"实验

一块大的玻璃平台，中间放有一块略高于玻璃的中央板。板的一侧玻璃上铺有一块格子形的图案布，因为它与中央板的高度相差不多，看起来像个"浅滩"。在中央板的另一侧离玻璃几十厘米深的地面上也铺上同样格子形的图案布，使儿童造成一种错觉——这里像"悬崖"。然后把6.5~14个月的婴儿放在中央板上，让孩子的母亲分别在"浅滩"和"悬崖"两边招呼孩子。实验结果表明，36名被试中有27名婴儿愿意从中央板爬过"浅滩"来到母亲身边。只有3名婴儿"冒险者"爬过"悬崖"。大多数婴儿见到母亲在"悬崖"一边招呼时，不是朝母亲那边爬，而是朝离开母亲的方向爬，还有一些婴儿哭叫起来。

资料来源：刘金花. 儿童发展心理学[M]. 上海：华东师范大学出版社，2013.

婴幼儿虽然有了距离知觉，但他们的距离知觉是不够精确的，随着年龄增长，其距离知觉能力不断发展。

3. 大小知觉的发展

研究表明，大小恒常性的基础感知能力在新生儿期就已存在，但范围非常有限；4~6个月时婴幼儿能稳定感知物体大小随距离的变化，并能辨别大小差异。学者杨期正认为，婴幼儿辨别大小能力的发展是一个不断完善、不断精确的渐进过程。婴幼儿判别物体大小的能力大约发生在1岁半，至28个月左右有显著的变化，是发生进程的飞跃期。此后能正确地判别一定的大小，并能用相应词汇表达。[①]

二、婴幼儿注意的发展

（一）注意的发生

新生儿一生下来就有注意，这种注意实质上是先天的定向反射，即环境中特别的或新异的刺激会引起新生儿相应的自主神经系统活动，并表现出外在的身体运动。随着年龄的增长，选择性注意也开始发生发展。

（二）注意的发展

婴幼儿注意的发展遵循着定向性注意先于选择性注意、无意注意的发生发展早于有意注意的发生发展的一般趋势。上述一般趋势在各年龄阶段的具体表现如下。

1. 1岁前婴幼儿注意的发展

新生儿期（自出生后到满28天）后，婴幼儿每天清醒的时间迅速延长，这个时期他们的注意迅速发展，对刺激物表现出一定的选择性反应，即选择性注意的萌芽。1个月左右的婴幼儿开始注视母亲的脸或其他活动的、鲜艳的物体，而对人脸的注意多于对其他事物的注意。

在一项对简单几何形体的注意的研究中，0~3个月的婴幼儿注意选择性有明显变化。一

---

① 杨期正，王默君，陈珊. 婴幼儿判别物体大小能力发展的初步研究[J]. 心理科学通讯，1981（2）.

方面，从注意局部轮廓向有组织地注意全面的轮廓发展；另一方面，从注意形体外周向注意形体内部因素发展。

3～6个月之后，婴幼儿的平均注意时间缩短，探索活动更加主动积极，偏爱较为复杂和有意义的视觉对象；看得见的和可操作的物体更能引起婴幼儿注意的兴趣。

6个月之后，婴幼儿的注意不再仅仅局限于视觉方面，而是以更复杂的形式表现出来：如选择性够物、选择性吮吸、选择性抓握。这一时期婴幼儿选择性注意越来越受知识与经验的支配。比如，婴幼儿对熟悉的面孔微笑、对陌生面孔焦虑就是由经验和社会性认识控制的注意现象。

2. 1～3岁婴幼儿注意的发展

1岁以后，语言和认知的系列发展促使婴幼儿的注意进一步发展。这一阶段婴幼儿注意的发展主要有以下几个方面的表现。

①注意的发展开始受表象的影响。1.5～2岁婴幼儿的表象开始发生，他们的注意开始受表象的直接影响。当眼前事物和已有表象或事实与期待之间出现矛盾或较大差距时，婴幼儿会产生最大的注意。

②注意的发展开始受语言的支配。1岁以后，婴幼儿的语言初步形成。在1～3岁期间，语言活动不仅能够引起婴幼儿的注意，而且支配着婴幼儿注意的选择性。语言的发生发展拓展了婴幼儿的注意领域。1岁半以后，婴幼儿开始能够集中注意看图片、念儿歌、听故事、看电视等，这为婴幼儿的记忆和学习活动提供了更为广阔和丰富的认知世界。

③注意的持续性延长，注意的事物增加。婴幼儿的很多有趣的认知和社会活动都发生在持续性注意的过程中。在持续性注意过程中，婴幼儿会记住这个刺激，并对它产生熟悉感，接下来婴幼儿就很少再出现对这个刺激的定向反应和持续性注意行为。婴幼儿早在3个月时就开始出现5～10秒的持续性注意。从3个月到1岁半，持续性注意的时间不断增加。2岁以后，婴幼儿在活动中注意的时间逐渐延长，注意的事物逐渐增多，范围也越来越广。2岁半到3岁，婴幼儿注意集中的时间进一步延长，最多能集中注意20～30分钟。注意和认知过程相结合，使婴幼儿获得了更多的知识。

三、婴幼儿记忆的发展

（一）记忆的发生

很多研究证实，在胎龄6～8个月时，胎儿开始记忆感觉信息和情绪信息。许多新生儿在情绪不宁时，投入母亲怀抱、倾听母亲的心跳就能停止哭闹并较快入睡，这说明新生儿在母体中记住了母亲的心跳，熟悉的心音节奏唤起了其胎儿的记忆，进而产生了安全感等情绪体验。国内外很多研究者利用给胎儿听音乐、讲故事等胎教方式，也验证了胎儿在妊娠末期已具有初步的听觉记忆能力。

（二）记忆发展的年龄特征

1. 新生儿的记忆

新生儿记忆的主要表现之一是对某种条件刺激物形成条件反射。研究发现，新生儿在被抱成通常的哺乳姿势时，会呈现出寻找、张嘴、吸吮等一系列反应。这表明，新生儿已经"记住"了喂奶的"信号"——姿势。这种条件反射发生在新生儿出生后10天左右。还有研究发现，出生后1~3天的新生儿即可以形成出现铃声就把头向右转的条件反射。

出生才几天的新生儿，就能对多次出现的图形产生"习惯化"。反复给新生儿呈现一定结构的图形或一定色调的色块，时间久了，当这个刺激再出现时，他们就不再注视。

2. 0~1岁婴幼儿的记忆

0~1岁婴幼儿的记忆随着年龄的增长不断发展。首先，随着年龄的增长，婴幼儿对信息的保持时间逐步延长，对特定经验的"编码"也越来越多，对周围环境中的精细特征会越来越敏感。其次，0~1岁婴幼儿的再认能力也有所发展，胎儿及新生儿的记忆，从其恢复形式看都属于再认，但是比较粗略。明显的再认能力出现在6个月左右，这时婴幼儿开始"认生"。最后，0~1岁婴幼儿的回忆也有所发展。7个月以后的婴幼儿能寻找从视野中消失的物体，9个月的婴幼儿在实验条件下出现了延迟性模仿，这些都表明婴幼儿的回忆开始萌芽。

总的来说，1岁前婴幼儿的记忆依赖于与事物接触的频率，即反复多次接触的事物容易被其记住。

3. 1~3岁婴幼儿的记忆

（1）记忆的遗失

大量的研究发现，婴幼儿期有记忆现象，但3岁前婴幼儿的记忆一般不能永久保持，以至于人们在成年后对3岁前的经历几乎不能回忆起来。这种记忆的遗失现象也被称为"幼年健忘"。

（2）自传体记忆

1.5~2岁时，婴幼儿能在成人的帮助下谈论过去的事，表明他们有了记忆比较复杂的事件的能力，产生了自传体记忆。

（三）记忆发展的一般特点

1. 记忆保持时间的发展

随着年龄的增长，婴幼儿记忆保持的时间逐渐延长。1岁前再认保持的时间只有几天，2岁后可能延长到几周。

2. 记忆提取方式的发展

随着年龄的增长，婴幼儿的记忆提取方式也在发生变化。他们最初的提取方式都是再认，2岁左右才逐渐出现再现，而且婴幼儿时期，再现都落后于再认。

3. 记忆内容的发展

婴幼儿记忆的内容随着年龄增长而发展。大约在出生后2周就出现了运动记忆，大约6个月左右出现情绪记忆，6~12个月出现形象记忆，1岁左右出现语词记忆。

4. 记忆容量的发展

学者曼德勒（Mandler）、鲍尔（Bauer）等的一系列研究，探讨了婴幼儿模仿一系列榜样动作的能力，结果发现：婴幼儿不仅能够记住单独的各个动作，而且能够记住相关动作的顺序。自出生至13个月期间，婴幼儿能再现简单的由3个动作构成的系列；24个月时，能够记住5个步骤的顺序；30个月时，这种记忆广度能够提高到8个不同动作所构成的顺序。

5. 记忆策略萌发

一般认为，由于0~3岁的婴幼儿以无意识记忆为主，他们很少表现出使用策略的痕迹。但是学者德洛齐（Deloache）等的研究却发现，类似策略的行为早在学步儿阶段就已经出现。

还有研究发现，2~3岁的婴幼儿已能够利用存在于两组之间的知觉差异形成类别，从而有利于其记住。研究者认为，在某些记忆情境中，婴幼儿明显的或许是有意的改变其行为，这些行为很可能是年长儿童比较复杂、概括化和有效策略的先兆。

四、婴幼儿思维的发展

（一）婴幼儿思维的发生

思维与其他认识过程最本质的不同在于间接性、概括性和解决问题，判断婴幼儿思维发生的指标就是这三个特征。新生儿只有一些先天的本能反应，不具备这些特征，因此他们没有思维。但是，随着婴幼儿的成长，在与环境相互作用下，他们的认知中逐渐出现对客观事物的间接、概括的反应，其思维开始萌芽。

11~12个月的婴幼儿，会用手指向想要的东西或者想去的地方，本质上是通过动作向成人表达自己的意愿，这种表意性动作的出现，标志着他们的认知出现了间接性。1岁以后，婴幼儿开始按照物体的性质进行操作，比如用勺子喂布娃娃，不会喂小汽车；把小汽车放在地上用力推动轮子让其跑起来，用同样的方式去推动小推车的轮子。对同一类物体用同一种动作，这种工具性动作的出现，标志着他们的认知出现了概括性。婴幼儿在表意性动作和工具性动作发展的基础上，开始用"尝试错误"的方式解决问题。比如，成人将一盒饼干放在桌子上，婴幼儿一开始会直接用手去够这盒饼干，可是尝试了几次都够不到，偶然间他的手拽到了桌布，他观察到饼干盒会随着桌布的挪动而越来越靠近自己，于是他开始拽动桌布直至拿到饼干。这种解决问题的智慧性动作的出现，标志着他们的思维发生。

（二）婴幼儿思维发展的一般趋势

1. 从思维方式发展角度来看

（1）直觉行动思维是婴幼儿最先出现的思维方式

直觉行动思维，也称动作思维，实际上是"手和眼的思维"。直觉行动思维是在婴幼儿感知觉和有意动作，特别是一些概括化的动作的基础上产生的。婴幼儿摆弄一种东西的同一动作会产生同一结果，这样在头脑中形成了固定的联系，以后遇到类似的情境就会自然而然地使用这种动作，而这种动作已经可以说是有概括化的有意动作。这种概括性的动作就成为婴幼儿解决同类问题的手段，即直觉行动思维的手段。

处于这一阶段的婴幼儿的思维特点表现为：

①具有直观性和行动性。一方面，思维离不开对具体事物的直接感知，另一方面思维离不开自身的实际动作。离开感知的信息输入，脱离实际的行动，婴幼儿思维就会随之中止或转移。2岁以内的婴幼儿游戏离不开玩具就是这种思维特点的表现。

②表现出初步的间接性和概括性。思维的间接性和概括性除了表现在通过动作向成人表达自己的意愿和根据物体的特点和性质进行活动外，概括性还表现在感知方面，婴幼儿常以事物的外部相似特点为依据进行直觉判断。比如，自己的爸爸是军人，看到穿军装的年轻人也喊爸爸；有了推动小汽车向前跑的经验之后，看到"带轮子"的算盘也当汽车推着玩。尽管这种概括性反应的只是事物之间简单、表现的相似指出，但也是对事物之间关系的一种认识，是对事物特性进行初步比较的结果。

③缺乏行动的计划性和对行动结果的预见性。由于直觉行动思维是和感知、行动同步进行的，所以在思维过程中，婴幼儿只能思考动作所触及的事物，只能在动作中而不能在动作之外思考。因此婴幼儿不能计划自己的行动，也不能预见自己行动的结果。例如，1岁左右的孩子在涂鸦时，往往在画之前并不知道自己要画什么，而是边画边想，画成什么样子就是什么样子。

④表现出明显的狭隘性。这种思维以婴幼儿的直觉为基础，以具体动作为工具进行，思维的对象仅仅局限于当前直接感知和相互作用的事物，因此具有狭隘性，思维的广度不够。

（2）具体形象思维于2岁半开始萌芽

具体形象思维是依赖事物的直观形象或表象进行的思维。具体形象思维在2岁半之后开始萌芽。直觉行动思维是通过外部、展开的智慧动作进行的，是"尝试错误"式的。当用这种思维方式解决问题的经验积累多了以后，婴幼儿便不再依靠一次又一次的实际尝试，多余的动作开始减少，甚至一些动作不再尝试即可在脑中调用表象进行加工，思维过程逐渐由外显转变为内隐。婴幼儿在2岁末3岁初时已经实现了这种转化。

2. 从思维工具发展的角度来看

0～3岁的婴幼儿主要借助于动作进行思维。婴幼儿手眼协调动作产生以后，手部动作日益灵活，出现双手的配合活动。从6～8个月开始，婴幼儿在对物体反复接触中，兴趣中心逐渐从自身的动作转移到动作的对象上，反复扔东西、反复撕纸的行为是婴幼儿在认识自己的动作能带来什么影响。如图5-4所示，一个7个月的孩子把瓶子的盖子拿下来、盖上去，又拿下来、盖上去，这个动作一共重复了24次。这种现象说明即使7个月的孩子也已经能够通过手的动作开始探究事物之间的因果关系。整个婴幼儿期，动作是思维的主要工具。

图5-4　7个月的孩子反复盖瓶盖

2岁之后，婴幼儿的语言进一步发展，不仅能够理解简单句意，说出更多词汇，还为他们的思维发展注入强大动力，以语言和表象为中介，能够对客观事物进行间接思考和概括。到3岁之后，动作在思维活动中的作用越来越小，而表象和言语的作用将越来越大。

效果自测

序号	学习要点	学生自评达到的程度
1	婴幼儿感觉的发展特点	☆ ☆ ☆ ☆ ☆
2	婴幼儿知觉的发展特点	☆ ☆ ☆ ☆ ☆
3	婴幼儿注意的发展特征	☆ ☆ ☆ ☆ ☆
4	婴幼儿记忆的发展特征	☆ ☆ ☆ ☆ ☆
5	婴幼儿思维的发展趋势	☆ ☆ ☆ ☆ ☆

任务二　婴幼儿早期认知学习支持

🎯 任务要求

1. 掌握婴幼儿早期认知学习支持策略。
2. 了解婴幼儿早期认知学习活动原则。
3. 能够根据婴幼儿的认知发展特点设计和实施相关活动。

🎯 案例导入

妈妈和浩浩一起玩积木，两个人搭了房子，又搭了火车……后来，妈妈看到浩浩把积木放到了自己的衣服口袋里，于是说："我们把方形的积木放到浩浩口袋里，把三角形的积木放到妈妈口袋里，好不好？"接着，两个人又继续玩了起来。

妈妈的引导让浩浩按照积木的形状进行了简单的分类，为浩浩的认知发展提供了必要的支持。婴幼儿认知发展的早期学习支持都有哪些呢？让我们一起来学习吧！

🎯 核心知识

婴幼儿的认知发展是一个连续不断的过程，每个阶段都有其特定的认知特点和任务。在早期阶段，他们既可以通过感知觉来探索世界，如视觉、听觉、触觉等感官的不断发展，使他们能够接收和识别外界的各种信息，也可以通过游戏和互动来探索、理解周围的世界。

一、婴幼儿早期认知学习支持策略

研究表明，婴幼儿是通过接触世界、探索环境、体验不同的感官刺激来不断塑造和扩展认知能力的。作为父母或教师，应给婴幼儿提供必要的早期支持，帮助婴幼儿在这一阶段实现认知能力的最大提升。婴幼儿认知发展的早期支持策略主要有以下几个。

（一）保护婴幼儿的感官

感官是婴幼儿认知的工具，是进行认知活动的必要条件。婴幼儿只有具备良好的感官才能顺利完成认知活动。因此，成人要引导婴幼儿保护好感官。

眼睛是婴幼儿进行感知的主要感官，要注意保护眼睛。为了确保眼睛健康，要做到以下几点：①为婴幼儿提供足够的营养，通过合理饮食等方式确保维生素A、维生素D等营养物质的摄入。②注意用眼卫生，婴幼儿的生活和学习环境要保持光线适中，从事阅读、拼搭、弹钢琴等活动时应注意正确的姿势和适当的距离，避免长时间的近距离用眼。③每天要保障必要的户外活动时间，使婴幼儿的眼睛能够充分接收自然光线，进而抑制视力问题的出现。④进行必要的视力检查，以便及时发现问题、及早进行干预。

听力方面，婴幼儿生理发育还不完善，抵抗力差，有些疾病会引发听力方面的问题。需要做到以下几点：①注意婴幼儿生活和学习的环境安静、舒适，避免噪声对其听力的损伤。②注意婴幼儿的听力缺陷问题，做到早发现、早治疗。

（二）激发认知兴趣，保护好奇心和求知欲

婴幼儿的认知活动大多是无意的，有意的认知活动也是在对事物产生兴趣之后才开始的。婴幼儿通常对什么样的事物感兴趣呢？①婴幼儿喜欢活动、变化的事物。比如，他们对动物园里真实的动物的喜欢程度高于图片上的动物，因为动物园里的老虎会奔跑，熊猫会吃竹笋，而图片上的动物是静止的。同样，动画片也比画册更吸引婴幼儿，动画片中抑扬顿挫的声音、夸张的语调都是变化的，比静止的画册更有吸引力。②婴幼儿喜欢色彩鲜艳的事物。比如，他们爱玩五颜六色的玩具，看到色彩缤纷的花又看又闻又摸，不喜欢没有色彩的事物。③婴幼儿喜欢新奇的，没有见过的事物。凡是在他们周围出现的新事物，他们都要去摆弄一番。

好奇心是激发婴幼儿认知的动力。成人要允许婴幼儿多观察周围事物，给他们留出观察的时间和空间，这样才能保护婴幼儿的好奇心。比如，孩子走在路上突然停下来观察路边的植物或者小爬虫，在确保孩子安全的情况下，应允许孩子观察一会儿，不必急着催促，等观察结束后，可以让孩子简单说说自己观察到了什么、为什么突然停下来。

此外，2岁以后的婴幼儿会经常向成人提出各种认知方面的问题，成人应对婴幼儿提问的行为保持耐心并及时鼓励他们爱思考、爱提问的行为。

（三）提供丰富且适宜的感官刺激

婴幼儿时期是认知能力快速发展的时期。成人可以通过多种方式为婴幼儿提供丰富的感官刺激。感官刺激可以是视觉的、听觉的、触觉的，也可以是味觉的、嗅觉的。婴幼儿需要利用感官来探索这些刺激，通过多听、多看、多摸、多嗅等途径感知这个世界。

成人可以多带婴幼儿到户外活动感受自然风景（图5-5），也可以给婴幼儿展示颜色、形状、大小、图案各异的玩具，刺激他们的视觉发展；还可以引导婴幼儿倾听自然的声音，并多与婴幼儿交流，促进

图5-5 2岁多的孩子在沙滩上奔跑、玩耍

他们的听觉发展；让婴幼儿接触不同质地的物品，包括但不限于自然界的动物、植物、泥沙、雨水、不同材质的玩具等，促进他们的触觉发展；尝试不同的味道，促进他们的味觉和嗅觉发展；给婴幼儿一个容器，容器中放着一些物品，他们会尝试把物品从容器中取出来，再放回去，以此促进他们手眼协调能力的发展。

需要注意的是，过于丰富的环境并非都利于大脑发展，在突触数量不是无限发展的前提下，"无用"的刺激太多或者"有用"刺激流动的速度太快，会减少"有用"突触形成的机会。因此，过强、过量的感官刺激，并非都利于婴幼儿的认知发展，丰富且适宜的刺激对于婴幼儿的认知发展才是最有利的。

婴幼儿的认知发展除了需要良好的、能够便于他们积累感性经验的物理环境，还需要良好的情感和社交环境。

（四）创设良好的情感和社交环境

成人应通过语言、游戏等方式增强与婴幼儿的互动，在日常互动中促进婴幼儿的认知发展。成人应多与婴幼儿说话（即使他们还未开始说话），可以通过交流或描述周围的事物、正在做的事情的方式，增强他们对周围世界的感知；还可以通过讲故事、躲猫猫等互动方式，帮助婴幼儿提高理解能力。

无论是父母还是老师，都应为婴幼儿提供安全、稳定的情感支持。情感支持充足对婴幼儿的认知发展是有利的。研究发现，在安全型的依恋关系中，婴幼儿与母亲在一起时能愉快地玩耍、放心地探索，母亲离开后再回来时，他们也很容易平静下来，继续游戏。在安全型的依恋关系中，母亲对婴幼儿是充满感情的，在与婴幼儿互动时是温和的，对婴幼儿的各种需求的敏感性通常较高，因此对他们的反应比较及时。这些都为婴幼儿提供了良好的情感支持。教师也应帮助婴幼儿建立信任和有安全感的心理环境，通过倾听、关注、情绪支持、鼓励等方式，给予婴幼儿必要的情感支持，并将这些支持渗透于婴幼儿的游戏、学习和生活活动之中。

另外，还应创造机会鼓励婴幼儿多与同伴互动，帮助他们在社交中发展认知。在同伴交往中，不同的婴幼儿带有各自不同的生活经验和认知基础，在共同活动中也会表现出各不相同的行为。比如，即使玩同样的玩具，也会有不同的玩法，婴幼儿可以在同伴交往中分享知识经验，互相模仿、学习。同时，同伴交往可以给婴幼儿提供大量的同伴交流、协商、讨论的机会，婴幼儿之间可以一起探索问题的多种解决方式。这些都有利于婴幼儿扩展知识、丰富认知，发展解决问题的能力。

（五）教授婴幼儿观察的方法

观察的方法直接影响感知的效果。如果婴幼儿能掌握有效的观察方法，对其感知能力的提升有极大帮助。观察并不仅仅是看，也不仅仅是靠一看、一听、一摸就能发现事物的特征。很多事物需要反复、细致地观察，成人应选择恰当的时机进行引导。

在婴幼儿观察事物时，成人要有意识地引导他们采用有效的方法。比如，引导婴幼儿要想找出两幅图片的不同之处，就要先认清图片中的每一个物品，在此基础上再进行整体观察，在整体观察中比较个别地方的不同之处，这样便于婴幼儿在观察中进行分析、综合。而在进行同类事物的观察时，可以引导婴幼儿根据事物的主要特征进行对比观察。比如，引导婴幼儿认识苹果和梨时，可以让婴幼儿把苹果和梨放在一起对比，观察它们的外形、表皮以及果肉、果核有何相同和不同之处。这种对比观察可以加深婴幼儿对苹果和梨的完整印象。

（六）提高记忆及问题解决能力

成人可以采用重复活动、简单的记忆游戏等方式，帮助婴幼儿锻炼记忆能力。通过反复进行某些活动来帮助婴幼儿加深记忆，比如反复给婴幼儿唱同一首歌、讲同一个故事。通过匹配图案、找出隐藏的物品等游戏，帮助婴幼儿记住物品的特征和名称；通过和婴幼儿一起回顾当天发生的事情的方式，引导婴幼儿就经历过的事情在大脑中重新组织、理解和记忆。

解决问题能力是促进婴幼儿思维发展的主要方面。成人可以给婴幼儿提供适度的挑战，比如让他们自己拼装积木、自己尝试拼图等方式，锻炼他们独自解决实际问题的能力。当婴幼儿遇到困难时，成人应鼓励他们自己尝试解决，必要时提供适当的帮助。

二、婴幼儿早期认知学习活动原则

（一）目标定位适宜

在组织婴幼儿认知活动时，精准且适宜的目标定位是至关重要的基础。婴幼儿处于快速发展的阶段，不同年龄段其认知能力有显著差异。例如，6~12个月的婴儿正处于感知运动阶段，他们的主要认知任务是通过感官探索世界，活动目标可定位为鼓励婴儿对不同材质物品（如软布、硬塑料玩具）产生兴趣，通过触摸、抓握去感知物体特性；而2~3岁的婴幼儿开始进入萌芽期，能进行简单的象征性游戏，目标可转向帮助他们认识常见事物的名称、颜色等基础概念。深入研究婴幼儿的认知发展规律，通过观察其日常行为表现、分析专业儿童发展量表等方法，精准把握其现有认知水平，才能精准确定活动目标，确保活动能有效推动婴幼儿认知的稳步提升。

（二）内容选择适宜

内容是认知活动的核心，适宜的内容能充分激发婴幼儿的学习热情。由于婴幼儿身心发展的特殊性，内容需贴合其年龄阶段特点。对于小月龄的婴幼儿，可选择色彩鲜艳、有简单声响的玩具，吸引他们的视觉和听觉注意力，如摇铃类的玩具，颜色亮丽且摇晃时有清脆声音，能刺激婴幼儿感官发育；对于稍大些的婴幼儿，可引入形状配对、简单拼图等游戏内容，培养其观察力与空间认知能力。同时，内容要丰富多样，可涵盖认知自然（如认识常见的动植物）、认知生活物品（如餐具、衣物）等多个领域，注重习惯养成（如通过固定摆放玩具位置，培养秩序感）、能力提升（如通过串珠游戏锻炼手部精细动作）以及情感培养（如通过分享玩具游戏培养社交情感），以此构建多元化的内容体系，全方位促进婴幼儿身心发展。

（三）活动方式适宜

活动方式的合理性直接关系到婴幼儿的参与度与学习效果。婴幼儿天性活泼好动，注意力持续时间有限。因此，活动安排应动静交替，先进行安静的观察类活动（如看绘本），再开展活泼的运动类活动（如在爬行垫上追逐彩色气球），让婴幼儿身体和大脑都能得到充分锻炼且避免疲劳。活动组织形式上，集体活动能营造热闹氛围，让婴幼儿感受群体互动乐趣，如一起围坐唱歌，而分散活动则给予婴幼儿自主探索空间，像在不同区域设置不同主题玩具，让他们自由选择活动区域，尊重其个体兴趣差异，且要控制每次活动的时长，对于1~2岁的婴幼儿，单次活动以10~15分钟为宜，防止因时间过长导致他们失去兴趣、产生抵触情绪。

（四）内容生活化

生活是婴幼儿认知的第一课堂，选取生活化内容能降低认知难度，提升学习关联性。从婴幼儿熟悉的家庭环境入手，像认识家庭成员照片、辨别家中常见家具功能（如床是用来睡觉的），这些贴近日常的内容让他们有熟悉感、亲切感，更容易投入注意力。户外生活中，认识公园里的花草树木、认识街道上行驶的车辆，也是很好的认知素材。生活化内容能让婴幼儿在真实情境中反复感知、强化认知，实现认知能力在实际生活场景中的自然迁移与巩固，使认知学习不再是孤立、抽象的知识灌输，而是融入生活、服务生活的有机过程。

（五）个体差异化

每个婴幼儿都是独一无二的个体，在认知发展上存在明显差异。有的婴幼儿对色彩特别敏感，很早就能区分不同颜色；有的则可能在动作模仿方面表现突出。照料者需敏锐察觉这些差异，通过一对一观察记录，全面掌握婴幼儿的特点。对于认知发展稍快的婴幼儿，提供更具挑战性的任务，如让会简单拼图的婴幼儿尝试更复杂的拼图；对发展稍缓的婴幼儿给予更多鼓励、耐心引导，用分解步骤的方式帮助其完成认知任务。尊重个体差异，支持每个婴幼儿从自身水平出发迈向更高层次，获得成长进步。

三、婴幼儿早期认知学习活动方案

（一）0~1个月

1. 活动名称：视觉训练

活动目的：刺激新生儿视觉，促进其视觉发育。

活动过程：在新生儿床上方悬挂彩色玩具或用灯光吸引其目光，训练视觉反应。

注意：避免强光直射眼睛。

2. 活动名称：玩具真好看

活动目的：训练新生儿注视物体。

活动准备：婴儿床、彩色气球、玩具。

活动过程：

①在床上方1米处悬挂气球或玩具，吸引新生儿注意。

②用玩具逗引，观察其是否眨眼。

③让新生儿视线追随玩具移动（每秒7~8厘米）。

注意：

①玩具要稍大，数量随熟悉度增加。

②每次训练5~10秒。

3. 活动名称：听响铃

活动目的：检验听力，提高视听能力。

活动准备：摇铃；新生儿清醒且心情愉悦。

活动过程：

①在新生儿头部两侧摇铃，节奏快慢、声音大小不一，观察其反应。

②若无反应，可在眼前摇铃。

注意：

①每天2~3次，声音轻柔。

②若新生儿无反应不必担心，继续观察。

（二）1~3个月

1. 活动名称：寻找声源

活动目的：训练听觉，寻找声源。

活动准备：拨浪鼓；婴儿清醒且心情愉悦。

活动过程：

①在婴儿前方30厘米处摇拨浪鼓，吸引注意。

②在婴儿后方摇动，引导婴儿寻找声源。

注意：观察婴儿反应，给予回应和鼓励。

2. 活动名称：卡片变变变

活动目的：锻炼视觉能力。

活动准备：黑白卡；婴儿清醒且心情愉悦。

活动过程：将黑白卡放在婴儿面前（25～30厘米），展示20～30秒。

注意：随着熟悉度增加，注视时间会变短，说明已形成初步记忆。

3. 活动名称：谁不见了？

活动目的：锻炼追视能力，寻找消失物体。

活动准备：手帕；婴儿清醒且心情愉悦。

活动过程：用手帕遮脸或遮手帕，引导婴儿寻找。

注意：若婴儿哭闹，立即停止并安慰。

（三）4～6个月

1. 活动名称：听儿歌做动作

活动目的：锻炼声音与动作联系起来的能力。

活动准备：婴儿清醒且心情愉悦，照料者会唱儿歌。

活动过程：面对面坐，念儿歌《小老鼠》，念到"叽里咕噜"时扶婴儿向后推晃。

注意：若婴儿做出动作，及时给予表扬。

2. 活动名称：系铃铛

活动目的：锻炼听力和反应能力。

活动准备：小铃铛、缎带；婴儿清醒且心情愉悦。

活动过程：将铃铛系在手腕或脚踝上，通过晃动引导婴儿听声音。

注意：动作轻柔，确保铃铛牢固，避免婴儿误吞。

（四）7～9个月

1. 活动名称：小蜜蜂来了

活动目的：培养记忆和预知能力。

活动准备：婴儿清醒且心情愉悦。

活动过程：

①照料者将手高举在婴儿头顶上方，边螺旋状落下边说："小蜜蜂，嗡嗡嗡，它要抓宝宝啦！"

②说到"抓宝宝"时，在婴儿腋下或肚子上轻轻挠痒。

③多次游戏后，照料者可配合夸张的表情，引导婴儿扭动身体。

注意：初始动作要慢，语调要变化，吸引婴儿的注意力。

2. 活动名称：大的和小的

活动目的：通过取物区分大小。

活动准备：大小不同的苹果各1个。

活动过程：

①摆放苹果在婴儿面前，告诉婴儿哪个大哪个小，让其拿大的苹果，正确表扬，错误纠正。

②可连续要求婴儿拿大的或小的苹果，观察婴儿的反应。

注意：耐心指导，不责骂婴儿。

3. 活动名称：问与答

活动目的：培养专注力和交流习惯。

活动准备：经常与婴儿对话。

活动过程：照料者自问自答，引导婴儿指人或物，如"宝宝是谁的宝贝""宝宝最喜欢谁"。

注意：根据婴儿的反馈调整对话内容，让其保持兴趣。

（五）10~12个月

1. 活动名称：摇动纸箱找小球

活动目的：激发好奇心，培养观察力。

活动准备：纸箱（开洞），小球若干。

活动过程：

①让婴儿将小球投入大洞中，摇动纸箱让小球从出口滚出。

②若婴儿不会，可引导其向有光亮的方向倾斜纸箱。

③反复练习，帮助婴儿掌握方法。

注意：

①初始可帮助婴儿摇动纸箱、感受乐趣。

②洞口边缘要整齐、钝化，防止婴儿刮伤。

2. 活动名称：推小球

活动目的：培养观察能力。

活动准备：皮球1个，小棒1根。

活动过程：

①照料者向婴儿示范用小棒推球，改变方向再推。

②给婴儿小棒和皮球，引导其尝试推球。

注意：耐心引导，婴儿推动小球后及时表扬。

（六）13~18个月

1. 活动名称：这些都是圆形的

活动目的：训练观察和认知能力。

活动准备：圆形物品（杯垫、钟表、盘子等）。

活动过程：将圆形物品放在桌子上，照料者依次介绍并引导婴幼儿拿取，正确表扬。

注意：可增加其他形状物品，丰富婴幼儿认知。

2. 活动名称：摇杯子

活动目的：增强动作记忆，感受摆弄物品的乐趣。

活动准备：乒乓球1个，杯子1个。

活动过程：照料者向婴幼儿示范将乒乓球放入杯子摇晃，引导其模仿。

注意：初始可动作提示或语言引导，激发婴幼儿兴趣。

3. 活动名称：我们一样多

活动目的：理解"一样多"的含义。

活动准备：积木若干，盘子2个。

活动过程：

①照料者和婴幼儿一起摆积木，要求每次摆一样多，边摆边说"一样多"。

②若婴幼儿不理解，可通过长度对比帮助其理解。

注意：初始要求不要太高，13~18个月的婴幼儿通常只能理解3以内的"一样多"。

（七）19~24个月

1. 活动名称：拼图游戏

活动目的：促进手眼协调，锻炼空间知觉。

活动准备：2张图片。

活动过程：

①照料者将1张图片剪成3块，让婴幼儿尝试拼图。

②引导婴幼儿观察图片特征，拼接不同部分。

注意：图片内容要简单，以彩色为佳。

2. 活动名称：什么东西不见了

活动目的：锻炼注意力和记忆力。

活动准备：玩具若干（布娃娃、玩具熊、小皮球、积木等）。

活动过程：让婴幼儿记住玩具名称，在其闭眼后拿走一个，问"什么东西不见了"，答对表扬，答错提示。

注意：初始可提示玩具特征，熟练后增加难度。

3. 活动名称：数数几个点

活动目的：初步理解数字概念。

活动准备：画有1~5个圆点的卡片。

活动过程：

①与婴幼儿一起数圆点，建立数字概念。

②出示卡片后拿走，让婴幼儿指出刚才看过的卡片。

注意：数字比较抽象，初始要从易到难进行。

（八）25~30个月

1. 活动名称：扔纸球

活动目的：根据距离远近调整扔的力量。

活动准备：篮子1个，旧报纸若干。

活动过程：将报纸揉成纸球，与婴幼儿轮流扔球进篮，成功扔进后奖励贴花。

注意：根据婴幼儿扔球情况调整篮子距离，熟练后增加难度。

2. 活动名称：欢乐小火车

活动目的：培养分析综合能力。

活动准备：红、绿、黄三色纸板。

活动过程：

①照料者和婴幼儿站成一列，根据纸板颜色（红停、绿行、黄慢）行动。

②熟练规则后让婴幼儿当火车头。

注意：初始耐心引导，用顺口溜帮助婴幼儿理解规则。

（九）31～36个月

1. 活动名称：比一比

活动目的：识别长短，发展视觉能力。

活动准备：长短不一的物品（筷子、画笔等）。

活动过程：让婴幼儿比较两根筷子的长短，可平放对比。

注意：引导婴幼儿在生活中寻找比较对象，如水果大小、树枝长短。

2. 活动名称：对号入座

活动目的：培养注意力，锻炼手眼协调能力。

活动准备：玩具5个，1～5的号码牌。

活动过程：将玩具与号码牌对应摆放，让婴幼儿将玩具放回原位。

注意：引导婴幼儿根据玩具的特征排列玩具，说出对应号码。

效果自测

序号	学习要点	学生自评达到的程度
1	婴幼儿早期认知学习支持策略	☆ ☆ ☆ ☆ ☆
2	婴幼儿早期认知学习活动原则	☆ ☆ ☆ ☆ ☆
3	婴幼儿早期认知学习活动方案	☆ ☆ ☆ ☆ ☆

任务三　婴幼儿感觉统合训练

任务目标
1. 了解感觉统合、感觉统合训练的概念。
2. 了解婴幼儿感觉统合发展。
3. 明确婴幼儿感觉统合失调的表现和原因。
4. 掌握提升婴幼儿感觉统合能力的支持策略。

案例导入

3岁的小强性格活泼外向，但是脾气很大，一旦着急或者遇到不会做的事情就会大喊大叫，甚至动手打身边的人。因此，不管是小强的爸爸妈妈还是幼儿园的老师、小朋友都得小心翼翼地和他相处。小强爸爸说，我小时候也是性格急，长大就好了，孩子随我。

讨论：你是否赞成小强爸爸的观念？你认为小强脾气大、性子急可能是什么因素造成的？

核心知识

一、感觉统合、感觉统合训练的概念

（一）感觉统合的概念

1972年，美国加利福尼亚大学临床心理学家艾尔斯（A. Jean Ayres）根据神经生理学理论首次提出感觉统合理论。

感觉统合，是指人体在环境内充分利用调配自己的感觉器官，从外界获得不同的感觉信息（包括视、听、嗅、味、触、前庭和本体觉）输入大脑，大脑再对这些信息进行加工处理，并做出适应性反应的能力。

在日常生活中，人类的大多数行为和动作都与大脑神经系统感觉统合功能相关。例如，说话、写字、读书等理解能力，都是大脑神经系统整合整理信息传输动作行为的过程。人们每天面对不同的外部环境、信息以及自己内在的感受和感知刺激，都需要大脑神经需要根据接收到的各种指令信息进行统合，一旦感觉统合发生问题就会出现各种障碍。例如，行动不协调，不能完成复杂动作，甚至无法进行正常的生活、学习和游戏。

（二）感觉统合训练的概念

感觉统合训练是指以游戏的方式，让婴幼儿在玩耍的过程中体验类型和层次丰富的感觉刺激，以便促进婴幼儿视觉、听觉、触觉等感觉统合能力的发展。

0~3岁是建立感觉统合的重要时期，也是对儿童进行感觉统合训练，提升感觉统合能力的最佳时期，因为抬头、翻身、坐卧、爬行、行走、蹦跳等能力都是在这个时间段完成。照料者应该给孩子提供安全、宽松的环境，科学、专业的指导，让孩子在适龄的环境刺激下做出成长反应，促进大脑神经元的发育，完善大脑功能，从而建立感觉统合能力，预防感觉统合失调。

二、婴幼儿感觉统合发展与感统失调

（一）感觉统合失调的概念

感觉统合失调也称感统失调，指大脑在未发生损伤或先天发育不足的情况下，进入大脑的各种感觉刺激信息不能在中枢神经系统内进行有效的组合，致使大脑对身体各器官的协调和控制能力出现障碍。

婴幼儿感觉统合失调的表现

（二）感觉统合失调的原因分析

艾尔斯博士的研究认为，感觉统合失调有以下原因：
①胎位不正所产生的固有平衡失调。
②活动空间不足、爬行不足所产生的前庭平衡失调。
③早产或剖宫产，造成触觉学习不足。
④家庭成员控制训练太多或放纵，过早进行认知学习。
⑤家庭生活环境或婴幼儿照看者有洁癖症造成婴幼儿触觉探索刺激及活动不足。
⑥过度保护或娇纵溺爱，造成身体操作能力的欠缺。
⑦过早使用学步车，造成前庭平衡及头部支撑不足，致使前庭平衡性失调。
⑧家庭环境的不和谐及不良影响造成幼儿自信不足以及不良习惯的定型化。

从上述原因分析，造成婴幼儿感统失调的原因，除了先天的因素外，主要是与后天的养育不当有关。

首先，婴幼儿大部分的活动空间是熟悉的家庭环境，外出活动范围受限，活动内容单一，造成感觉刺激单一，然而感官刺激又是大脑生长发育的关键因素，没有感官刺激就不会有神经元的连接，大脑很多部分的功能就会出现刺激不充足或没有激活的状态，婴幼儿就容易出现发育迟缓或是行为异常。

其次，如果父母和孩子之间的亲子关系连接互动很少，缺乏亲子陪伴，甚至过多使用电子产品，使得婴幼儿在早期就是开始不活动、不运动，天天待在家里，甚至不喜欢出门，长期处在静态的活动中，会使身体和大脑都无法得到激活，同时语言匮乏，缺乏双向沟通交流的机会，慢慢地大脑不思考、不运用，一些功能就会慢慢退化。

（三）婴幼儿感觉统合发展与感统失调的表现

感觉统合是婴幼儿能力发展的基础。感觉统合能力直接影响婴幼儿的认知能力、注意力、社交能力、情绪情感控制能力、生活基本能力等，如果感觉统合能力发展不足，极有可能会造成婴幼儿情绪失控、注意力困难，甚至将来入园、入学困难。

婴幼儿的感觉统合能力在3岁之前逐渐形成和建立，并在接下来的成长中不断地完善、重组、发展。婴幼儿感觉统合发展不足的表现往往随着个体成长逐渐显露，表现为感统失调，一般表现为过度敏感和低度敏感（迟钝）两类。成人需要认真观察婴幼儿的行为，仔细辨别和分析婴幼儿行为背后的原因。早发现、早干预，促进婴幼儿感觉统合的发展，预防感统失调。

1. 婴幼儿视知觉的发展及不足表现

虽然新生儿的视觉是模糊的，但是也可以进行一定的视觉刺激。过去的养育经验会认为新生儿只对强烈光线和色彩强烈的颜色敏感，所以只限定用黑白卡去刺激孩子的视觉发育，实际上一切柔和的光源或者物体都可以进行视觉的刺激，没有必要把视觉刺激只限定在"黑白卡"。1个月的婴儿只能看清25～30厘米的事物，在照料者进行拥抱的时候，婴儿会将视觉集中的照料者的脸上，特别是眼睛，所以在喂养的时候，照料者应尽量关注孩子的眼睛并进行积极情感联结；2个月的婴儿就可以进行简单的视觉追踪以及聚焦到物体上；3个月的婴儿上臂和双手可以根据看到的物体去抓握物体，但是需要花费一定时间（如果发现3个月时婴儿的眼睛无法追踪或者无法聚焦，必须引起重视，咨询儿科医生）；4个月的婴儿可以识别大多数不同的色彩，随着视觉的发展，他会自然寻找各种新鲜事物去观察；6个月的婴儿就可以拿到自己眼睛可以看到的物体，并且可以进行抓握；1岁左右时就可以根据眼睛给出的视觉信息精准拿到或者触碰自己看到的物体，手眼协调快速发展；2岁左右的婴幼儿视觉已经可以判断深度距离、空间距离，判断出自己喜欢的色彩和物品，看过的人事物有了一定的记忆力；3岁左右的婴幼儿能够识别几何图形，认知能力通过视觉进行更多的知识储备。

婴幼儿视知觉不足主要表现为：与同龄人相比，对眼球追踪运转困难，不能集中精神视物，容易注意力被分散。看图画书，无法根据指令找到图画形象；经常撞到家具或者旁人；不喜欢玩拼图；不容易看出掺杂在背景中的特定图形；不能将简单的几何图形或颜色配对、归类。

2. 婴幼儿听知觉发展及不足表现

听觉对婴幼儿的身心发展至关重要，是婴幼儿探索世界、获得外部信息的重要感官。听觉是语言、音乐等能力发展的重要途径。听觉系统是在孕期6个月的时候基本发育成熟的，出生的那一刻，其耳朵就可以听到所有周围环境的声音。新生儿在听到爸爸妈妈的声音后会比较有安全感，对噪声会有烦躁不安的情绪。出生后3个月就可以根据声音进行视觉、头部的摆动完成追踪；8个月的时候听到别人叫自己的名字开始有反应，声音辨别力提高；10个月后听到明显的音乐节奏可以进行准确的身体律动；2岁可以哼唱听到的音乐旋律；可以听懂1～2个指令，并且完成。

听知觉发展不足的婴幼儿有两种表现，一种是对听觉反应不足、对声音不敏感。例如，叫他名字或者给予指令的时候没有反应或者心不在焉。语言发育迟缓，吐字不清，表达能力弱。另一种是听觉反应过于敏感：对嘈杂的环境表现得情绪激烈；无法过滤不必要的声音，容易分心；大多数人可以接受的音量大小，他也觉得很吵。

3. 婴幼儿的嗅觉统合发展及不足表现

研究表明，新生儿可以对不同的气味做出不同的反应。喜欢妈妈的味道，有妈妈味道的衣物给婴幼儿安全感。4个月的时候，嗅觉的发育就已相对稳定，可以区分香的气味和臭的气味；婴幼儿最初是用气味进行认知周围的人和环境，一旦嗅觉失调，就算是在妈妈的怀里也非常容易哭闹，适应新环境能力变弱。

4. 婴幼儿的味觉统合发展及不足表现

味觉是儿童在婴幼儿时期认识世界和世界连接的重要触觉，婴幼儿是用嘴巴去认识世界。味知觉过度敏感的孩子，在2岁后会出现偏食，再就是依然喜欢吃泥状和较软的食物。如果吃到质地粗或干的食物容易发生干呕。味知觉低度敏感的孩子，喜欢吃味道比较重的食物，在2岁后，依然会吃手、吃衣服角等；吃饭的时候喜欢把嘴巴填满；长牙期过去后依然流口水严重。

5. 婴幼儿的触觉统合发展及不足表现

触觉的敏感度对大脑的发育尤为重要，会影响大脑的辨别认知能力、身体行动的反应灵敏度以及情绪的好坏。新生儿在前几周会有很多触觉的反射行为，比如"觅食反射"，将手轻轻触碰他的嘴边或嘴唇他会将头转向你手的方向；再如"抓握反射"，将一根手指放入他的手掌内，他会迅速地紧紧握住。大多数的反射都会有触觉的参与。6个月前婴幼儿的主要触觉器官是口腔，时常将看到的物品都会塞进嘴里，20个月后口腔探索不再是婴幼儿的主要触觉器官，仅有少部分婴幼儿依然会什么都往嘴里放。5个月后是婴幼儿口腔到手部触觉发育转换的关键时期。应该给到婴幼儿手部丰富的体验刺激，以促进手部触觉的发展。

高敏感的触觉反应表现为不喜欢拥抱、牵手之类的身体接触；常用哭喊或者攻击行为来对抗不期望的触碰；情绪不稳定，爱发小脾气，黏人，爱哭；不合群或爱招惹别人；不喜欢洗脸、刷牙、理发、剪指甲等；对环境的变化敏感，过于怕冷、怕热、怕淋雨和吹风等；有洁癖，拒绝接触泥、沙、水等；对衣物的材质挑剔，无法接受某些材质的衣物；不喜欢更换新的衣物；认床，在新的环境中入睡困难，适应性差；警醒度过高，爱动，难以安静下来。

低敏感的触感反应表现为：对疼痛不敏感，对磕伤、摔伤、划伤类的轻度受伤反应迟钝；喜欢触碰或摆弄周围的东西，喜欢触摸纹理粗糙的物体；喜欢黏着特定的人，不能接受新鲜事物，会比较依赖一直存在的旧事物，行为偏执，容易打、掐、咬同伴。总之，触觉发展不良导致婴幼儿比较容易害羞，喜欢独处，害怕人多的地方；遇到陌生人会紧张，不说话；婴幼儿有严重的不安全感。

6. 婴幼儿的前庭觉统合发展及不足表现

在胎儿5个月大的时候，前庭系统就已经发展得很好。胎儿会伴随母亲身体的运动，在羊水里翻滚，从而进行前庭系统的刺激。所以很多运动员的孩子或者爱运动的妈妈生下的孩子平衡和运动协调性会比较好。

0～6个月，前庭觉系统开始发挥作用，婴儿能够感受到头部的运动和重力变化。在这个阶段，婴儿会发展出一些基本的反射，如头部的稳定反射。例如，当婴儿被抱起时，他们能够通过前庭觉感知头部的位置变化，并逐渐学会保持头部的稳定。6个月至1岁，婴幼儿开始能够独立坐稳、爬行和站立。这些动作的完成需要前庭觉与视觉、本体觉等其他感觉系统的协同作用。例如，婴儿在爬行时，前庭觉帮助他们感知身体的位置和运动方向，从而协调四肢的动作。1～3岁，婴幼儿的前庭觉系统逐渐成熟，能够更好地维持身体平衡和协调运动。他们开始能够进行更复杂的动作，如跑步、跳跃和攀爬。例如，可以在奔跑的时候控制方向和速度。

如果前庭失调，婴幼儿会存在平衡性差和重心不稳的情况，身体的协调能力差，容易摔跤。与同龄人相比，对空间距离感知不准确；方向感差，左右不分，经常反着穿鞋；容易过度兴奋和过度伤心；坐不住，小动作多；语言发育迟缓；做事情拖延；平衡能力差，容易晕车；恐高或者是不畏高；调皮任性，自控能力差；等等。

7. 婴幼儿本体觉统合发展及不足表现

本体觉是来自肌肉、关节、肌腱、韧带和骨骼等深层组织的感觉。在感觉统合中，本体觉是最晚发育的感官体系。只有前庭觉和触知觉正常发展，本体觉才能正常发展。本体觉能够维持肌肉的正常收缩，维持身体姿势及保持平衡，稳定情绪。

婴幼儿自出生后，本体觉开始逐渐发育。例如，婴幼儿在躺着时抓摸自己的脚或将手指放入嘴巴，这些动作有助于认识身体部位探索身体行为，让触觉和本体觉互相作用，增强对自己身体的感知，同时身体的不同动作还可以促进腹肌和腿部肌肉的本体觉刺激。6~12个月，婴儿的本体觉进一步发展，开始能够进行更复杂的动作。例如，婴儿开始学会坐起来、爬行和用手抓取物品，这些动作不仅需要身体力量和协调性，还需要婴儿对自身位置和周围环境的感知能力。1~3岁：婴幼儿的本体觉系统逐渐成熟，能够更好地感知控制运用身体各部位的位置和运动状态，能够进行更复杂的动作，躲避障碍。

本体觉过度敏感的婴幼儿身体意识差，不愿做跳跃、翻滚等能够带来许多感觉刺激的活动，也不愿参与需要特殊姿势的活动，如模仿动物走路、爬单杠等；不能很好地控制肌肉的收缩以及用力的大小，拿取物品时容易将物品弄坏。

本体觉低度敏感的婴幼儿无法在不注视的情况下做出正确的动作；环境适应困难，身体协调性差，经常磕碰或者撞伤；小肌肉精细动作执行困难；缺乏自信心，脾气暴躁；说话时吐字不清、口吃。

三、婴幼儿感觉统合发展不足的影响

（一）对未来学习的影响

由于大脑无法高效地加工、处理来自身体内外的各种感觉信息，包括视觉、听觉、前庭觉、触觉、本体觉等，这会让婴幼儿在未来学习认知和生活行为上出现一系列障碍。例如，注意力不集中，语言发育迟缓，影响交流和理解。除此之外，前庭觉失调的儿童空间感知差、逻辑思维能力差、方向感弱；视听觉失调的儿童读书会串行、阅读速度慢、容易粗心大意。

（二）对身体运动的影响

由于身体各个部分协调性不灵活，认知不足，婴幼儿可能会出现行动迟缓，学习爬行和行走都非常困难，甚至没有经历爬行阶段。长大后，儿童会比较磨蹭拖拉，很难进行复杂技巧运动项目学习，体质差。

（三）对情感情绪发育的影响

大部分感统失调的婴幼儿，家庭教育和成长环境会有过度控制或保护的现象，父母的情绪管控能力、耐心度不足；再加上自身无法整合信息做出正确判断，容易被周围人关注甚至嘲笑，形成自卑心理或是性格偏激易怒。由于运动能力受限，身体不协调，本体系统不足，婴幼儿的自信心也会受挫，容易自卑和产生负面情绪。

（四）对社交能力的影响

由于触觉功能失调，婴幼儿会比较敏感，不喜欢人多，喜欢独处；语言迟缓，沟通受到阻碍。久而久之，婴幼儿容易产生自我封闭，从不会交流到不愿意交流。

（五）对成长发育的影响

婴幼儿时期是粗大动作和精细动作发展的关键时期，如果婴幼儿的本体觉失调、运动不足、感知刺激少，婴幼儿的成长发育会比同龄人迟缓落后，生活独立性会遇到挑战。

四、提升婴幼儿感觉统合能力的支持策略

（一）实施感觉统合训练的原则

1. 尊重婴幼儿，循序渐进原则

感觉统合训练不应让婴幼儿感到有压力。应当突出婴幼儿的主体地位，尊重和理解他，学会以婴幼儿的视角看待训练及训练中可能出现的问题。在训练过程中，成人应当遵循婴幼儿的认知发展规律和特点，按照由易到难的顺序设计活动。设计活动时，应当承认并接受婴幼儿的个体差异，制订个性化的活动方案，因材施教。

2. 快乐原则

感觉统合训练过程中应当增加婴幼儿积极愉悦的情绪体验，激发婴幼儿继续参与活动的热情，并且在活动中给予孩子及家长积极的正向回应。

3. 游戏原则

游戏是婴幼儿最喜欢且符合其身心发展需要的一种活动。将感觉统合训练以游戏的形式进行，能够激发其参加活动的兴趣和热情，也能够降低训练给婴幼儿带来的情绪负担和压力。

（二）感觉统合训练的常用方法

成人可以通过在婴幼儿一日生活中增加感觉统合训练的方式来婴幼儿的感觉统合能力。常用的感觉统合训练方法包括以下5种。

1. 压力刺激训练法

通过定向压力、反向压力等方式对婴幼儿进行刺激，使其感知到不同的刺激，进而锻炼婴幼儿的感觉统合能力，改善其嗅觉、视觉、听觉等感官缺陷。

2. 感觉训练法

通过给予婴幼儿不同的感觉刺激，如让婴幼儿触摸不同的材质、闻不同的气味、听不同的声音等，刺激其各种感觉器官，促进其感觉输入的统合能力。

3. 手部训练法

通过手部协调训练，如抓握、拼图、穿珠子、打结等活动，帮助婴幼儿建立手眼协调、感觉统合等技能。

4. 运动训练法

通过粗大运动等来促进婴幼儿感觉统合能力的发展，如攀登、爬行、跳蹦床、翻滚等。

5. 眼球运动训练法

通过不同的眼球运动训练，如眼球追踪、眼球定位等方法，锻炼婴幼儿的眼球运动能力，提升视觉统合能力。

（三）婴幼儿感觉统合的支持方案

1. 婴幼儿视觉统合支持方案

婴幼儿的视觉统合能力可以通过适宜的刺激训练来提升。丰富的活动、游戏、有目的的练习都可以增强婴幼儿的视觉广度和聚焦追踪能力以及视觉记忆力、想象力、分辨力。

（1）视觉追踪能力游戏练习（0~6个月）

操作方法：手拿卡片或者毛绒玩具，在宝宝视线范围20~30厘米处缓慢地左右、上下移

动，让婴儿的眼睛可以追随物品移动。

注意事项：①确保玩具或卡片的颜色鲜艳、对比度高，婴儿对高对比度的图案更敏感。②移动速度要缓慢，让宝宝有足够的时间去追踪。③每次练习时间不宜过长，每次3～5分钟即可，避免宝宝疲劳。

拓展建议：可以逐渐增加卡片或玩具的复杂性，比如从简单的几何图形到复杂的图案，刺激宝宝的视觉发育。

（2）视觉协调能力游戏练习：套圈圈（6～8个月）

操作方法：指导婴儿把圈圈套在锥形体上或是从锥形体上拿下来（图5-6）。

注意事项：锥形体的高度和圈圈的大小要适中，确保宝宝能够轻松操作。可以先示范几次，让宝宝观察后再尝试。

拓展建议：随着宝宝能力的提升，可以增加难度，比如使用不同大小的圈圈，让宝宝选择合适的圈圈套在锥形体上。

图5-6 套圈圈游戏

（3）视觉追踪和协调游戏练习（1～2岁）

操作方法：成人和婴幼儿面对面，互相推球并接住。

注意事项：球的大小要适合宝宝的手掌，方便抓握。初始时可以放慢速度，让宝宝熟悉游戏节奏。

拓展建议：可以逐渐增加游戏的复杂性，比如在推球过程中加入简单的指令，或者在不同方向推球，增强宝宝的视觉追踪和反应能力。

（4）视觉辨别能力游戏练习（2～3岁）

操作方法：准备收纳箱或者呼啦圈以及不同玩具，让婴幼儿把相同物品放到一起（图5-7）。

图5-7 视觉辨别练习

注意事项：确保物品的特征明显，比如颜色、形状或大小，方便宝宝辨别。可以先从简单的分类开始，比如按颜色分类，再逐渐增加难度。

拓展建议：可以引入语言描述，比如让宝宝说出为什么把某些物品放在一起，增强其语言表达能力。

（5）想象力和记忆力游戏练习（3岁左右）

操作方法：准备各种动物的形状卡片，让婴幼儿看形状说出可能的动物（图5-8）。让婴幼儿观察2~3张卡片并且尝试记忆，把卡片扣过来，让婴幼儿说出刚才看到的卡片内容（图5-9）。

注意事项：卡片的图案要清晰，动物形象要逼真。记忆卡片的数量可以根据宝宝的能力逐步增加。

拓展建议：可以结合故事讲述，比如让宝宝根据卡片内容创编一个小故事，进一步提升其想象力和语言表达能力。

图5-8　想象力游戏

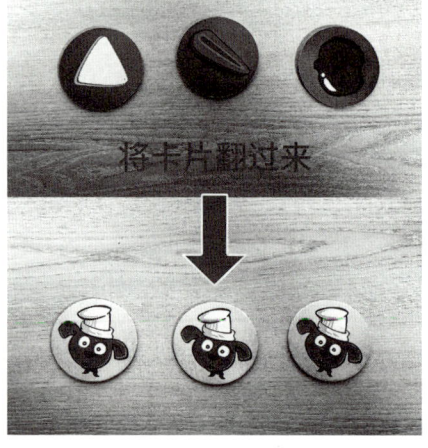

图5-9　记忆力游戏

2. 婴幼儿听觉统合的支持方案

婴幼儿的学习主要通过视、听、动这三大感知通道进行。听知觉的充分刺激对以后的学习，特别是语言学习至关重要。听觉能力的训练可以从听觉的辨别力、记忆力、编序能力、理解能力、听说综合能力等方面进行相关的游戏练习。

（1）听觉注意力游戏练习（0~6个月）

操作方法：成人拿着带有声响的物品，比如沙锤或者摇铃，在婴儿头上方或者左耳、右耳旁进行音量适宜和有节奏规律的敲击摇晃，观察婴儿是否会寻找声音的来源。

注意事项：①确保声音的音量适中，避免声音过大惊吓婴儿。②摇晃的节奏要缓慢且规律，让婴儿有足够的时间去感知和寻找声音来源。③观察婴儿的反应，如果婴儿表现出不安或烦躁，应立即停止游戏。

扩展建议：可以逐渐增加声音的复杂性，比如从单一的摇铃声到多种不同音色的发声玩具。在婴儿熟悉游戏后，可以尝试在不同的方位发出声音，增加游戏的趣味性和挑战性。

（2）停停跳跳听力注意力游戏（6~8个月）

操作方法：成人播放音乐抱着婴儿跳舞（高抬腿走即可），有音乐的时候舞蹈，没有音乐的时候停止动作，再有音乐的时候再开始跳舞。

注意事项：①音乐的选择应节奏明快且音量适中，避免过大的音量伤害婴儿听力。②成人抱着婴儿时要注意姿势的正确性，确保婴儿的安全和舒适。③游戏过程中要注意观察婴儿的反应，避免过度疲劳。

扩展建议：可以增加音乐的种类和节奏变化，让婴幼儿感受不同的音乐风格。在婴幼儿熟悉游戏后，尝试让婴幼儿自己控制动作的开始和停止，增强自主性。

（3）听音乐做简单律动（1~2岁）

操作方法：播放一首儿歌，根据歌曲旋律节奏和婴幼儿一起做动作唱歌。

注意事项：①确保音乐的旋律简单、节奏明快，适合婴幼儿的年龄特点。②成人的动作要简单、夸张，便于婴幼儿模仿。③游戏过程中要注意观察婴幼儿的兴趣和反应，适时调整游戏节奏。

扩展建议：可以增加一些简单的道具，如彩色手环或小手鼓，增加游戏的趣味性。在婴幼儿熟悉律动后，可以尝试让婴幼儿自己选择音乐或动作，增强自主性和创造力。

（4）模仿小动物声音（2~3岁）

操作方法：成人模仿各种动物叫声，让婴幼儿说出名字，或者成人说出动物名字，让婴幼儿模仿动物的叫声。

注意事项：①模仿动物叫声时，声音要尽量逼真，以便婴幼儿能够准确辨别。②游戏过程中要注意观察婴幼儿的反应，给予适当的提示和鼓励。③确保游戏的节奏适中，避免过快或过慢。

扩展建议：可以增加一些动物的图片或玩偶，帮助婴幼儿更好地理解和记忆动物的特征。在婴幼儿熟悉游戏后，可以尝试增加一些简单的动物故事或情境，增强游戏的趣味性和教育性。

（5）看图讲故事（3岁）

操作方法：准备一些图片或者一些玩偶，让婴幼儿自己讲一讲他们在干什么。可以先给婴幼儿做示范，例如准备一个钓鱼竿、一只猫咪玩偶、一只小鱼玩偶，让婴幼儿可以随意组合讲故事，进行表达练习。

注意事项：①图片或玩偶的选择应具有趣味性和启发性，能够激发婴幼儿的想象力。②在示范时，要注意语言的简洁性和生动性，以便于婴幼儿理解和模仿。③游戏过程中要注意倾听婴幼儿的故事，给予适当的引导和鼓励。

扩展建议：可以增加一些简单的场景布置或道具，帮助婴幼儿更好地创编故事。在婴幼儿熟悉游戏后，可以尝试让婴幼儿自己选择图片或玩偶，增强自主性和创造力。

3. 婴幼儿嗅觉统合的支持方案

人类通过嗅觉可以多方位整合外部环境的信息以增加婴幼儿的适应能力。嗅觉能力十分重要，就好比看到美丽的花，再闻到花香会让个体的感受更加丰富，甚至通过气味的提示发现和找到眼睛还没观察到的事物。

（1）闻水果气味（1岁左右）

操作方法：准备3~5种水果，将水果切成小块或保持完整，放在婴幼儿面前，引导婴幼儿近水果去闻。例如，成人可以拿着苹果在婴幼儿鼻子前轻轻晃动，说："这是苹果，闻一闻，苹果有甜甜的香味哦。"成人可以重复水果的名字。

注意事项：①确保水果是新鲜且干净的，避免水果表面有农药残留或其他异味。②在游戏过程中，注意观察婴幼儿的反应，如果婴幼儿表现出不适，应立即停止。③重复水果的名字时，语速要慢，声音要轻柔，帮助婴幼儿将气味与名称联系起来。

扩展建议：可以增加水果的种类，让婴幼儿接触更多不同的气味。

（2）猜水果游戏（2岁左右）

操作方法：准备几种不同气味的水果，如苹果、香蕉、橙子等。将水果放在婴幼儿鼻子前，让婴幼儿闻一闻后尝试说出水果的名字。例如："宝宝，现在你闻一闻，这是什么水果呢？"

注意事项：①确保眼罩佩戴舒适，不会让婴幼儿感到不适或害怕。②在游戏过程中，给予婴幼儿足够的时间去闻气味，不要急于提示答案。③如果婴幼儿猜不出，可以适当给予提示，比如"这个水果是黄色的，闻起来甜甜的"。

扩展建议：可以增加水果的种类和气味的复杂性，比如加入一些不太常见的水果，如猕猴桃、芒果等。

（3）气味小实验游戏（3岁左右）

操作方法：将醋、酱油、可乐分别倒入透明的容器中，让婴幼儿先观察颜色，然后闭上眼睛去闻气味。例如："宝宝，先看看这些液体的颜色，然后闭上眼睛闻一闻，猜猜这是什么？"

注意事项：①确保容器的材质安全，不会破裂或释放有害物质。②在游戏过程中，注意观察婴幼儿的反应，避免婴幼儿因闻到刺激性气味而感到不适。③提前向婴幼儿介绍每种液体的名称和气味特点，帮助幼儿更好地进行辨别。

扩展建议：①可以增加更多种类的液体，比如牛奶、果汁等，让婴幼儿进行更复杂的气味辨别。②在婴幼儿熟悉游戏后，可以尝试将液体混合，让婴幼儿分辨混合后的气味，增加游戏的难度和趣味性。③引导婴幼儿描述气味的特点，比如"酸酸的""甜甜的""香香的"，增强语言表达能力。

4. 婴幼儿味觉的统合支持方案

味觉失调会造成婴幼儿挑食、厌食，身材偏小，营养不良，适应慢等问题，成人要抓住6个月到1岁味觉发育的敏感期进行训练游戏。

（1）及时增加辅食

混合喂养的婴儿4个月大就应该进行辅食添加；纯母乳喂养的婴儿在6个月大的时候就需要进行辅食添加，请根据辅食添加的科学喂养方法进行喂养。

（2）多尝试不同味道的食物

酸甜苦辣都要尝试，在食物材料安全、食物量合理的情况下，可以分别让婴幼儿感受不同食物的味道，比如柠檬的酸、苦瓜的苦等。

5. 婴幼儿触觉统合的支持方案

触觉系统对婴幼儿的发展非常重要，它不仅影响情感和社会技能，还与认知和运动技能的发展密切相关。触觉感知是一切感觉器官的基础。

（1）婴幼儿抚触按摩（0~6个月）

操作方法：选择适合婴儿的按摩油，如天然植物油，涂抹在手上后轻轻揉搓双手，使其温暖。从婴儿的头部开始，轻轻按摩头皮，然后依次按摩面部、手臂、胸部、腹部、腿部和脚部。按摩时，动作要轻柔、缓慢且有节奏。

注意事项：①确保按摩油无刺激性，适合婴儿皮肤。②按摩时要注意观察婴儿的反应，如果婴儿表现出不适或哭闹，应立即停止。③按摩的环境应温暖、安静，避免婴儿着凉。

扩展建议：可以在按摩过程中加入轻柔的音乐，营造舒适的氛围。按摩时可以配合简单的语言或儿歌，增加互动。

（2）触觉玩具探索（6~8个月）

操作方法：将不同质感的玩具放在婴儿面前，引导他们去触摸和抓握。例如，可以先拿起一个光滑的塑料玩具，让婴儿触摸，然后说："这是光滑的。"接着拿起一个毛绒玩具，让婴幼儿触摸，说："这是毛茸茸的。"

注意事项：①确保所有玩具都符合安全标准，没有小零件，避免婴儿误吞。②在游戏过程中，注意观察婴儿的反应，避免他们将玩具放入口中。

扩展建议：可以增加更多种类的触觉体验，如冰凉的金属玩具、温暖的布料玩具等。引导婴儿用语言描述触觉感受，如"硬硬的""软软的"，增强语言表达能力。

（3）光脚踩沙坑水坑（1~2岁）

操作方法：在户外或室内安全的区域，准备几个小盆，分别装上水、沙子或沙水混合物。让婴幼儿脱掉鞋子，光脚踩在不同的盆里，感受不同的触觉体验。例如："宝宝，试试踩在沙子里，感觉怎么样？"

注意事项：①确保沙子干净无杂质，水的温度适中，避免过冷或过热。②在游戏过程中，注意观察婴幼儿的反应，确保他们感到舒适和安全。

扩展建议：①可以增加更多触觉材料，如泡沫、泥巴等，让婴幼儿感受更多不同的触觉体验。②引导婴幼儿用语言描述他们的感受，如"软软的""滑滑的"，增强语言表达能力。

（4）气柱或者瑜伽球游戏（2~3岁）

操作方法：让婴幼儿躺在柔软的垫子上，成人手持气柱或瑜伽球，轻轻地从婴幼儿的腿部开始，缓慢地滚动到身体上方，再滚回到腿部。过程中可以轻声安抚婴幼儿，如"宝宝，放松哦，球球在给你按摩呢"（图5-10）。

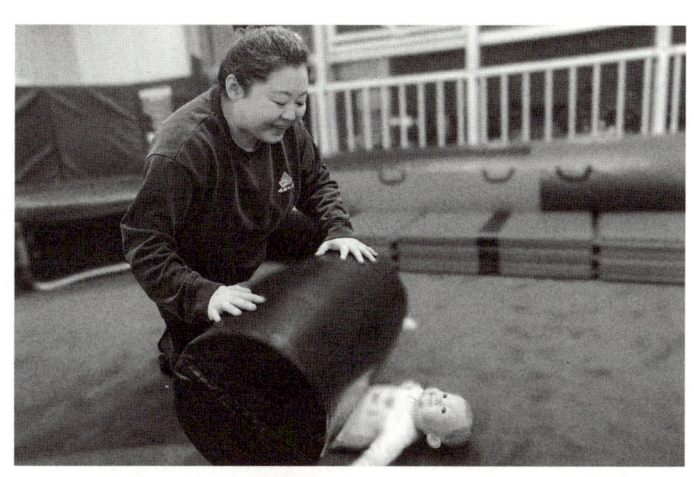

图5-10 气柱或瑜伽球游戏

注意事项：确保气柱或瑜伽球的表面光滑无尖锐部分，避免划伤婴幼儿。滚动时力度要适中，避免过重压到婴幼儿，注意观察婴幼儿的反应。

扩展建议：可以在游戏过程中加入简单的指令，如"现在球球要滚到你的腿上了哦"，增强婴幼儿的听觉和触觉整合能力。可以让婴幼儿躺在不同的姿势上进行游戏，如侧卧、俯卧等，增加游戏的趣味性。

（5）艺术多媒介创作（3岁）

操作方法：准备一个宽敞的创作空间，将羽毛、黏土、颜料、胶水等材料放在婴幼儿面前。引导婴幼儿自由地使用这些材料进行创作，比如用手指蘸颜料画画，用黏土捏出形状，用羽毛装饰作品等。例如，"宝宝，试试用手指蘸颜料画一画，看看会发生什么？"

注意事项：①确保所有材料都是安全无毒的，适合婴幼儿使用。②在创作过程中，注意观察幼儿的反应，避免他们将材料放入口中。

扩展建议：①可以增加更多种类的创作材料，如树叶、纸张、布料等，让婴幼儿感受更多不同的触觉体验。②引导婴幼儿用语言描述他们的创作过程和感受，如"我用黏土捏了一个小球"，增强语言表达能力。

6. 婴幼儿前庭觉统合的支持方案

前庭觉练习是感统训练支持的核心。前庭系统对婴幼儿的身体协调、空间感、专注力、情绪调节等方面具有重要影响，它是信息的筛选器，把重要信息传递给大脑，把无用信息过滤，大脑就可以专心完成一件事情。

（1）小飞毯游戏练习（3~8个月）

操作方法：选择一条柔软且足够大的抱毯，将婴儿平放在抱毯中央，确保婴儿的头部和身体得到充分支撑。两位成人分别抓住抱毯的两侧，轻轻抬起并缓慢摇摆，动作要轻柔且有节奏。

注意事项：①摇摆的幅度要小，避免幅度过大的动作让婴儿感到不适或害怕。②动作要缓慢且平稳，避免突然加速或停止。③注意观察婴儿的反应，如果婴儿表现出不安或哭闹，应立即停止。

扩展建议：可以在抱毯上放置一些柔软的玩具，增加婴儿的视觉刺激。在游戏过程中，成人可以用轻柔的声音与婴儿互动，增强情感交流。

（2）小小秋千游戏练习（8~18个月）

操作方法：选择一个安全、稳固的婴儿秋千，确保秋千的座椅能够很好地支撑婴儿的身体。将婴儿抱到秋千上，系好安全带（如果有），然后轻轻地推动秋千，幅度保持在小范围内。

注意事项：①确保秋千的安全性，检查秋千的连接部位是否牢固。②推动秋千时，动作要轻柔且平稳，避免突然加速或停止。③成人应始终在秋千旁边守护，确保婴儿的安全。

扩展建议：可以在秋千上悬挂一些色彩鲜艳的玩具，吸引婴儿的注意力。在游戏过程中，成人可以用轻柔的声音与婴幼儿互动，如唱歌或说话，增强听觉刺激。

（3）头倒立游戏练习（1~2岁）

操作方法：在柔软的垫子上进行游戏，确保婴幼儿的安全。成人站在婴幼儿的对面，握住婴幼儿的腰胯部，引导婴幼儿将双手放在地上，然后轻轻抬起婴幼儿的腿部，帮助他完成倒立动作。

注意事项：①确保婴幼儿的头部不会受到压力，动作要轻柔且缓慢。②成人要始终握住婴幼儿的腰胯部，确保其身体稳定。③如果婴幼儿表现出不适或害怕，应立即停止。

扩展建议：可以在游戏过程中，用简单的语言引导婴幼儿，如"宝宝，把小手放在地上，我们一起来倒立"。在婴幼儿熟悉动作后，可以尝试增加一些简单的指令，如"现在我们倒立5秒钟哦"，增强婴幼儿的专注力。

（4）前滚翻游戏练习（2~3岁）

操作方法：在柔软的垫子上进行游戏，确保婴幼儿的安全。成人站在婴幼儿的侧面，握住婴幼儿的腰胯部，引导其蹲下，双手接触地面，低头，眼睛看向肚子。然后轻轻推动婴幼儿的背部，帮助他完成前滚翻动作。

注意事项：确保动作的连贯性和安全性，避免婴幼儿的头部受到压力。成人要始终握住婴幼儿的腰胯部，确保其身体稳定。动作要缓慢且有节奏，避免突然用力。

扩展建议：可以在游戏过程中，用简单的语言引导婴幼儿，如"宝宝，蹲下，双手撑地，我们一起来翻滚"。在婴幼儿熟悉动作后，可以尝试增加一些简单的指令，如"现在我们翻滚两次哦"，增强婴幼儿的专注力和协调能力。

（5）平衡板练习（3岁）

操作方法：选择一个适合幼儿的平衡板，确保平衡板的表面防滑且稳固。让幼儿俯卧在平衡板上，抬头挺胸，双脚并拢抬起，双手放在平衡板两侧的地面上。成人可以在旁边轻轻扶住幼儿的腰部，帮助他保持平衡，同时引导幼儿用双手滑动前行。

注意事项：①确保平衡板的稳固性，避免在游戏过程中发生晃动。②成人要始终在旁边守护，确保幼儿的安全。③动作要缓慢且有节奏，避免突然加速。

扩展建议：可以在平衡板的前方放置一些小玩具，引导幼儿滑动前行去"抓取"玩具，增加游戏的趣味性。在幼儿熟悉动作后，可以尝试增加一些简单的指令，如"现在我们滑动到前面的玩具那里"，增强幼儿的专注力和协调能力。

7. 婴幼儿本体觉统合发展支持方案

本体觉能够建立身体的基本概念，以及个体对自身的认知。身体概念的建立可以帮助个体更好地运用自身器官和运动能力完成行为动作需求。本体觉可以调节身体各器官的力量、位置、速度快慢。

（1）趴和抬头的练习（0~6个月）

操作方法：选择一条柔软的毛巾或小毯子，卷成适当的高度（2~3厘米），放在婴儿的胸部下方，确保头部能够自然抬起。成人可以用手轻轻支撑宝宝的头部，鼓励宝宝抬头。

注意事项：①确保卷毯的高度适中，避免过高或过低影响婴儿的抬头动作。②操作时要注意观察婴儿的呼吸是否顺畅，避免压迫胸部导致呼吸困难。③每次练习时间不宜过长，每次3~5分钟即可，避免婴儿疲劳。

扩展建议：可以在婴儿前方放置一些色彩鲜艳的玩具或卡片，吸引婴儿的注意力，增强抬头的动力。随着婴儿能力的提升，可以逐渐增加抬头的时间和角度。

（2）翻滚练习（6~8个月）

操作方法：选择一个柔软且宽敞的活动空间，如铺有地毯的客厅或婴儿垫。将婴儿放在垫子上，轻轻握住婴儿的双手或双脚，帮助他完成从仰卧到侧卧再到俯卧的翻滚动作。成人可以先示范一次，让婴儿感受翻滚的过程。

注意事项：①确保活动空间安全，没有尖锐物品或硬物，避免婴儿受伤。②在翻滚过程中，动作要轻柔且有节奏，避免用力过猛。③注意观察婴儿的反应，如果婴儿表现出不适或哭闹，应立即停止。

扩展建议：可以在婴儿的前方或侧面放置一些玩具，引导婴儿主动翻滚去抓取玩具。随着婴儿能力的提升，可以尝试让婴儿自己完成翻滚动作，增强自主性。

（3）摇摆船游戏练习（1岁左右）

操作方法：选择一个适合婴幼儿的摇摆玩具，如摇摇马或摇摆椅。将婴幼儿抱到玩具上，确保其坐稳后，轻轻推动玩具，让其前后或左右摇摆。可以先用手扶住婴幼儿，帮助他保持平衡。

注意事项：①确保摇摆玩具的安全性，检查连接部位是否牢固，是否有尖锐边缘。②摇摆的幅度要适中，避免过大导致婴幼儿感到害怕或不适。③成人应始终在旁边守护，确保婴幼儿的安全。

扩展建议：可以在摇摆过程中，用简单的语言与婴幼儿互动，如唱歌或数数，增强游戏的趣味性。随着婴幼儿能力的提升，可以逐渐减少对婴幼儿的扶持，让婴幼儿自己尝试保持平衡。

（4）跳蹦床练习（2岁左右）

操作方法：选择一个安全的迷你蹦床，确保蹦床的四周有防护网。将婴幼儿带到蹦床上，示范如何双脚并拢跳跃。可以先握住婴幼儿的手，帮助他完成几次跳跃动作，然后鼓励他独立跳跃。

注意事项：①确保蹦床的安全性，检查防护网是否牢固，蹦床表面是否有破损。②在跳跃过程中，成人应始终在旁边守护，避免婴幼儿摔倒或受伤。③注意观察婴幼儿的反应，如果婴幼儿表现出害怕或不适应，应适当调整动作难度。

扩展建议：可以在婴幼儿跳跃时，用简单的指令引导婴幼儿，如"宝宝，跳起来，我们击掌哦"。随着婴幼儿能力的提升，可以增加一些简单的动作，如单脚跳跃或转身跳跃。

（5）隧道探险游戏练习（3岁左右）

操作方法：选择一个适合幼儿的隧道玩具，长度约1~2米，确保隧道内部宽敞且通风良好。在隧道内放置一些小玩具或"宝物"，如沙包、积木等。鼓励幼儿爬进隧道，寻找并带出"宝物"。

注意事项：①确保隧道的安全性，检查隧道的材质是否柔软无毒，是否有破损。②在游戏过程中，成人应始终在隧道的出口处守护，确保幼儿的安全。③注意观察幼儿的反应，如果幼儿表现出害怕或不适应，应立即停止游戏。

扩展建议：可以在隧道的入口和出口分别放置一些色彩鲜艳的玩具，吸引幼儿的注意力。随着幼儿能力的提升，可以增加隧道的长度或难度，如设置一些简单的障碍物，让幼儿在爬行过程中克服困难。

效果自测

序号	学习要点	学生自评达到的程度
1	感觉统合、感觉统合训练的概念	☆ ☆ ☆ ☆ ☆
2	感觉统合失调的原因	☆ ☆ ☆ ☆ ☆
3	婴幼儿感觉统合发展及不足表现	☆ ☆ ☆ ☆ ☆
4	婴幼儿感觉统合发展的支持策略	☆ ☆ ☆ ☆ ☆

项目小结

婴幼儿认知发展包括感知觉、记忆、注意、思维等内容的发展，0~3岁是婴幼儿大脑神经突触增长量最多的时期，也是大脑发育的黄金期，更是其感觉统合能力发展的关键期。这一时期婴幼儿感知觉等认知活动处于非常活跃的阶段，本部分的内容的学习可以帮助托育专业人员准确把握0~3岁婴幼儿认知发展的规律和内容，在生活和养育活动中更有效地促进婴幼儿感觉统合能力的发展，为婴幼儿健康的未来奠定基础。

思考与练习

一、选择题

1. 下面几种新生儿的感觉中，发展相对最不成熟的是（　　）。
   A．视觉　　　　　　B．听觉　　　　　　C．嗅觉　　　　　　D．触觉
2. "视觉悬崖"实验证明，出生6个月的婴儿便开始具有（　　）能力。
   A．时间知觉　　　　B．大小知觉　　　　C．形状知觉　　　　D．立体知觉
3. 0~3岁婴幼儿注意的特点是（　　）。
   A．不随意注意占优势　　　　　　　　B．随意注意占优势
   C．注意的发展不受语言的支配　　　　D．不随意注意和随意注意均衡发展
4. 在（　　）前，儿童主要依靠感觉和知觉认识世界。
   A．5岁　　　　　　　B．4岁　　　　　　　C．3岁　　　　　　　D．2岁
5. 听到一声巨响，婴幼儿会马上转头过去，这是（　　）。
   A．不随意注意　　　B．随意注意　　　　C．随意后注意　　　D．有意注意

二、案例分析

妞妞妈妈平时很注重对妞妞的启蒙教育，当妞妞1岁半时，妞妞妈妈就开始利用糖果、水果、小玩具等教妞妞数数，1年过去了，妞妞依然会数错，妞妞妈妈着实担心。

请问：妞妞妈妈需要担心妞妞这样的表现吗？为什么？

拓展实训

去托育机构观摩一个早期认知教育活动，记录教师和婴幼儿的行为，并对教师教学行为进行分析。

项目六 婴幼儿情绪和社会性发展与早期学习支持

知识目标

1. 掌握婴幼儿情绪的概念、意义和影响因素。
2. 了解婴幼儿情绪的发展特点。
3. 掌握社会性发展的概念和主要内容。
4. 熟悉婴幼儿社会性发展的阶段与影响因素。

能力目标

1. 掌握培养婴幼儿积极情绪的支持策略,能够基于对婴幼儿情绪的分析,采取相应的措施。
2. 运用婴幼儿社会性发展知识,判断婴幼儿社会性发展水平。
3. 掌握良好社会性的支持策略,展开相应的指导活动。

素质目标

1. 树立关心、尊重婴幼儿的情感态度。
2. 形成正确的教育观和以幼儿为本的教育理念。
3. 乐于对婴幼儿情绪情感和社会性发展进行探索,重视婴幼儿情绪情感和社会性的培养。

思维导图

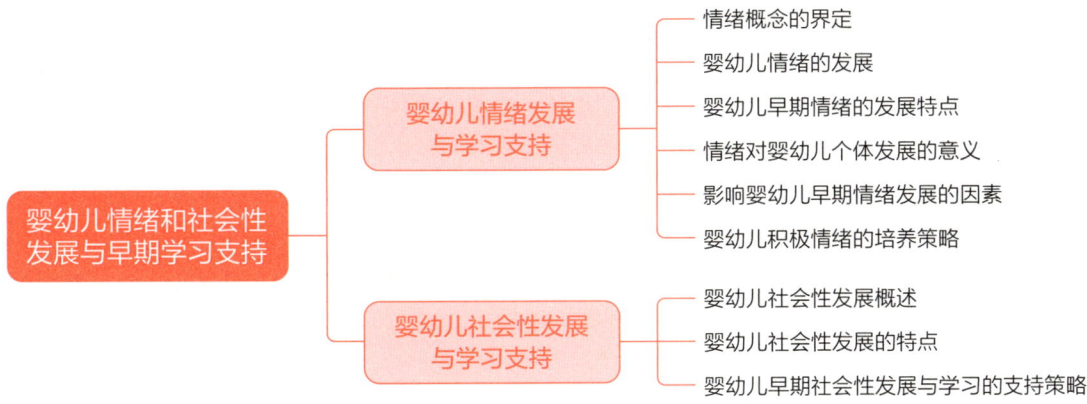

项目导读

婴幼儿的发展不仅包括知识技能的增长，还包括其情绪和社会性发展。本项目将从婴幼儿情绪和社会性发展的内涵入手，帮助学习者了解婴幼儿情绪和社会性发展的特点、影响因素，以便能够在日后的托育实践中较好地支持婴幼儿情绪和社会性的发展，帮助其较好地适应群体生活，完成个体的社会化。

任务一　婴幼儿情绪发展与学习支持

任务目标

1. 了解婴幼儿情绪的内涵与发展。
2. 掌握婴幼儿情绪发展的特点及对个体的意义。
3. 掌握影响婴幼儿早期情绪发展的因素。
4. 掌握婴幼儿积极情绪的培养策略。

案例导入

以前陌生人逗明明玩，他会用微笑回应，可是最近却好像变得怕生起来，在熟悉的家人面前经常发出愉快的笑声，可是在不熟悉的人面前却缩头缩脑，很少会回应，有时还会紧紧抱住父母，拒绝陌生人的接触。一天，明明妈妈邀请同事来家里玩，没想到同事刚进门，就出现了尴尬的一幕。明明看到之前没有见过面的妈妈同事后，立刻往妈妈身后躲，"快叫阿姨啊！"明明妈妈催促明明，但明明始终躲在妈妈身后，妈妈只能无奈地跟同事说："这孩子，一见生人就缩头缩脑。"

问题：你怎么看待明明妈妈的说法？明明为什么会出现这样的行为呢？

核心知识

一、情绪概念的界定

情绪是人对客观事物是否满足个体需要而产生的态度体验。婴幼儿情绪的发展是一个动态变化的过程，不同的年龄阶段其情绪有不同的特点。在不同的时期，所体验到的情绪也有所不同。婴幼儿会通过各种方式去了解周围的事物，去认识和体验外界的环境，从而逐渐形成对周围事物和人的感受和评价。

在这一过程中，婴幼儿开始学会根据自己的需要来调节自己的情绪和行为，逐步形成与环境相适应的情绪。情绪作为个体心理健康发展的重要组成部分，在个体心理活动和社会化过程中起着非常重要的作用。

（一）情绪的概念界定

情绪是以个体的需要、愿望为中介的一种心理活动，它反映了人脑对客观外界事物与主体需求之间的关系。当客观事物能够满足个体需要和愿望时，会产生积极的情绪体验，否则就会产生消极的情绪体验。例如，当婴儿饥饿时会引起哭闹等不愉快的情绪，这时如果妈妈及时喂奶，婴儿就会停止哭闹，情绪也会变得愉快。

情绪的三个基本成分是生理唤醒、主观体验、外部表现。

①生理唤醒。生理唤醒是指情绪产生时的生理反应，它是人类得以延续下来的一种本能应激反应，涉及个体复杂而广泛的神经系统。比如，当个体心情愉快时心跳正常；当个体生气愤怒时心跳加速、血压升高，呼吸频率加快；当个体受到惊吓时，头皮发麻、心跳加快，严重时甚至出现晕倒症状。

②主观体验。主观体验是指个体在面对某种情绪时的自我感受。同一个人面对不同情绪时的主观体验不同；不同的人对同一种情绪的主观体验也不同。

③外部表现。外部表现是指当情绪发生时，个体的面部表情、姿态表情和言语表情。面部表情是面部肌肉发生的变化，如高兴的时候额眉舒展、嘴角上翘；姿态表情主要指四肢、躯干的动作变化，如紧张时搓手、高兴时手舞足蹈；言语表情是通过不同情绪状态下语调、声调、节奏的变化表达的，如高兴时语速加快、语调变高等。

（二）情绪与情感的区别与联系

婴幼儿最初更多的是表现出与生理需要相关的情绪，随着他们年龄的增长，心理活动和社会化不断增强，与社会需要相联系的情感越来越占据主导地位。

情绪是人和动物共有的心理现象，是比较简单的体验；而情感则是人类特有的心理现象，相比情绪更加复杂。

情绪一般具有情境性、暂时性和冲动性等特征，它会随着某一情境的出现而出现，当产生某一情绪的情境消失时，情绪会立即随之减弱或消失；情感则具有稳定性、深刻性和持久性等特征，它是个体的内心体验和感受，一旦形成就相对稳定。

情绪相较于情感会有更为明显的外部表现，常常可从面部表情进行判断，如人在生气的时候会眉头紧锁，嘴角下垂，呼吸急促；而情感则以内隐的形式存在，是人的内心体验，一般不会轻易流露出来。

一方面，稳定的情感是在多次情绪体验的基础上形成的，是情绪的概括化，并以情绪的方式体现出来；另一方面，情绪也离不开情感，情绪的表现和变化受已形成的情感的制约，情感的深度决定情绪表达的强度。

二、婴幼儿情绪的发展

（一）原始情绪反应

婴幼儿情绪的发展最早可追溯到新生儿时期，这时的情绪反应与其生理需要是否得到满足直接相关。例如，当婴儿饥饿或者尿布潮湿时，他们会做出哭闹、乱踢乱动等不愉快的情绪反应，而当照料者给婴儿喂奶或换上干净尿布以后，他就会立即停止哭闹，情绪也变得安定愉快。此时，婴幼儿的情绪反应往往表现为一般性激动，它是一种与生俱来的遗传本能，新生儿对饥饿、疼痛、困乏等均会做出哭闹、乱踢乱动等无方向性的、不明确的杂乱反应，因此很难辨别其确切的情绪，即表现出原始情绪的不分化性。

针对新生儿的原始情绪反应分化问题，美国的心理学家、行为主义的创始人华生通过对医院内500多名新生儿进行观察，提出新生儿天生的情绪反应有三种，即怕、怒、爱。随着行为主义的兴起，华生的关于新生儿三大原始情绪高度分化的推论也随之流行起来。但是后来不少心理学家做了类似的研究，都未能验证华生对原始情绪分化的实验结论，所以针对新生儿的原始情绪，学者们未能取得一致意见。但多数心理学家认为，新生儿的原始情绪反应是笼统的，是一种杂乱无章的未分化的反应，在以后学习和成熟的作用下，各种不同的情绪才逐渐分化出来。

（二）情绪的分化理论

婴儿在出生后，随着自身的成熟和与后天环境的不断作用，其情绪逐渐发展、分化。在原始情绪反应基础上，婴儿出现了真正的情绪。关于婴幼儿情绪的分化，主要有三种比较有代表性的理论。

1. 布里奇斯的情绪分化理论

加拿大心理学家布里奇斯通过对100多名婴幼儿进行观察，提出了较为完整的情绪分化理论。她认为新生儿只有皱眉和哭两种未分化的一般性激动，这是由强烈刺激引起的内脏和肌肉反应。3个月时，婴儿从一般性激动逐渐分化为快乐和痛苦；6个月时，婴儿的一般性痛苦进一步分化为愤怒、厌恶和恐惧这三种情绪；12个月时，快乐的情绪开始分化，出现高兴和喜爱两种情绪；18个月以后，又逐渐分化出喜悦和妒忌。

2. 林传鼎的情绪分化理论

不同于华生所提出的原始情绪高度分化的理论，也不同于布里奇斯关于新生儿出生时情绪完全未分化的观点，我国心理学家林传鼎通过亲身观察了500多名出生1~10天的新生儿的动作变化，指出新生儿已具有两种完全可以分辨的情绪反应，即愉快和不愉快，这两种反应都直接与生理需要是否得到满足有关。愉快情绪反应代表生理需要得到满足，如吃饱、温暖和舒适等，它是一种积极主动的反应，表现为某些自然动作，尤其是四肢末端的自由动作的增加；不愉快的情绪反应代表生理需要未得到满足，如饥饿、寒冷、疼痛等，表现为自然动作的简单增加，如连续哭叫、脚蹬手刨等。

同时，他将儿童情绪分化的过程分为三个阶段。

（1）泛化阶段（0~1岁）

在这一阶段，婴儿的情绪反应较为笼统，由生理需要引发的情绪占优势。0.5~3个月，婴儿会相继出现喜悦、欲求、烦闷、惊骇、急忿和厌恶六种情绪，但这些情绪的分化性不高；4~6个月，婴儿的情绪逐渐摆脱与生理需要的关联，出现由社会性需要引起的喜悦和急忿。

（2）分化阶段（1~5岁）

在这一阶段，儿童的情绪变得多样化，从3岁开始，陆续产生了同情、尊重、爱、羡慕等20多种情感，此时，一些诸如道德感、美感等高级情感也开始萌芽。

（3）系统化阶段（5岁以后）

在这一阶段，随着儿童社会交往范围的扩大，他们的情绪高度社会化，理智感、道德感和美感开始达到一定水平，有关世界观的情绪情感也初步建立。

3. 伊扎德的情绪分化理论

美国心理学家伊扎德运用录像技术、专业的面部肌肉和表情测查系统，将婴儿的面部表情进行了精细、深入的分析，提出了婴儿在其出生时，就具有五大原始情绪：惊奇、痛苦、厌恶、最初步的微笑和兴趣。随着他们年龄的增长和脑部的发育，情绪也逐渐增长和分化。婴儿在4~6周，开始出现社会性微笑；在3~4个月时，出现悲伤、愤怒的情绪；在5~7个月时，出现惧怕的情绪；在6~8个月，出现害羞情绪；在6个月至1岁，出现依恋、伤心和恐惧的情绪；在1岁半左右，出现骄傲、羞愧、自豪、焦虑、内疚和同情等情绪。

总的来说，基于目前的研究，我们可以认为婴幼儿情绪的分化和发展是从基本生理需要是否得到满足，逐渐发展成为带有社会内容的情绪表现形式。初生婴儿的情绪是笼统不分化的，随着婴幼儿年龄的增长和社会生活范围的日益扩大，情绪逐渐分化，2岁左右，已出现各种基本情绪。

（三）基本情绪的发展

1. 哭

哭代表一种不愉快的情绪体验，新生儿出生后，最明显的情绪表现就是哭，这是他们与外界进行沟通的第一种方式。婴儿啼哭的原因最初是生理性的，是一种向照料者传递信息、表达生存需求的原始语言，如饥饿、疼痛、想睡觉等，婴儿借助哭声，能够让照料者了解其生理状态，及时进行照料。随着婴幼儿年龄的不断增长，引起婴幼儿啼哭的社会性因素逐渐增加，如婴幼儿开始将打针的疼痛和医生的白大褂联系起来，开始出现看到穿白大褂的医生而啼哭的现象。随着婴幼儿语言、动作能力的发展，他们不断与周围环境相互适应，婴幼儿啼哭的现象会逐渐减少。在婴幼儿期，哭声也可能是患病的征兆，成人要根据不同的哭声判断婴幼儿啼哭的原因，并针对性地采取护理措施，来更好地满足婴幼儿的内心需要与生理需求。

2. 笑

笑是婴幼儿情绪愉快、高兴的表现，也是与成人交往、沟通的基本手段。根据婴幼儿笑的发展顺序，可以将笑分为三个阶段。

（1）自发性微笑（第1周至第5周）

婴幼儿最初的微笑是自发性的，这种微笑不是针对外界刺激的反应，而是由其本身的生理和心理状态引发，因此又称内源性微笑。这种微笑最常发生在婴幼儿睡眠时，困倦时也可能出现，它往往是一种轻轻的笑意，强度较低，表现为婴幼儿只是卷卷嘴角，只有嘴周围的肌肉活动，并没有眼周围的肌肉活动。在出生1周后，新生儿在清醒的状态下，吃饱喝足或听到柔和的声音也会出现嘴角上抬的面部表情。

（2）无选择的社会性微笑（第5周至3个半月）

在这一阶段，婴儿能够区分社会性刺激和非社会性刺激，并明显偏好社会性刺激。此时，婴儿对人的微笑是无差别的，即不对刺激对象加以区分，父母的面孔、陌生人的面孔、假面具都成为能够引起婴儿微笑的有效刺激。

（3）有选择的社会性微笑（4个月左右）

随着婴儿认知能力的提高和处理刺激内容的能力增强，婴儿逐渐能分辨熟悉面孔和陌生面孔，并对不同面孔做出不同的反应，出现了有真正意义的社会性微笑。在这一阶段，婴儿只有面对熟悉面孔时才会发出无拘无束的笑，而面对陌生面孔则会带有警戒，不会轻易地展露笑容。

3. 恐惧

恐惧是对真正的或可感知到的威胁产生的一种强烈的情绪感受和体验，它能够起到一定的警戒作用。婴幼儿的恐惧会随着年龄增长和认知发展而变化，有一定的年龄特点，某个年龄阶段存在特定的恐惧内容，有些暂时性的恐惧也会随着儿童正常发育而消失。

（1）本能的恐惧

恐惧是新生儿刚出生时就有的情绪反应，甚至可以说是一种本能反应。在婴儿早期，最初的恐惧是由听觉、肤觉、机体觉等刺激引起的，如尖锐刺耳的高声、皮肤受伤、身体突然失去平衡，失去依托等都会使婴儿产生恐惧的情绪。

（2）与知觉和经验相联系的恐惧

从4个月左右开始，婴儿会出现与知觉发展相联系的恐惧。即婴儿在经历一些不愉快的事件后，会对特定的环境或事物产生恐惧，如被火烫伤过或被小猫抓过等。从这时开始，视觉对恐惧的产生逐渐起主要作用，高处恐惧也随着深度知觉的产生而产生，比如刚学会爬的婴儿在床上会表现出对"高"的恐惧，会谨慎地不靠近床沿。

（3）怕生

怕生是对陌生刺激物产生的恐惧反应，怕生与依恋情绪同时产生，一般在6个月左右出现。随着婴儿感知和记忆能力的不断发展，对亲近的人与陌生的人能够加以区分，他们会对母亲产生强烈的依恋情绪，一旦离开母亲，婴儿就会感到焦虑和恐慌。而陌生人的靠近则会使他们产生谨慎、不安的情绪，典型的表现就是一遇到不熟悉的人就往妈妈身后躲，别人与他打招呼也不回应。随着婴儿认识范围的扩大，接触陌生人的机会变多，"怕生"现象会逐渐缓解。

（4）预测性恐惧

随着想象能力的发展，2岁左右的婴幼儿出现了预测性恐惧，此时他们还很难把现实和想象区别开，所以婴幼儿会怕黑、怕妖怪幽灵、怕坏人，不愿一个人在关灯的房间里睡觉等，这些与想象相联系的恐惧情绪，通常受环境影响。同时，记忆的发展也开始对婴幼儿的情绪产生作用，打过针的孩子因头脑中保留着医生给他打针让他很疼的记忆表象，所以开始害怕穿白大褂的人，甚至害怕去医院。

4. 愤怒

愤怒是一种激活水平很高的爆发式负面情绪，最早出现在婴儿出生后4~8周，是指达到目标的行为受挫或强烈的愿望未得到满足时引起的一种紧张而不愉快的情绪体验，如把婴儿喜欢的东西拿走、限制住婴儿的手脚、强制婴儿睡觉或是妈妈稍微离开一会儿，都可能使他们发脾气。皱眉、两脚乱踢、牙齿紧咬、满面涨红、大声哭叫等是婴幼儿愤怒的典型表现。

三、婴幼儿早期情绪的发展特点

对于婴幼儿来说,早期情绪发展大致包括情绪表达、情绪识别和情绪调节三个方面能力的发展特点。

(一)情绪表达的发展特点

婴幼儿情绪发展的首要表现是情绪的表达。情绪本质是主观体验,伴随着生理成分与行为成分。婴幼儿情绪的表达即通过其外在的生理变化和行为表现来体现。

0~3岁婴幼儿的情绪表达表现出以下特点。

1. 情绪的易冲动性

婴幼儿常常处于激动状态,而且来势强烈,不能自制,往往全身心都被不可遏制的威力所支配。年龄越小,这种冲动就越明显。例如,想要一个玩具而得不到,就会大哭大闹,短时间内不能平静下来。成人要求"不要哭"也无济于事,他们甚至一句话也听不进去。这时成人不妨给他们擦擦脸,待他们稍微平静下来再进行教育。有时也可以采用暂时转移注意力的方法,使婴幼儿情感逐渐稳定。

2. 情绪的不稳定性

婴幼儿的情绪是非常不稳定的,容易变化,表现为两种对立的情绪在短时间内互相转化。当婴幼儿得不到喜爱的玩具而哭泣时,成人递给他一块糖,他就会立刻笑起来。这种破涕为笑的现象,在2~3岁时尤为明显。婴幼儿情绪的不稳定性和他们易受情境的影响有关。婴幼儿的情绪受外界情境所支配,情绪往往随着某种情境的出现而产生,又随着情境的变化而消失。婴幼儿情绪的易变性与婴幼儿情绪的易受感染与暗示也有关。例如,新入托的婴幼儿哭着要妈妈,会引得已经适应园所生活的其他孩子也跟着哭;有一个孩子笑,其他孩子也会莫名其妙地跟着笑。

3. 情绪的外露性

0~3岁的婴幼儿还不能意识到自己情绪的外部表现,他们的情绪完全表露在外,丝毫不加控制和掩饰。例如,想哭就哭,想笑就笑。他们也不认为这有什么不合理。到了2岁左右,婴幼儿在日常生活中逐步了解了一些初步的行为规范,知道了有些行为是要加以克制的。例如,一个孩子摔倒会引起本能的哭泣,但刚刚一哭,马上就对自己说"不要哭!我不哭",但孩子的脸上还挂着泪珠,甚至还在继续哭。这种矛盾的情况说明婴幼儿从不会调节自己的情绪到开始产生调节自己情绪的意识,但由于自我控制的能力差,还不能控制自己的情绪表现。这种情况一直持续到幼儿初期。

0~3岁婴幼儿情绪表达里程碑如表6-1所示。

表6-1 0~3岁婴幼儿情绪表达发展里程碑

顺序	情绪表达	获得动作的平均年龄
1	婴儿会有社交微笑,吃饱后就会全身活跃或笑出声	6~10周
2	会出现陌生人焦虑,这种情绪在13~15个月最强,1岁半以后逐渐减弱	在7个月时
3	能感受并表达烦躁、愉悦等情绪	0~6个月

续表

顺序	情绪表达	获得动作的平均年龄
4	用哭泣表达需求,饥饿时哭声更强烈	0~6个月
5	难受时会撇嘴,发出哼哼声	0~6个月
6	愉悦时会发出咯咯的笑声	0~6个月
7	照料者边哼唱摇篮曲边轻拍他的身体时,表情愉悦	0~6个月
8	出现惊讶、悲伤等多种情绪	6~12个月
9	对动物、娃娃等有充满喜欢的举动	6~12个月
10	使用面部表情、眼神、声音和姿势对周围的事情表达自己的情绪	6~12个月
11	当愿望受阻或沮丧时会表示愤怒	6~12个月
12	有害羞、羞愧等自我意识的情绪	12~24个月
13	情绪易受感染,出现"人哭我哭,人笑我笑"的现象	19~24个月
14	短时间内表现出不同的情绪变化,经常"破涕为笑"	19~24个月
15	骄傲、妒忌等情绪在行为中较常出现	24~36个月
16	有内疚、尴尬等较为复杂的情绪	24~36个月
17	哭的次数明显减少	30个月

注:这些里程碑呈现的是总体的年龄趋势。达到每一个里程碑的准确年龄存在个体差异。

(二)情绪识别的发展特点

情绪识别是指婴幼儿能够通过观察他人的面部表情、语言和姿态等方式,识别出不同的情绪状态。研究表明,这种能力在婴幼儿早期就已开始萌芽。例如,学者菲尔德(1982)的研究发现,仅出生3天的婴儿就能模仿成人做出高兴、伤心和惊奇等表情,这体现了婴幼儿对情绪表达的早期敏感性。不过,学者克林勒特和坎波斯(1983)指出,婴幼儿的情绪识别能力是逐步发展的,他们将1岁前婴儿识别表情的水平划分为四个阶段,说明这一能力并非一蹴而就,而是随着婴幼儿的成长逐渐完善。

1. 无面部知觉(0~2个月)

在出生后的最初2个月,婴儿的神经系统和感知能力尚未完全发育成熟,对面部表情的识别能力还未形成。此时,婴儿虽然能够感知到外界的刺激,但无法理解成人的情绪信息。例如,当成人表现出快乐或悲伤时,婴儿可能无法做出针对性的反应,这主要是因为他们的视觉和认知能力还处于初级阶段,无法将面部表情与情绪意义联系起来。

2. 不具备情绪理解的面部知觉(2~5个月)

从2个月开始,婴儿的视觉和感知能力逐渐发展,他们能够知觉到成人的面部表情,并做出一定的情绪反应。然而,这一阶段的婴儿还不能正确理解成人表情的真正意义。例如,他们可能会对成人的微笑和皱眉做出相似的反应,如微笑或注视,但无法区分这两种表情所代表的情绪差异。这表明,虽然婴儿已经开始对表情产生反应,但他们的情绪反应是基于感知而非理解。

3. 对表情意义的情绪反应（5~7个月）

到了5~7个月，婴儿的情绪识别能力有了显著提升。他们能够对不同的正负面情绪做出相应的反应，并且能够更加细微地察觉成人面部表情的变化。例如，面对微笑时，婴儿会表现出愉悦的情绪；而面对皱眉或生气的表情时，可能会表现出不安或哭泣。这一阶段的婴儿已经开始将表情与情绪意义联系起来，但这种联系可能还比较肤浅，更多是基于直观的感知和简单的条件反射。

4. 在因果关系参照中应用表情信号（7~10个月）

接近1岁时，婴儿的情绪识别能力进入了一个新的阶段，他们开始学会借鉴他人的表情来指导自己的行为。这一心理学现象被称为社会性参照。当婴儿遇到陌生的情境或物体时，他们可能会表现出犹豫或不确定，此时他们会观察熟悉照料者的表情来判断情境的安全性。例如，如果照料者表现出微笑和放松的表情，婴儿会放松警惕并尝试接近；而如果照料者表现出担忧或恐惧的表情，婴儿可能会表现出害怕或退缩的行为。

社会性参照能力对婴幼儿一生的发展具有重要的作用。它不仅帮助婴幼儿在陌生环境中做出更安全、更合理的决策，还促进婴幼儿对情绪的理解和表达能力的发展。通过观察和模仿照料者的情绪反应，婴幼儿逐渐学会了如何识别和表达自己的情绪，同时也学会了如何通过情绪信号与他人进行交流。这种能力为婴幼儿后续的社会交往、情感发展和认知能力的提升奠定了基础。

（三）情绪调节的发展特点

0~3岁婴幼儿情绪调节能力的发展，主要经历了以下两个阶段。

1. 支持性调节（0~1岁）

在这一阶段，婴幼儿的情绪调节主要依赖于照料者的支持。他们自身的情绪调节能力尚未发展起来，完全依靠外界的力量来缓解情绪波动。例如，宝宝出生后4~5个月，当尿不湿弄脏了，会带来宝宝身体上的不舒适，产生消极情绪，哭闹不止。这时爸爸妈妈会帮宝宝换下不舒服的尿不湿，安抚哭闹中的宝宝，让他们摆脱原来的不舒适的感受，直至他们停止哭闹。这个过程，实际是照料者通过改造环境，替代婴儿调节情绪，所以称之为支持性调节。

2. 成人指导下的自我调节（1~3岁）

在该阶段，婴幼儿开始在成人的指导下逐步学习自我调节情绪。成人提供的语言安抚、行为引导等开始对婴幼儿的情绪调节产生影响，婴幼儿自身的调节能力开始萌芽，但仍然离不开成人的支持。当婴幼儿因为身体不适（如肚子疼、累了）而哭闹时，成人会用语言安抚，比如说"妈妈知道宝宝不舒服，妈妈抱抱你"。这种语言的安抚会逐渐被婴幼儿理解，并且婴幼儿会开始尝试模仿成人的行为来调节自己的情绪。例如，孩子可能会在成人抱起后，自己慢慢停止哭闹，或者用手揉揉肚子来缓解不适。相比支持性调节阶段，婴幼儿在这一阶段能够更快地安定下来，但如果没有成人的安抚与指导，他们仍然很难独立地调节自己的情绪。例如，一个1岁半的孩子因在陌生环境中感到害怕而哭闹，成人通过语言安慰和陪伴，孩子可能会逐渐平静，但如果成人离开，孩子可能会再次陷入不安的情绪中。

0~3岁婴幼儿情绪调节发展里程碑如表6-2所示。

表6-2　0~3岁婴幼儿情绪调节发展里程碑

顺序	情绪调节	获得动作的平均年龄
1	通过控制视觉注意的方式调节情绪	2~3个月
2	能区分不同音调传达的不同情绪，听到成人高兴的声调时会手舞足蹈	0~6个月
3	会出现情绪较难控制、容易受挫的现象	12~18个月
4	在得到帮助的情况下能控制情绪	18~24个月
5	情绪调节能力逐渐增强，能够在成人的指导下自我调节	24~36个月

注：这些里程碑呈现的是总体的年龄趋势。达到每一个里程碑的准确年龄存在个体差异。

四、情绪对婴幼儿个体发展的意义

（一）情绪是婴幼儿适应社会、传递信息的重要心理工具

刚出生的婴儿还不具备独立生存和语言交际的能力，这时，婴儿的情绪反应成为与照料者进行沟通的有效信号。婴儿通过情绪向成人传递自己的需求或愿望，成人观察婴儿的情绪反应，及时做出判断以满足婴儿的需求。例如，当婴儿在饥饿或不适时会通过哭闹引起成人的注意，从而满足自身的生存需要。

（二）情绪对婴幼儿其他心理过程的作用

情绪还能影响婴幼儿的感知觉、记忆、想象和思维能力的发展。积极的情绪对其他心理过程有调节和组织的作用，消极的情绪对其他心理过程有干扰和破坏的作用。例如，当婴幼儿感到高兴、愉快时，他们的行为会更加开放，更容易注意和接纳外界新鲜的刺激；而当婴幼儿感到焦躁、不安时，可能难以集中注意力，妨碍认知活动的进行。

（三）情绪对婴幼儿心理活动和行为的激活和促进

情绪是激活婴幼儿心理活动和行为的驱动力。婴幼儿的情绪直接指导、调控着婴幼儿的行为，驱动、促使他们做出某种行为或不做出某种行为。

例如，在托幼园所中经常会出现许多婴幼儿先学会说"再见"，再学会"早上好"的现象，其重要原因是婴幼儿早上入园时不愿意与父母分离，缺乏向老师问好的良好情绪和动机，下午则因为能够随父母回家，心情比较愉快，所以会赶快说"再见"。虽然同样是在学说话，但在不同情绪影响下，学习效果是不相同的。

（四）情绪促进婴幼儿的人际交往和个性形成

一方面，婴幼儿通过情绪表达自己人际交往的需要。具备积极的情绪、善于调控情绪且能清晰表达情绪的婴幼儿更能够与同伴进行良好的互动和合作，在伙伴群体中也更容易受到欢迎；另一方面，婴幼儿期是个性培养的关键时期，婴幼儿的情绪对其个性的形成具有重要作用。婴幼儿在与环境的不断接触中，逐渐形成了对不同人、不同事物的不同的情绪态度。如果婴幼儿经常重复体验某一情绪状态，那这些状态就会逐渐稳固下来，形成稳定的情绪特征，进而影响个性的形成。

五、影响婴幼儿早期情绪发展的因素

（一）婴幼儿自身因素

从神经生理机制来看，大脑皮层对情绪起着调节和制约的作用，大脑皮层可以抑制皮层下中枢的兴奋，从而达到控制情绪的目的。随着大脑功能不断发育，婴幼儿逐渐学会控制、调节自己情绪的能力。

从婴幼儿的气质类型来看，主要分为易养型、难养型和中间型（迟缓型）。易养型婴幼儿容易接受新事物和新环境，性情平和，情绪良好，活泼可爱，即便是哭闹了也能很快被安抚，易养型婴幼儿会有更多积极愉快的情绪体验。难养型婴幼儿对新事物、新环境的反应总是退缩回避，难以适应环境改变，情绪反应强烈，爱发脾气，时常大声哭闹，而且不容易被安抚，难养型婴幼儿会有更多消极的情绪体验。中间型婴幼儿对新事物适应较慢，情绪反应温和，需要更多时间适应环境。

除此之外，婴幼儿情绪的发展还与自身的认知能力和语言能力有关。婴幼儿语言表达能力的提高、情绪观点采择能力的发展、情绪调控策略的掌握及情绪理解能力的增强都会影响婴幼儿情绪的发展。

（二）家庭因素

首先，在家庭中，父母关系往往会影响婴幼儿情绪的发展。如果父母彼此恩爱，相互尊重，那么婴幼儿从小就会获得安全感和归属感，性格也会比较乐观开朗，在遇到困难时，往往采取积极的情绪应对方式；如果父母关系紧张、家庭矛盾多，争吵冷战不断，或父母有不良的生活习惯，都会严重影响婴幼儿的情绪，导致他们消极、沮丧，脾气暴躁甚至丧失自信。其次，亲子交往互动的质量会对婴幼儿的情绪产生影响。婴幼儿的情绪主要是在与家人及周围人的不断交往中逐渐发展起来的，特别是在亲子交往中积累起来的，良好的亲子互动不仅能够及时地回应婴幼儿的情绪信号，而且还能有意识地帮助他们认识自己和他人的情绪，促进他们情绪理解能力的发展。最后，婴幼儿的情绪也受到父母教养方式的影响，民主型教养方式下的婴幼儿更容易获得积极愉快的情绪体验。

（三）社会环境因素

随着婴幼儿年龄的增长，他们开始离开家庭，迈入托幼园所，这时老师和同伴对其情绪的影响也日渐突出。通过与同伴、老师的交往，婴幼儿感知他人情绪和恰当表达自身情绪的能力不断发展。同时，随着现代信息技术的发展，电子设备开始广泛影响婴幼儿的生活，使用电子产品的时间和内容都会对婴幼儿的情绪造成影响。过度沉迷于看电子设备（如长时间看视频、玩游戏），一方面会减少婴幼儿与父母、家人和同伴相互接触的机会，限制其思维活动范围，容易出现情绪问题和社交退缩；另一方面，浏览电子产品中的一些带有暴力情节的内容也会导致婴幼儿日后出现攻击性行为的频率增多。

六、婴幼儿积极情绪的培养策略

（一）营造安全舒适、温馨和谐的心理环境

由于婴幼儿的情绪不稳定，容易受周围环境气氛的影响。照料者在家庭中要有意识地保

持良好的情绪气氛，成人之间要互敬互爱，努力避免剧烈的冲突。家长应给予婴幼儿足够的关注和关爱，适当满足婴幼儿的需求，在教育孩子时，应秉持民主和尊重的原则，为婴幼儿创设一个和谐、宽松、平等的环境氛围，鼓励其积极表达负面的情绪和感受，促进情绪的发展；另外，在托幼园所中，教师要保持良好的情绪状态，始终以饱满的热情面对婴幼儿，以理性的态度去对待婴幼儿，尊重婴幼儿的个体差异，善于发现他们的闪光点。在班级环境的创设和游戏材料的投放方面，教师要充分考虑婴幼儿的需求，提供丰富多样的游戏材料。教师可以为婴幼儿提供充分释放情绪的私密空间，如情绪角、悄悄话小屋等，还可以张贴家庭合影，摆放他们喜欢的玩具，小时候用过的物品等，营造家庭般的氛围，使婴幼儿感受到安全和愉悦。

（二）建立安全的亲子依恋关系，关注孩子内心感受

给予婴幼儿充分的关爱和无条件的接纳，使其获得足够的心理安全感，能积极主动地探索外部世界，适应新环境，获得愉快的情绪体验。父母要抓住建立依恋关系的关键期，及时满足婴幼儿因困乏、饥饿、不适产生的生理性需求，也可以通过拥抱、亲吻等亲密的肢体接触，增强亲子之间的情感纽带，建立稳定的亲子依恋关系。

（三）保证家庭教育的一致性，进行情绪自控示范

婴幼儿主要照料者之间要共同协商并达成一致的教育理念，尽量减少在婴幼儿面前产生过大情绪波动的状况，以平和的心态处理各类事情。成人是婴幼儿模仿与学习的对象，其情绪示范对婴幼儿情绪发展十分重要，因此成人要善于调节和控制自己的情绪，及时捕捉和创造养成婴幼儿良好情绪的日常契机，逐步发展婴幼儿的情绪自控能力。

成人帮助婴幼儿控制情绪的方法主要有转移法、冷却法和消退法。

1. 转移法

转移法是指当婴幼儿受到不良情绪影响时，照料者有意识地分散其注意力，将其注意力转移到其他事物上的方法。例如，当一名婴幼儿正因同伴弄坏他刚搭好的积木而哭闹时，可以吸引他参加一个更加新颖、有趣的游戏，从而让他忘却哭泣。

2. 冷却法

冷却法是一种冷处理的方法，即当婴幼儿的情绪处于激动状态时，可以采取暂时置之不理的办法，让婴幼儿自己逐渐平息激动的情绪。例如，方方想要买玩具，妈妈说家里已经有很多了，但方方不听妈妈的话，开始在商店里面大哭大闹，吵着要买，妈妈仍不予理睬，一段时间后，方方自己慢慢地停止了哭闹。

3. 消退法

消退法是指某个被强化的问题行为，一旦婴幼儿出现该问题行为之后不再继续给予"满足其要求"的强化，那么该问题行为出现的频率就会减少直至消失。消退法尤其适用于婴幼儿有非分要求、无理取闹和放纵任性时。例如，孩子晚上吵着要吃冰激凌，家长不给，孩子开始大哭大闹，家长面对孩子的哭闹只得无奈顺从，此时孩子大哭大闹换来家长的妥协，强化了其大哭大闹的问题行为。此后，孩子只要想吃冰激凌就会大哭大闹。后来父母商量好，采用消退法，对他的哭闹不予理睬，无论其如何哭闹，都温柔而坚定地不给冰激凌，即不再给予强化物"顺从"。几次过后，孩子发现大哭大闹对于能否吃到冰激凌并没有帮助，自然而然就会减少该问题行为。

(四)利用丰富的活动促进婴幼儿的积极情绪

游戏是婴幼儿最喜欢的活动,游戏使婴幼儿在一个轻松愉快的氛围中,按自己的意愿自主活动,并获得愉快和满足的情绪体验。游戏还为婴幼儿提供了表达各种情绪的安全场所,是婴幼儿宣泄紧张情绪的有效方法和途径。例如,婴幼儿模仿医生玩"打针"的游戏时,扮成"医生""护士"给其他"小朋友"打针,宣泄了对医生、护士和打针的恐惧。同时,游戏也能够使婴幼儿通过扮演各种角色,体验角色所经历的情绪状态,学会换位思考,培养婴幼儿理解他人情绪的能力。

(五)善于观察和辨别婴幼儿的情绪,积极鼓励和引导

基于婴幼儿情绪外露性的特点,成人要通过面部表情、肢体动作等各种方式及时了解和发现婴幼儿的异常情绪,并在此基础上给予适时的帮助和引导。当成人发现婴幼儿情绪异常时,要主动询问,耐心、细致地引导婴幼儿说出自己的想法,教师要从婴幼儿说话的内容和语气语调中,敏锐地捕捉其情绪信息,及时帮助他们化解情绪。同时,婴幼儿的情绪在很大程度上受成人暗示。如果成人总是对婴幼儿加以积极的肯定和鼓励,那么婴幼儿的自信心和能力感就会增强;如果成人经常采用批评和惩罚的方式对待婴幼儿,那么婴幼儿就会情绪低落、丧失行动热情,久而久之可能产生习得性无助感。

> **相关链接**

静止脸实验

20世纪70年代,曼彻斯特大学的心理学教授爱德华·特罗尼克和他的研究小组做了一个名为"静止脸"的实验(图6-1),目的是探索母亲对孩子的情感回应模式对孩子情感认知发育和亲子依恋模式的影响。实验主要分为以下三个部分。

实验刚开始,妈妈坐在1岁左右的婴儿对面,跟往常一样跟婴儿玩耍,对他微笑、打招呼,婴儿会对妈妈的逗引做出反馈,会咿咿呀呀地回应妈妈。婴儿随意指不同的地方给妈妈看,妈妈也会顺应他指的动作,用不同的表情变化配合婴儿的意图。在互动中,婴儿显然是兴奋的,说明婴儿喜欢这样的交流。

接下来,当妈妈再次面对婴儿时,开始由原来的热情回应变为木然无表情,这种不反应的面无表情的状态持续2分钟。在这个阶段,无论婴儿做出什么反应,妈妈的脸始终是静止、空洞、无变化的。当妈妈的静止脸出现之后,一开始婴儿会感到很困惑,会试图用自己所有的能力吸引妈妈的反应,做之前跟妈妈一起做的动作,如笑、指向远处、挥舞胳膊、大叫、哭闹等,试图引起妈妈的关注和回应。但婴儿的各种尝试始终没有得到妈妈正常的反馈,在各种尝试失败后,婴儿充满了焦虑,并表现出哭泣、尖叫,甚至崩溃、绝望等负面情绪。

最后,当妈妈恢复正常状态,与婴儿玩耍和交谈后,婴儿的情绪也很快恢复,并能继续愉快地玩耍。

"静止脸"实验表明,婴儿对周围人的反应非常敏感,主要照料者对于婴儿情感反应的回应方式会对婴儿的情感发展和安全感产生很大的影响。如果婴儿一直被父母忽视,那他会持续地陷入负面情绪中,会对其未来的情感发展产生深远影响,且很难被修复。

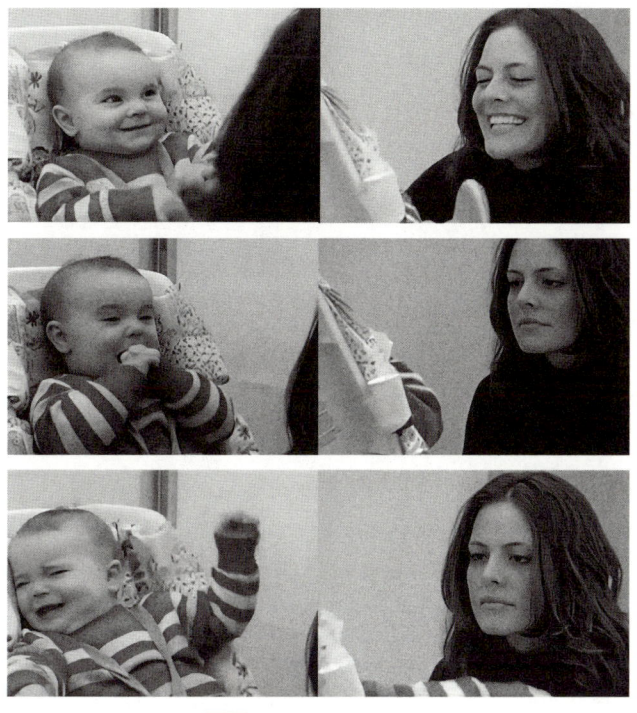

图6-1 "静止脸"实验

效果自测

序号	学习要点	学生自评达到的程度
1	婴幼儿情绪的内涵与发展	☆ ☆ ☆ ☆ ☆
2	婴幼儿早期情绪的发展特点及对个体发展的意义	☆ ☆ ☆ ☆ ☆
3	影响婴幼儿早期情绪发展的因素	☆ ☆ ☆ ☆ ☆
4	婴幼儿积极情绪的培养策略	☆ ☆ ☆ ☆ ☆

任务二　婴幼儿社会性发展与学习支持

任务目标
1. 了解婴幼儿社会性发展的相关概念。
2. 掌握婴幼儿社会性发展的特点。
3. 掌握支持婴幼儿早期社会性发展与学习的支持策略。

案例导入

星期天，妈妈带童童去玩滑梯，正好看到迎面走来的西西和丫丫手拉手围着滑梯散步，童童看到后，挣脱开妈妈的手，拦住西西和丫丫的去路，并威胁西西和丫丫说："不能过去！"西西和丫丫没有理会童童的话，打算绕过童童，童童再次拦住了他们，并推了丫丫一把，一下子把丫丫推倒了，丫丫大声地哭了起来。事后，妈妈问童童为什么要这么做，童童告诉妈妈因为西西和丫丫不跟她一起玩。

问题：为什么童童会出现这样的行为？童童妈妈应该怎样引导童童？

从社会性发展来看，案例中的童童正处于渴望与其他小朋友交往的阶段，但因缺乏必要的与人友好交往的技能技巧，不知道如何正确向同伴表达交往的愿望，因此，童童的交往邀请受挫，并希望采用威胁等不恰当的方式来吸引同伴的注意。婴幼儿社会性发展对婴幼儿的成长非常重要，本任务将对婴幼儿社会性发展进行系统介绍，通过了解婴幼儿社会性发展的特点和影响因素，及时发现婴幼儿社会性发展中存在的问题，并提供相应的措施。

核心知识

一、婴幼儿社会性发展概述

（一）婴幼儿社会性发展的概念

发展心理学上"社会性"指的是个体为适应社会而表现出的心理和行为特征，也就是人们为了适应社会生活所形成的行为方式。婴幼儿社会性发展是指婴幼儿通过与他人的交往和互动，从一个生物人，逐渐掌握社会的道德行为规范和习得社会行为技能，成长为一个社会人的过程。

（二）婴幼儿社会性发展的主要内容

婴幼儿早期社会性发展主要包括自我意识、人际关系和社会性行为三个方面。

1. 自我意识

自我意识的发展是婴幼儿社会性发展的重要组成部分，也是体现婴幼儿社会性发展的一个重要方面。自我是一个很广的概念，它包括自我知觉、自我认知、自我调节、自我监控、自我评价和自尊等概念。个体的自我发展从自我知觉到自尊建立是一个相当长的时期，它始于婴幼儿时期而贯穿成年。在这一时期内，自我的发展偏重于对自我的认识，因此也可统称为自我意识的发展。

自我意识就是作为主体的我对于自己以及自己与周围事物的关系，尤其对自我关系的认识，是关于自我的"知"的方面。对自己的认识包括认识自己的生理状况（如身高、体重、形态）、心理特征（如兴趣爱好、能力、性格、气质）等。对自己与他人关系的认识，即认识自己与周围人们相处的关系、自己在群体中的位置与作用等。

2. 人际关系

人际关系不仅是婴幼儿社会性发展的重要内容，还是影响婴幼儿社会性发展的主要因素。婴幼儿早期人际关系主要存在三种：亲子关系、同伴关系和托幼园所的师幼关系。婴幼儿时期的亲子关系主要是指父母与子女之间基于血缘或法律关系而形成的情感联系，即依恋关系。它是家庭关系的重要组成部分，对婴幼儿的成长和发展有着深远的影响；随着年龄的增长，婴幼儿与同龄婴幼儿或心理发展水平相当的婴幼儿在互动和交往中逐渐形成了同伴关系，同伴关系在婴幼儿的社会化过程中作用重大，最早可以在6个月的婴儿身上看到同伴之间的交往，主要表现为婴儿间相互抚摸和观望，甚至以哭泣来对其他婴儿的哭泣做出反应；师幼关系是指托幼园所的教师与婴幼儿在保教过程中形成的比较稳定的人际关系，它包括彼此所处的地位、作用和态度等，是托育教育过程中最基本、最重要的人际关系。

3. 社会性行为

社会性行为是指人们在交往活动中对他人或某一事件表现出的态度、言语和行为反应。根据动机和目的的不同，社会性行为可以分为亲社会行为和反社会行为，在反社会行为中，婴幼儿表现最突出的是攻击性行为。

（1）亲社会行为

亲社会行为又称积极的社会行为，指个体在交往活动中主动做出的有益于他人和社会的行为，如乐于助人、主动捐赠、分享合作等，都属于亲社会行为的范畴。3岁前婴幼儿的亲社会行为大多是在家长暗示或同伴要求的情况下产生的，3岁后，幼儿通过有目的地教育和培养，逐渐出现一些自发自愿的亲社会行为。亲社会行为是交往过程中维护良好人际关系的重要基础，也是婴幼儿社会化的重要方面。

（2）攻击性行为

攻击性行为一般是指当需要得不到满足，或者自己的权利受到损害时，婴幼儿出现的身体上的攻击（如打、推、踢、掐、咬）或言语上的攻击（如大声叫嚷、辱骂、威胁）等的侵犯性行为，这是一种以伤害他人或他物为目的的行为。

二、婴幼儿社会性发展的特点

（一）自我意识的发展

许多发展心理学家认为，刚出生的婴儿是没有自我意识的。那么，婴幼儿是在什么时候能够把自己和周围的世界区分开的呢？研究发现，婴幼儿自我意识的发展大致经历以下6个阶段（表6-3）。

1. 感知镜像（5~8个月）

大约在3个月时，婴儿已经可以区分出"我"和"他（它）"，这主要体现在婴儿触摸自己的身体和接触别人的身体时有不同的感受。当然，这种区分仅仅是一种模糊的感受，不代表产生了自我认识，即认识自我、反省自我的能力。5个月的婴儿显示出对镜像的兴趣。他们会接近镜像，注视并抚摸它，与之咿呀对话。但是，婴儿的这种行为与对其他的婴儿形象产生的行为反应没有区别，这说明婴儿并没有意识到这是自己的镜像，也就是没有意识到自己与他人的区别，更没有意识到自己是一个独立的个体。因此，此时的婴儿还没有萌生出自我认识。

2. 认识自己的行动（9~12个月）

约从9个月开始，婴儿开始意识到自己的动作和主观感觉的关系，意识到自己的动作和动作产生的结果的关系（试误出现），表现在以自己的动作与镜像动作相匹配。此时的婴儿能区分自己与他人动作的区别。

3. 认识自己的身体活动（12~15个月）

这个阶段的婴幼儿已经能够区分由自己做出的活动与他人做出活动的区别，对自己的镜像与自己的活动之间的联系和关系有了清楚的觉知，说明婴幼儿已经会把自己与他人分开。

4. 认识"镜像自我"（15~18个月）

此时的婴幼儿对自己的面部特征有了比较明确的认知。最有名的就是为了解婴幼儿自我识别能力发展状况的点红实验。当把婴幼儿的鼻子涂上红点，引导其看前面镜子中的镜像时，他会产生明确地指向自己鼻子上的红点的行为。这个实验表明婴幼儿自我识别能力在一点点发展，能够辨认出镜子中自己的镜像，开始认识到自己的身体是属于自己的。由于婴幼儿能清楚地指出不属于自己面部特征的东西，所以此时的婴幼儿具备了区分自己与其他婴幼儿照片的能力。

5. 认识人称代词"我"（18~24个月）

婴幼儿具有用语言标示自己的能力，具体表现为从了解自己名字到使用代名词"我""你"，并且具有用适当的人称代词称呼某个形象的能力。

6. 认识自己的心理活动（24个月后）

婴幼儿开始懂得"我想做"和"我应该做"的区别，做错事后知道脸红羞愧。健康、积极的自我意识是促进健康人格形成的重要因素，照料者应不失时机地培养婴幼儿的自我意识。在婴幼儿时期，积极的自我意识主要包括以下三个方面的内容：一是觉得自己是有价值的人，应该受到别人的重视和好评；二是觉得自己是有能力的人，可以"操纵"周围的世界；三是觉得自己是独特的人，应该受到别人的尊重与爱护。

表6-3 婴幼儿自我意识的发展里程碑

阶段	发生时间	特点
对镜像的感知	5~8个月	没有萌生自我认识
对自己行动的认识	9~12个月	知道自己与他人动作的区别
对自己身体活动的认识	12~15个月	把自己与他人分开
对自己面部特征的认识	15~18个月	区分自己与其他儿童照片的能力
对"我"的认识	18~24个月	使用"我""你"表示自己或他人
对自己心理活动的认识	24个月以后	区分"我想做""我应该做"，做错事后知道脸红害羞

（二）婴幼儿早期人际关系的发展

1. 婴幼儿依恋的发展

亲子关系是指婴幼儿早期与父母的情感联系，即依恋关系。依恋是指婴幼儿寻求并企图保持与主要抚养者之间亲密的身体及情感联系。在婴儿出生后，交往最频繁的对象就是母亲，母婴依恋是婴幼儿最早建立的人际间的情感联系。

（1）依恋的发展过程

依恋心理的发展同其他心理现象的发展一样，并不是突然发生的，而是在婴儿与母亲的交往互动中逐渐建立起来的。根据英国精神病学家鲍尔比的依恋阶段论，婴幼儿的依恋可以划分为4个阶段。

①无差别的社会反应阶段（出生至3个月）。也称前依恋期，在这一阶段，婴儿还不具备辨别不同个体的能力，对所有人的反应几乎都是一样的，即婴儿面对陌生人和熟悉的人反应没有差别。相比物体而言，婴儿最喜欢注视人脸，听到人的声音或看到人的面孔就会微笑、手舞足蹈。

②有差别的社会反应阶段（3～6个月）。也称依恋关系的建立期，在这一阶段，婴儿对待熟悉的人和陌生人的反应开始出现差别，能够对其做出不同的情绪反应。婴儿会更多地与熟悉的人互动，而面对陌生人时则出现害怕、恐惧和焦虑等情绪反应，婴儿"认生"现象也在这个时候出现。

③特殊的情感联结阶段（6个月至2岁）。也称依恋关系的明确期，在这一阶段，婴幼儿对照料者的依恋真正确立，他们的安全感来源于依恋对象。从六七个月开始，婴幼儿开始主动接触父母，特别愿意和母亲待在一起，当母亲在时他会很开心，但当母亲离开时，婴幼儿会非常焦虑和不安，这种现象被称为分离焦虑。同时婴幼儿还会出现与之相对的陌生人焦虑，即对陌生人表现出更多的警惕、戒备和回避。

④目标调整的伙伴关系阶段（2岁以后）。随着婴幼儿年龄的增长，其认知能力和语言能力不断提高，他们开始把母亲视为一个交往伙伴，认识到在交往时要考虑母亲的需要和愿望，并据此调整自己的情绪和行为反应。婴幼儿开始学会忍受分离，能够认识到母亲只是暂时离开，不会抛弃自己。比如，一个2岁的婴幼儿问妈妈要去哪里，妈妈说要去上班中午就能回来，针对妈妈的解释，婴幼儿会表现出理解，相信妈妈会回来，而不会大声哭闹。

（2）依恋的类型

美国心理学家安德沃斯采用"陌生情境测验"（图6-2）研究婴儿在陌生的环境中与母亲分离后的行为和情绪表现，根据婴儿在情境中的不同反应，安德沃斯界定了三种基本的依恋类型：安全型依恋、回避型依恋和反抗型依恋。之后，安德沃斯的学生玛丽·梅恩又确认了一种不安全依恋类型，即组织混乱型依恋。

安德沃斯"陌生情境测验"解码婴儿依恋的密码

①安全型依恋。安全型依恋的婴幼儿会把母亲作为"安全基地"，母亲的存在让他感到足够的安全。当母亲在时，婴幼儿并不会总依偎在母亲身旁，而是能够积极地探索周围的陌生环境，自如地进行游戏，对陌生人的反应也比较积极；当母亲离开时，婴幼儿的探索行为会受到影响，表现出明显的苦恼和不安；但当母亲再次返回时，婴幼儿会立刻寻求与母亲亲密的身体接触，并较快平静下来，继续投入探索活动或游戏当中。

②回避型依恋。回避型依恋的婴幼儿实际上并未与母亲形成特别强烈的依恋情感，他们对母亲的存在抱有无所谓的态度，母亲是否在场对他们的探究行为基本没有影响。当母亲在婴幼儿身边时，他们会漠不关心、自娱自乐；当母亲离开时，也较少出现紧张、不安的情绪；当母亲再次返回时，他们也往往不予理睬，即使偶尔对母亲的回归表现出欢迎，时间也非常短暂。部分研究者将其称作"无依恋儿童"。

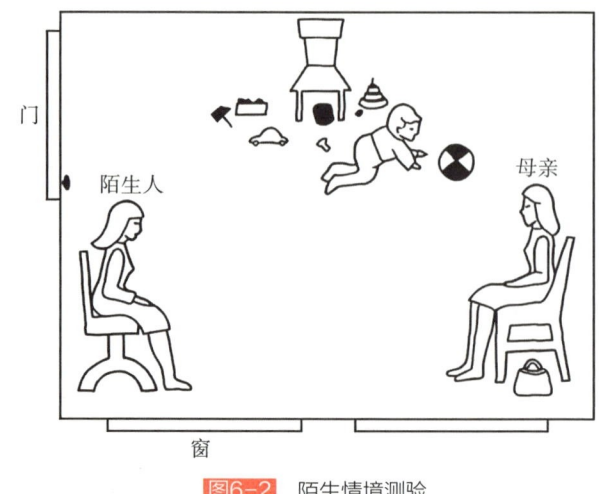

图6-2　陌生情境测验

③反抗型依恋。反抗型依恋的婴幼儿通常缺乏安全感，对进入陌生环境表现出排斥和焦虑，时刻警惕母亲的离开，难以积极主动地探究陌生情境，对母亲有强烈的情感依恋，任何一次与母亲的短暂分离都会引起他们的极度不安、大哭大闹、激烈反抗；但当母亲回来时，对母亲的态度又是矛盾的，既渴望母亲的接触又躲避母亲的安抚。

④组织混乱型依恋。组织混乱型依恋的婴幼儿混合了回避型和反抗型依恋的特点，当他们与母亲分离或重聚时，往往在情绪和行为上表现混乱，令人难以捉摸。他们会在接近或逃避之间纠结，这种艰难的境地让他们无法发展出固定的反应模式。

以上几种依恋类型中，安全型依恋为良好、积极的依恋，而回避型和反抗型依恋又被称为不安全的依恋，是消极、不良的依恋，组织混乱型依恋是其中最不安全的依恋。

2. 婴幼儿早期同伴关系的发展

婴幼儿的同伴早期经验是影响其以后社会化的一个重要动因。在交往的过程中，婴幼儿会通过同伴的反馈来调整自己的社会行为，获得社交技能，促使积极、友好的社会行为的产生，减少消极、不友好的社会行为。

（1）婴幼儿同伴交往的发展过程

婴儿出生6个月以后，会出现真正意义上的同伴交往行为。学者缪勒和白莱纳（Mueller & Brenner）认为，婴幼儿早期同伴交往行为经历了三个阶段，随着婴幼儿年龄的增长，其社会交往水平不断提高。

①以客体为中心的阶段（6个月至1岁）。在这一阶段，婴儿的相互交往更多地集中在玩具或物品上，不太关注同伴。这时婴儿的社交行为大多是单方面发起的，还不能主动追寻或期待从同伴那里得到相应的社会性行为。10个月之前的婴儿即使待在一起，也只是把同伴当成活动的玩具或物体看待，互相抓扯，咿咿呀呀地说话。

②简单交往阶段（1~1.5岁）。在这一阶段，婴幼儿开始出现带有某些应答性特征的交往行为，即一名婴幼儿的社交行为能够成功引起另一名婴幼儿的行为反应。例如，婴幼儿通过微笑、发声、身体接触等，引起同伴注意，并得到同伴的反应。婴幼儿对同伴的仔细观察，标志着其对社会性交往有明显的兴趣。

③互补性交往阶段（1.5~2.5岁）。在这一阶段，婴幼儿同伴之间相互影响的持续时间增长，出现了更多、更为复杂的社交行为，相互模仿行为已较为普遍，还出现了互补和互惠

的角色行为，如你追我跑、你躲我藏、合作搭积木等。此时的交往行为不仅有积极的相互交往，而且可能伴有打架、争夺玩具等消极行为。

（2）婴幼儿同伴交往的类型

通过"同伴提名法"可以判断某个婴幼儿在同伴中被接纳的程度，根据婴幼儿正提名、负提名的总分，可将其划分为四种类型：受欢迎型、被拒绝型、被忽视型、一般型。

①受欢迎型。从同伴提名来看，受欢迎型婴幼儿正提名分较高，负提名分较低。这类婴幼儿喜欢与人交往，且掌握适宜的社会交往策略较多，与同伴交往时积极主动、表现友好，消极行为少，能够被同伴接纳和喜欢，具有较强的社会交往能力，在同伴群体中社会交往地位较高。

②被拒绝型。从同伴提名来看，被拒绝型婴幼儿正提名分较低，负提名分较高。这类婴幼儿与受欢迎型婴幼儿一样，喜欢交往，在交往中主动且活跃，但因不具备适宜的社会交往技能和技巧，常常采用一些不友好的交往方式。例如，强行加入其他婴幼儿的活动、抢夺玩具、大声叫喊、推搡其他婴幼儿等，出现一系列攻击性行为。所以与同伴关系紧张，常常会遭到其他婴幼儿的排斥和拒绝，在同伴群体中社会交往地位较低。

③被忽视型。从同伴提名来看，被忽视型婴幼儿正提名分和负提名分都较低。与前两类婴幼儿不同的是，这类婴幼儿最明显的特征就是不喜欢交往，在交往中缺乏积极主动性，表现得退缩或畏惧，常常独处或自己活动。他们既很少对同伴做出友好、合作的行为，也很少表现出不友好的、侵犯性行为。因此，既没有多少同伴主动喜欢他们，也没有多少同伴主动排斥他们，他们在同伴心目中似乎是不存在的，像一个"小透明"，被大多数同伴忽视和冷落，在群体同伴交往中没有社会地位。

④一般型。从同伴提名来看，一般型婴幼儿正提名和负提名都有一定得分，且二者都处于居中的水平。这类婴幼儿在同伴交往中行为表现一般，交往积极主动性、交往水平中等，对同伴既不主动友好也不消极敌对，容易被一部分同伴喜欢和接纳，被另一部分同伴排斥和拒绝。总体来说，在同伴心目中的地位一般。

3. 师幼关系

（1）良好师幼关系的特点

师幼关系是教师和婴幼儿在互动交往中建立起来的人际关系，是教育过程中最基本、最重要的人际关系。良好的师幼关系对婴幼儿的认知、情感、心理健康等方面的发展至关重要，也是保证教育活动顺利进行的重要条件。优质的师幼关系具有互主体性、互动性、民主性、分享性和激励性等特点。

①互主体性。指改变将教师当作交往主体的传统观念，把教师和婴幼儿共同当作交往的主体，交往中双方互相尊重，以平等的地位进行互动。

②互动性。即能够充分体现交往的相互性和双向性，教师和婴幼儿能够在宽松愉悦的氛围中自由、真诚地交流，达到真正的沟通和理解的效果。

③民主性。指在师幼交往中，教师能够把婴幼儿当作具有平等人格的人来对待，让婴幼儿有充分表达自己的观点的机会，尊重和倾听婴幼儿的想法，让婴幼儿在互动中有话语权。

④分享性。即教师与婴幼儿在互动过程中双方都能获得反馈，促进彼此的发展，而不是单方面"教师传授，婴幼儿接受"的关系。

⑤激励性。在师幼互动中，当婴幼儿与教师的观点不一致时，这种不同观点的相互碰撞既能激发婴幼儿的思考与探索，又能引起教师对自身专业素养的反思，形成更有利于彼此进

步的互动形式。

（2）师幼关系的类型

学者冯婉桢通过以师幼关系中的亲密和冲突两个维度为聚类变量进行聚类分析，发现师幼关系分为四种类型（图6-3）：①亲密型，表现为高亲密低冲突，是一种理想的师幼关系状态，教师与婴幼儿之间保持较高亲密度的同时，又与婴幼儿保持适度的距离，这种类型使得婴幼儿能够积极地探索周围环境，教师与婴幼儿之间的冲突也较少，给婴幼儿以安全感；②矛盾型，表现为高亲密高冲突，即教师与婴幼儿互动频繁，但又因界限不明等原因导致双方关系不稳定；③疏离型，表现为低亲密低冲突，即教师给予婴幼儿的温暖与支持较少，也较少与婴幼儿发生矛盾冲突，该类型是当前师幼关系的主要类型，占比最高，达到48%；④冲突型，表现为低亲密高冲突，即教师与婴幼儿之间的亲密度最低，而冲突较多，这是最容易给婴幼儿带来伤害的师幼关系类型。

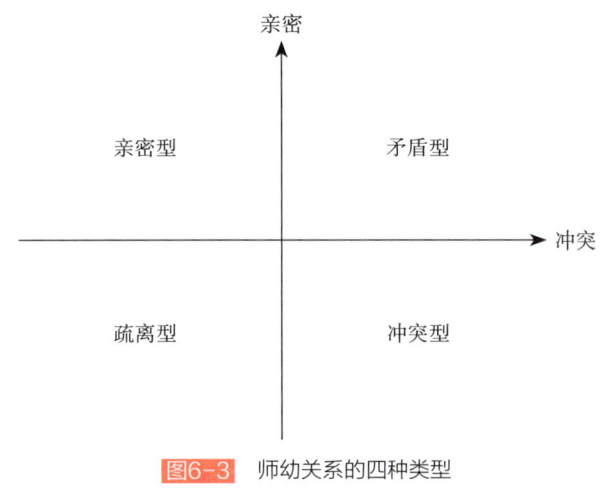

图6-3 师幼关系的四种类型

（三）婴幼儿早期社会性行为的发展

1. 婴幼儿早期亲社会行为的发展

国外研究表明，婴儿在很小的时候就能够表现出亲社会行为的倾向，出生34个小时的婴儿，在听到别的婴儿哭时，自己也会跟着哭。1岁左右的婴幼儿会对有消极情绪的人做出诸如靠近、轻轻抚摸等积极反应。在1～1.5岁，有些婴幼儿甚至在没有成人的暗示和激励下开始出现分享行为，如分享自己的玩具或物品，此时的分享行为还没有上升到考虑到他人的需求层面。在1.5～2岁，婴幼儿开始出现真正意义上的亲社会行为，如能够摇摇晃晃地帮助妈妈擦桌子、扫地、丢垃圾等。在2岁左右，随着亲社会行为的逐步发展，婴幼儿开始通过观察他人的细微情绪变化（如皱眉、哭泣），并给予抚慰和帮助（如递纸巾、轻拍）。2.5～3.5岁的婴幼儿能够在象征性游戏中表现出友善行为并因此感到满足。

随着婴幼儿年龄的不断增长，其亲社会行为总量不断增加，形式更加丰富化和多样化，除了简单的分享和帮助，还学会安慰、合作、捐赠等其他形式。其中，合作行为在幼儿4岁时发展最为迅速，5岁时分享行为发展最为迅速，分享的形式和内容也逐渐多样化和深刻化。例如，幼儿从开始分享玩具、食物逐步发展到分享自己的情感、观点和看法。另外，亲社会行为的自发性会有所增加。最初，婴幼儿的亲社会行为大多是顺从家长指示产生的，极少的亲社会行为是自发的，婴幼儿的主要照料者对其亲社会行为的发生起重要作用。随着进入幼儿园，幼儿更多出现一些自发的亲社会行为，且行为的特点和行为方式出现了一些变化，指向成人的亲社会行为，带有顺从、赞同和避免惩罚的性质，而指向同伴的亲社会行为工具特点逐渐减弱，以他人取向的行为动机逐渐发展。

2. 婴幼儿早期攻击性行为的发展

（1）攻击性行为的分类

攻击性行为根据表现形式的不同，可以分为身体攻击和言语攻击。身体攻击是直接借助身体动作实施的攻击行为，如打、踢、掐、夺、推和撞等；言语攻击是通过借助语言方式实施的攻击行为，如言语威胁、嘲笑、辱骂、说脏话等。

攻击性行为根据行为动机的不同，可以分为敌意性攻击和工具性攻击。敌意性攻击是一种有目的、有意识地为了伤害或报复他人而实施的攻击性行为，其目的就是对他人的身体或精神造成损害。这种攻击行为通常源于对其他婴幼儿的嫉妒、愤怒或竞争心态。工具性攻击是指婴幼儿为了获得某个物品或达成某种目的，而对他人的身体或精神造成伤害，这种攻击行为通常表现为为了获得玩具、零食或其他物品而推搡、抓挠或抢夺。例如，一名婴幼儿打了跟他一起玩耍的同伴，在看到同伴哭后，还嘲笑他，这属于敌意性攻击，这种攻击以伤害对方为目的；如果这名婴幼儿是为了抢走同伴手中的飞机模型而发生攻击行为，则属于工具性攻击，这种攻击行为是达到目的的手段。

（2）攻击性行为的发展

1岁左右，婴幼儿开始出现攻击性行为，开始对同伴的挑衅或侵犯性行为给予反击。从表现形式来看，到2岁左右，婴幼儿之间会表现出一些明显的冲突，如打、推、咬等，此时，婴幼儿更多依靠身体进行攻击。3~4岁后，随着幼儿语言能力的提升，言语攻击（如嘲笑、威胁）逐渐增多，至5岁左右言语攻击逐渐取代身体攻击，成为幼儿人际冲突中的主要攻击形式。从行为动机来看，最初幼儿的攻击性行为以工具性攻击为主，主要是为了争夺玩具和其他物品而发生争吵、打架，但随着年龄的增长，6~7岁的儿童开始慢慢出现带有报复性质的敌意性攻击行为。

三、婴幼儿早期社会性发展与学习的支持策略

（一）营造温馨和谐、接纳支持的家庭氛围

照料者要在家庭中营造温馨和谐的家庭氛围，让婴幼儿感受到家人之间良好的人际关系和情感上的互动，使其获得充足的安全感。照料者可以有意识地减少使用电子设备的时间，找到一些婴幼儿感兴趣的活动，在活动中充分尊重、信任婴幼儿，敏感察觉婴幼儿的需要并适时给予婴幼儿心理上的帮助和支持，与婴幼儿建立安全的依恋关系。同时，照料者要坚持以身作则，树立良好的行为榜样。在日常生活中，要注意自身的言行举止，引导并帮助婴幼儿模仿一些良好的行为并加以培养、固化，逐渐使其学会如何与他人沟通、合作，掌握必要的社会交往技能和技巧。

（二）在日常生活和活动中，培养婴幼儿的社会性行为

教师要营造一个良好的社会交往环境和教育氛围，依据婴幼儿的年龄特点、兴趣与不同发展阶段的需要，提供一个支持、接纳、尊重的环境，充分倾听婴幼儿的意愿，要多创设一

些有利于人际交往的环境，提供丰富的活动，让婴幼儿在活动中学会与同伴交流、合作与分享，有效促进婴幼儿社会性的发展。教师要善于挖掘一日生活中潜在的教育契机，善于发现婴幼儿在生活、活动中表现出来的积极的社会性行为，及时给予强化和鼓励，表扬时言语、表情、动作姿态要具体、真诚。

（三）选择有益健康的、符合婴幼儿年龄特点的影视或游戏

美国心理学家班杜拉认为攻击行为是观察学习的结果。由于婴幼儿模仿能力强，是非分辨能力差，影视作品、网络游戏中某些人物的暴力言行很容易被婴幼儿在现实生活中无区别地加以模仿，引发攻击行为。例如，婴幼儿在观看《奥特曼》影片时，看到奥特曼在打怪兽，他们会去模仿奥特曼打怪兽的言行举止，攻击性行为发生的频率就可能会增多。因此，教师和照料者要认真筛选婴幼儿可以观看的影视和可以玩的游戏，尽量陪同婴幼儿观看或玩耍，在这过程中加以选择和引导，促进婴幼儿良好的心理品德及健全人格的形成和发展。

（四）了解婴幼儿个体差异，有针对性地培养其社会性行为

由于遗传、环境、教育等因素的不同，每个婴幼儿都有其独特性，这就要求照料者不仅要关注到婴幼儿整个年龄阶段的总体身心发展特点，还要关注到婴幼儿独特的个体差异。在婴幼儿的气质类型方面，学者托马斯和切斯将婴幼儿的气质类型分为三种：容易型、困难型和迟缓型。其中，困难型的婴幼儿出现攻击性行为的可能性更大，照料者需要针对这类婴幼儿独特的气质特点，及时并有针对性地进行预防和干预，努力促进其亲社会行为的发展。

（五）将游戏作为促进婴幼儿社会性发展的重要途径

教育者要将游戏作为婴幼儿社会性发展的重要途径，可以通过亲子游戏、角色扮演等各种方式让婴幼儿学会换位思考，关心与理解他人，促进婴幼儿移情能力的发展。在玩教具的配置上，教师也要提供丰富多样的玩具，让婴幼儿体验轮流分享的快乐，通过合理配置玩具、划分游戏区域，减少因资源不足引发的争抢，降低肢体冲突概率。教师还可以创设一些混龄游戏活动，将不同年龄的婴幼儿按照一定的比例组织起来，为其提供更多与不同年龄儿童交往的机会，让婴幼儿在广阔的社会交往活动中克服自我中心，学会分享、合作，培养责任意识和同伴交往意识，提高观点采择能力、人际交往能力和社会适应性。

根据婴幼儿不同年龄阶段，可以通过以下方法促进其情绪和社会性的发展。

1. 0～6个月：培养感官互动与情感联结

（1）游戏名称：笑脸模仿秀

成人将婴儿抱在怀里，与其面对面，用夸张的表情（笑、张嘴、吐舌头）吸引婴儿注意，鼓励婴儿模仿成人的面部表情，促进婴儿表情识别、情感交流和早期模仿能力的发展。

（2）游戏名称：轻柔抚触对话

成人在给婴儿做抚触按摩时，可以一边轻轻触摸一边用温和的声音描述进行的动作，比如"摸摸小脚丫，软软的真可爱"，并观察婴儿的反应，促进婴儿身体感知、语言输入和亲子依恋关系的建立。

2. 6～12个月：培养互动探索与回应

（1）游戏名称：躲猫猫

成人用手或手帕遮住脸，然后突然露出脸并发出"喵"的叫声，反复几次后让婴儿尝试

拉下手帕寻找成人,这项游戏需要成人与婴儿互动。婴儿在游戏中不仅可以对物体恒存性有一定的理解,减少分离焦虑,而且能体验到期待、惊喜、兴奋等各种情绪,并学习如何表达和交流,更懂得与人相处。

(2)游戏名称:传递玩具

成人将玩具递给婴儿,再伸手示意婴儿递回来,配合语言"给我好吗?谢谢宝宝!"通过引导婴儿与成人互动,促进婴儿手腕力量的发展,培养分享意识和轮流互动的社交行为。

3. 1~2岁:情绪表达与理解感受

(1)游戏名称:角色扮演喂饭

成人用玩具、餐具和玩偶模拟喂饭的场景,鼓励婴幼儿"喂"玩偶吃饭,成人用语言配合:"小熊饿啦,宝宝喂它吃饭吧!"通过引导婴幼儿喂饭,帮助婴幼儿更好地理解他人的感受和需求,这种情感的理解有助于他们建立同理心和社交技能,同时促进语言表达能力的发展。

(2)游戏名称:情绪卡片配对

成人通过用图片或布偶演示"开心""生气""难过"等表情,并提问:"宝宝猜猜这张脸的主人怎么了?你什么时候会有这样的表情?"让婴幼儿指认或模仿,从而帮助婴幼儿更好地识别和命名情绪,学会表达自己的感受。

4. 2~3岁:社交规则与合作

(1)游戏名称:搭积木合作赛

成人和婴幼儿轮流搭积木,每人每次放一块,边玩边说"轮到宝宝啦!""妈妈帮你扶住哦!",通过轮流搭积木,培养婴幼儿的合作能力、规则意识和积木倒塌时的情绪调节与抗挫折能力,帮助婴幼儿接受"成功"与"失败"。

(2)游戏名称:小火车过山洞

成人手脚撑地作"山洞"状,引导婴幼儿推玩具小车或骑扭扭车从"山洞"下穿过,成人配合发出"呜呜,咔嚓咔嚓"的声音。婴幼儿通过与成人相互配合,加深对规则的理解,体验互动的乐趣。

相关链接

恒河猴实验

1959年,美国心理学家哈洛和他的同事做了一个实验,在实验中,哈洛将新生的恒河猴从出生第一天起就与其生母分离,并在以后的165天内让其与两种替代"母亲"共同生活(图6-4)。这两种替代母猴一种是由铁丝缠绕而成的铁丝妈妈,它的胸前特别安置了一个可以提供奶水的橡皮奶头,幼猴可以在铁丝妈妈这里源源不断地获取奶水;另一种是由布料制成的绒布妈妈,它由柔软的毛巾包裹,摸起来比较舒适和柔软,幼猴在绒布妈妈的乳房处是吸不到奶的。在实验一开始,幼猴多

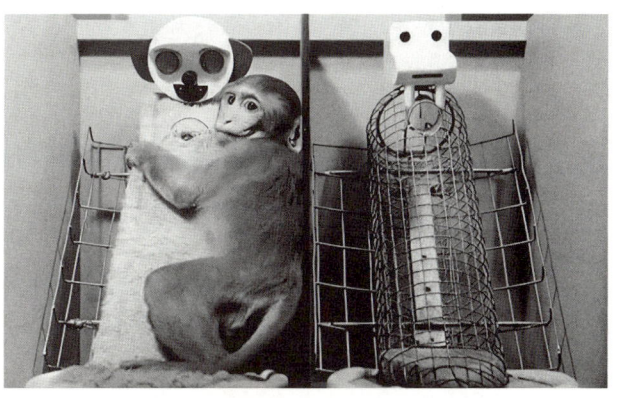

图6-4　恒河猴实验

围着"铁丝妈妈",但没过几天,令人惊讶的事情发生了:幼猴只有在饥饿的时候才会到"铁丝妈妈"那里喝几口奶水,其他更多的时候都是与"绒布妈妈"在一起;同时,哈洛还制作了一些发条玩具测试幼猴在遭到不熟悉的物体时的反应,如幼猴在受到一只木制的大蜘蛛威胁时,会感到害怕并奔跑到"绒布妈妈"身边,紧紧抱住它,似乎"绒布妈妈"会给幼猴更多的安全感。哈洛这一实验表明,恒河猴更需要的是"接触舒适",而不单单是生理需求的满足,而母爱的本质,也绝非简单地满足孩子饥饿和干渴的需求,而是让他能够感受到父母的存在,提供拥抱、抚摸、亲昵等接触性关怀。

效果自测

序号	学习要点	学生自评达到的程度
1	婴幼儿社会性发展的相关概念	☆ ☆ ☆ ☆ ☆
2	婴幼儿社会性发展的特点	☆ ☆ ☆ ☆ ☆
3	婴幼儿早期社会性发展与学习的支持策略	☆ ☆ ☆ ☆ ☆

项目小结

　　婴幼儿早期情绪和社会性的发展对其健全人格的形成具有重要的价值,通过对本项目内容的学习,可以更好地了解婴幼儿情绪与社会性发展的特点与影响因素,掌握科学的支持策略,及时回应婴幼儿的情绪,促进婴幼儿积极情绪的发展,守护婴幼儿的情感生命力,促进其更好地适应社会,掌握社会交往技能,为未来健康人生打下坚实的基础。

思考与练习

一、选择题

1. 爸爸关掉电视后,琪琪又哭又闹,大叫着让爸爸打开电视,爸爸没有理会琪琪的哭闹,过了一会儿,琪琪自己慢慢地平静下来。琪琪爸爸采用的方法是(　　)。
   A. 消退法　　　　B. 冷却法　　　　C. 转移法　　　　D. 自我说服法
2. 在婴幼儿身上常常出现破涕为笑,脸上挂着泪水又笑起来的情况,这反映了(　　)。
   A. 婴幼儿的意志力差　　　　　　　B. 婴幼儿的情绪易受感染
   C. 婴幼儿的情绪还是由生理需要控制　D. 婴幼儿的情绪是不稳定的
3. 2~3岁的婴幼儿,常常由于被告知蛇会咬人、黑夜有鬼等产生怕蛇、怕黑的情绪,这些都是与(　　)相联系的情绪体验。
   A. 自我意识　　B. 感知　　　　C. 想象　　　　D. 记忆
4. 3岁的毛毛入园哭闹属于(　　)。
   A. 回避型依恋　　　　　　　　　　B. 抗拒性格
   C. 分离焦虑　　　　　　　　　　　D. 反抗型依恋
5. 如果婴幼儿经常观看电视上的暴力镜头,其攻击行为会明显增加,这是因为电视的暴力内容对婴幼儿攻击行为的习得起到(　　)。
   A. 定势作用　　　　　　　　　　　B. 惩罚作用
   C. 依赖作用　　　　　　　　　　　D. 榜样作用

6. 婴儿在5周左右，能区分人和其他刺激，对人的声音和面孔有特别的反应，并报以微笑。这种微笑是（　　）。
   A．无意义微笑　　　　　　　　　　B．内源性微笑
   C．无选择的社会性微笑　　　　　　D．有选择的社会性微笑

二、案例分析

在一项心理学实验中，研究人员将婴幼儿和母亲带到一个实验室，观察婴幼儿在游戏时与母亲的互动情况，之后要求母亲离开房间，一位陌生人进入房间与婴幼儿游戏一段时间后母亲再返回，来观察婴儿的反应。下面是2岁的乔乔和程程在实验中的表现：

乔乔：在与母亲独立相处时，能够积极地探索环境。与母亲分离后，则表现出明显的不安。当母亲回到身边时，会马上寻找母亲，并寻求和母亲的接触，很容易又高兴起来。

程程：在与母亲单独相处时显得相当焦虑，不愿意进行探索活动。与母亲分离后，表现得非常不安。当母亲回到身边时，对母亲曾经离开表现出强烈不满，试图留在母亲身边，但又对母亲的接触表示抗拒。

（1）该实验程序的名称是什么？
（2）什么是依恋？乔乔和程程分别属于什么依恋类型？
（3）影响依恋质量的因素有哪些？
（4）怎样与婴幼儿建立良好的依恋关系？

拓展实训

婴幼儿在进入托育机构后，会与同伴、老师进行交往互动，请观摩一个婴幼儿进入托班后的社会交往案例，并分析他在交往中存在的问题、出现问题的原因以及能够采取哪些解决策略。

项目七　婴幼儿发展评估与行为观察

知识目标

1. 了解婴幼儿发展评估的概念和意义。
2. 熟悉婴幼儿发展评估的原则和类型。
3. 了解婴幼儿行为观察的概念和准备。

能力目标

1. 能够运用婴幼儿评估工具对婴幼儿的发展做出评估。
2. 掌握常见的行为观察记录方法,能够对婴幼儿行为进行记录分析。

素质目标

1. 认同对婴幼儿进行发展评估的价值,树立科学的评估理念,正确看待婴幼儿早期发展中的问题。
2. 明确行为观察记录在婴幼儿养育中的作用,养成细致、耐心、科学的观察习惯,树立儿童为本的理念。

思维导图

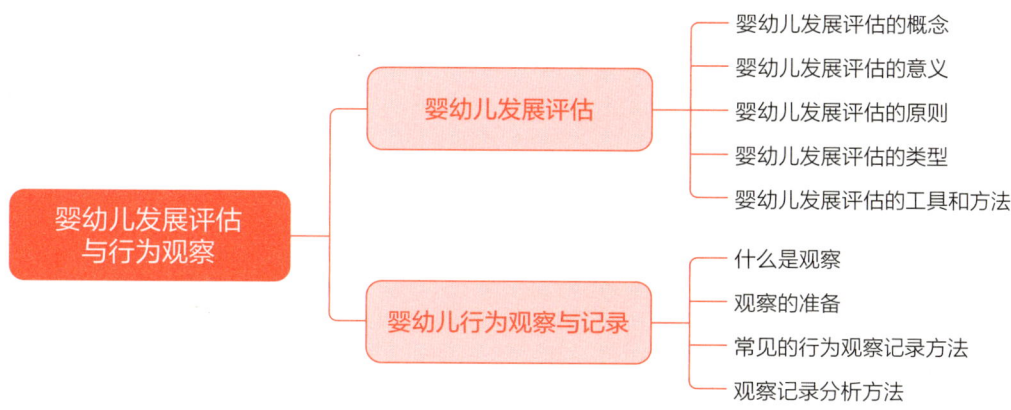

项目导读

观察婴幼儿的行为是托育教师获取关于婴幼儿个体知识的主要来源,观察将推动教师更好地建立和婴幼儿的关系,帮助教师更好地引导和支持婴幼儿的发展,对婴幼儿做出评估也离不开观察。评估能够帮助教师更好地了解婴幼儿的发展状态,及时发现婴幼儿个体发展中的问题,对一些问题做出早期识别和干预。因此,本项目的学习将有助于托育教师更好地获得专业成长。

任务一 婴幼儿发展评估

任务目标

1. 理解婴幼儿发展评估的概念和意义。
2. 掌握婴幼儿发展评估的原则。
3. 熟悉婴幼儿发展评估的类型。
4. 掌握婴幼儿发展评估的工具和方法。

案例导入

明明快6个月了,会认人,会玩躲猫猫,高兴的时候或者看见熟人时会兴奋地蹬腿,眼睛非常有神。粗大动作发展方面,可以翻身,身体会往两边侧翻,头可以竖起,爬行可以抬头,但时间不长,扶坐不稳,身体总是前倾,但是爬行抬头时,手不会主动伸出去抓玩具,拉坐时头不稳,身体软,腿没有力气,但蹬腿的时候力气很大,不可以独坐,抱着时喜欢贴在大人身上。

托育机构的工作人员根据明明的一些表现进行评估后,对明明妈妈说,明明的智力发展属于正常现象，但是在动作发育方面比同月龄的宝宝迟缓，需要加强动作方面的训练和支持。

问题：托育机构工作人员是根据什么对明明进行发展评估的？他们的判断是否可信？婴幼儿不同月龄段能力的发展到底应该符合什么标准才算是发育正常？

核心知识

一、婴幼儿发展评估的概念

婴幼儿发展评估是指通过系统、科学的方法，对婴幼儿在身体、认知、语言、情感、社会性等各个发展领域的现有能力、发展水平以及潜在发展能力进行综合判断的过程。它旨在全面了解婴幼儿的发展状况，为教育、干预和决策提供依据。

二、婴幼儿发展评估的意义

（一）促进婴幼儿全面发展

婴幼儿时期是人脑发育最为迅速的阶段，这一时期的发展对个体的未来成长有着深远的影响。婴幼儿发展评估不仅涵盖认知能力，还包括运动、社会情绪、身体健康、语言等多个领域的发展情况，可以全面了解婴幼儿的发展情况，从而制订个性化的教育计划，促进其全面发展。

（二）早期发现潜在问题

婴幼儿时期是神经系统生长发育最快的时期，也是最为脆弱的时期。通过早期发展评估，可以及时发现婴幼儿是否存在发育迟缓、行为异常或其他潜在问题，从而及时进行干预。研究表明，早期干预对婴幼儿的发展具有显著的促进作用。通过及时发现和解决婴幼儿的发展问题，可以避免这些问题在后期发展为更严重的障碍，从而减少社会资源的浪费。此外，早期干预还可以提高婴幼儿的学业成就和社会适应能力，为他们的未来发展打下坚实的基础。

（三）提升婴幼儿养育质量

对婴幼儿发展进行评估，可以帮助照料者了解婴幼儿的发展水平和特点，了解婴幼儿的个性和独特性，从而有针对性地调整养育行为、改善养育环境，提升科学育儿的技能，以便更好地支持婴幼儿成长。

（四）为托育机构提供教育决策依据

托育机构在进行教育活动和决策时，可以借助于评估的结果进行教育计划的调整，环境的调试。例如，某托育机构通过定期的评估发现，部分婴幼儿在认知发展方面表现优异，但在社交能力方面存在不足。为此，托育机构调整了教育计划，增加了更多的小组活动和社交互动环节，同时还为家长提供了相关的指导建议，帮助他们在家庭环境中支持婴幼儿的社交能力发展。

三、婴幼儿发展评估的原则

每个婴幼儿的发展水平和发展速度不同，存在明显的个体差异，因此在对其进行学习能力和发展的评估时，要进行全面的观察和综合的判断。在对婴幼儿进行评估时要遵守以下原则。

（一）发展性原则

婴幼儿时期是生长发育最快速的时期，无论是身体还是心理上的发展都"日新月异"，因此，评估者在进行评估时要关注婴幼儿发展阶段的典型行为和明显特征，把握关键的发展里程碑事件，并用发展的眼光看待婴幼儿某一方面的发展，不做个体之间横向的比较，从纵向发展角度进行观察记录，得出发展评估的结论。

（二）过程性原则

对婴幼儿进行发展评估时，要尽量在自然的状态下进行，在日常生活和活动中进行，因为婴幼儿年龄较小，容易受到场景、情绪等主客观的影响，因此某一个瞬间的表现并不能反映出婴幼儿的真实发展水平，因此评估者在对婴幼儿进行评估时，不能只通过一次筛查和测评就得出结论，而是要经过一段时间持续观察，确保评估的准确性。

（三）客观性原则

评估者要注意减少主观偏见，保持客观中立的态度，依据科学的评估工具和方法，确保评估结果的准确性和可靠性。评估过程中，应避免预先贴标签，对婴幼儿的发展水平过早进行定性评价，要基于对婴幼儿的观察和了解，客观描述婴幼儿的行为表现，通过多种方法收集数据，综合分析婴幼儿的发展状况，谨慎做出评估。

（四）全面性原则

全面性原则是指在婴幼儿发展评估中，要从多方面、多维度对婴幼儿的发展进行全面、系统的评估，涵盖身体、认知、语言、情感、社会性等多个领域。这一原则强调了婴幼儿发展的整体性和连续性，注重各个领域之间的相互关联和影响。贯彻全面性原则也指要从不同的情境和角度收集婴幼儿的信息，从家庭、托幼园所的活动中，从家长、教师等多主体的参与中获得更全面的评估材料。

四、婴幼儿发展评估的类型

（一）标准化评估

标准化评估是指通过科学、系统、规范的方法和工具，对婴幼儿在多个发展领域（如认知、语言、情感、社会性、运动等）进行评估，以获得准确、可靠的发展水平数据。标准化评估通常具有以下特点。

①科学性。标准化评估工具大多基于大样本的数据开发，经过严格的信度和效度验证，结果可量化，便于横向和纵向的比较。

②统一性。标准化评估有固定的测试内容、操作流程和评分规则，减少评估者主观偏

差，如测试时间、提问顺序、材料使用均严格遵循手册。

③常模参照。通过大量样本建立"常模"，便于比较。

标准化评估可以全面、科学地评估婴幼儿的发展水平，为早期教育和干预提供有力支持。

（二）非标准化评估

非标准化评估是一种灵活、开放的发展评估方法，不依赖于标准化的工具和严格的操作流程，而是根据具体的评估目标、对象和情境，灵活选择和设计评估方法。经常通过观察、互动、家长报告等方式，在自然情境中全面了解婴幼儿的个体化发展特征和需求，其核心是关注儿童的独特性和动态发展过程。主要特点有：

①灵活性。评估方法和内容可以根据婴幼儿的具体情况进行调整，适用于不同背景和需求的婴幼儿，无需严格遵守固定流程。

②个性化。更注重个体差异，能够针对每个婴幼儿的独特发展水平和需求进行评估。

③情境性。评估通常在自然的生活或教育情境中进行，更能反映婴幼儿在实际生活中的表现。

④非量化。评估结果往往以描述性语言为主，而不是通过标准化的评分系统进行量化。

非标准化评估不需要复杂的工具和设备，适合在家庭和托幼园所等日常环境中进行，因此在婴幼儿发展评估中具有重要的应用价值，尤其适合在自然情景中对个体进行深入、全面的了解，为个性化教育和干预提供依据。当然，非标准化评估也存在一定的局限性，需要与标准化评估相结合，以提高评估的科学性和可靠性。

五、婴幼儿发展评估的工具和方法

婴幼儿发展评估分为标准化评估和非标准化评估。

（一）标准化评估的工具和方法

针对婴幼儿发展的标准化评估，大多采用经过科学验证、具有较高信度和效度的评估工具，能够在不同人群中提供一致的评估结果。这些工具通常由专业机构开发，经过严格的标准化过程，适用于大规模筛查和诊断。这里介绍几种常用的评估量表。

1. 贝利婴儿发展量表

贝利婴儿发展量表（Bayley Scales of Infant and Toddler Development，简称BSID）是由美国儿童心理学家贝利编制，是目前国内外较具影响力且广泛应用于婴幼儿发育评估的诊断性量表之一。1969年，《贝利婴儿发展量表（第一版）》（BSID-Ⅰ）发布，主要用于评估2~30月龄婴儿的发育水平。1993年修订的《贝利婴儿发展量表（第二版）》（BSID-Ⅱ）包括《智力量表》《运动量表》和《行为记录表》三部分。《贝利婴儿发展量表（第三版）》（BSID-Ⅲ）于2006年修订完成，用以评估1~42月龄的婴幼儿，筛查发展迟滞的婴幼儿。目前国内研究者使用较多的仍是在BSID-Ⅱ的基础上修订的城市版贝利量表（BSID-C）[①]。

该量表包含三大核心部分。

---

① 王兴华，等. 0~3岁婴幼儿认知发展评估工具的分析与启示［J］. 幼儿教育，2018，1（2）.

①《智力量表》：主要评估感知觉敏锐性、语言能力、记忆、解决问题能力、物体恒常性等，共包含辨别形状、搭积木、语言表达、模仿动作等163个项目。

②《运动量表》：主要评估粗大运动（如坐、爬、走）和精细动作（如抓握、手眼协调）。包含俯卧抬头、平衡协调、操作小物件等81个项目。

③《行为记录表》：主要评估社会化倾向、注意力持久性、情绪反应、合作性等，包含30个项目的行为观察。

部分版本（BSID-Ⅲ）扩展为五个领域，除了上述三大核心部分，还包括以下两个扩展模块。

①社会性情绪：评估早期人际互动和情绪调节能力。

②适应行为：通过家长问卷评估日常生活技能（如自理、社交）。

2. 丹佛发育筛选测定

丹佛发育筛选测定（Denver Development Screening Test，简称DDST）是由美国心理学家道兹和儿科医生弗南肯伯格于1967年推出，已在国际上广泛使用。我国一些省市已根据当地儿童实际加以标准化，用于儿童保健和临床工作。DDST主要用于6岁以下儿童智能筛查，共有105个项目，分布在四个领域。

①个人社会技能：测查人际关系和自我帮助行为。

②精细运动适应：测查儿童手眼协调等运动能力。

③言语：测查儿童言语接受和表达能力，如理解大人的指示，用语言表达自己的要求。

④粗大运动：测查儿童坐、立、行走和跳跃等能力。

每个项目以一个项目条为代表。项目条安排在一定的年龄范围内，年龄刻度分别表示正常儿童有25%、50%、75%～90%能完成该项目的大概年龄。最后评定结果为正常、可疑、异常、无法测定，初测结果为后三项者应进一步做诊断性测验。

DDST的特点是：测验手段容易掌握，评分及解释方便，用时短（10分钟至半小时），适合作为精神发育迟滞的筛查工具。

3.《中国儿童发育量表》

《中国儿童发育量表》（China Developmental Scale for Children，简称CDSC）是由我国首都儿科研究所于20世纪80年代初自主研发的本土化量表。这份量表能够综合评估0～6岁儿童的发育水平，进行早期发育偏离、延迟以及发展不均衡的筛查。

首都儿科研究所在2009—2013年对《中国儿童发育量表》进行了修订。修订后的量表包含粗大动作、手的精细动作、适应能力、语言、社会行为相关内容的5份子量表。评估内容涉及儿童发展的五个方面：粗大运动、精细动作、适应能力、语言、社会行为，共计261个项目。其中，《粗大运动子量表》包含50个项目，主要测查爬、走、跑、身体平衡等大肌肉动作能力；《精细动作子量表》包含52个项目，主要测查捏、抓等手以及手指的小肌肉动作能力。儿童保健科主任金春华等人（2014）用修订后的《中国儿童发育量表》对北京地区抽样人群进行测查，发现该量表具有良好的信效度。《中国儿童发育量表》具有本土化优势，评分简便，易于操作，可以当作制定全国儿童发育常模的基础量表和临床诊断评估工具。

4.《中国婴幼儿智能发育量表》

中国科学院心理研究所与中国儿童发展中心合作，从1984年开始，以美国"丹佛发育筛选测定"为蓝本，着手编制中国0～3岁婴幼儿发育量表的工作。1986年在华北、东北、华东、中南、西南、西北等行政区多个城市进行取样,完成1600人(样本)的统计分析工作,筛选出182个项目(智力121项、运动61项)作为标准的观察项目,最终形成《中国婴幼儿智能发育量表》(China's Developmental Center for Children,简称CDCC)(表7-1),包括《智力量表》和《运动量表》。

(1)《智力量表》(121项)

用以评价感知的敏锐力、注意的分配力、早期的物体恒常性、记忆能力、早期的概括化、分类能力以及语言发展能力。结果以一种智力的标准得分,即智力的发育指数来表示。

(2)《运动量表》(61项)

用以评价运动协调和技巧行为能力的发展。例如,对身体的控制程度、大肌肉的协调、全身运动的发展以及手与手指的操作技巧、用手取物能力的发展能力。结果以一种心理运动的标准得分,即心理运动的发育指数来表示。

表7-1 中国婴幼儿智能发育量表(节选)

智力量表记录						
项目号	年龄定位(岁)	情景	项目名称	计分		
				P	F	其他
1	0.1	A	对拨浪鼓声有反应			
2	0.7	B	红环:跟至中线			
3	1.0	B	红环:跟过中线			
4	1.3	B	红环:跟过180度			
5	2.0	C	能认出熟悉的人			
6	2.1	C	对测试者微笑或说话有反应			
7	2.2	A	用眼睛寻找声源			
8	2.3	D	发出不同的音			
9	2.4	B	垂直方向眼协调			
10	2.4	C	对人脸消失做出反应			
11	2.5	E	注意到方积木			
12	2.6	B	玩弄红环			
13	3.1	B	伸手够摇晃的环			
14	3.1	B	目光追随摇晃的环			
15	3.2	B	头追随摇晃的环			

续表

项目号	年龄定位（岁）	情景	项目名称	计分		
				P	F	其他
16	3.2	F	头追随移动的小勺			
17	3.8	B	拿到悬环（记下偏手性）			
18	3.9	A	将头移向拨浪鼓声			
19	4.1	E	伸手够积木			
20	4.4	E	伸手够物时手眼协调			

计分方法：P（通过），F（失败），若其他记：O（未测）、R（拒绝）、RPT（母亲报告）。

（二）非标准化评估的工具和方法

非标准化评估的方法因其灵活性和开放性，更适合教师和保教人员操作使用，常用的方法有以下几种。

1. 观察法

观察法是婴幼儿发展评估中常用且重要的方法之一，它通过系统地观察婴幼儿在自然环境中的行为表现，来评估其发展水平。

2. 家长报告法

家长报告法是一种通过家长或主要照料者的观察和描述来获取儿童发展信息的非标准化评估方法。它基于"家长是儿童行为最直接的观察者"这一理念，尤其适用于无法通过标准化测试获取可靠数据的低龄婴幼儿。

家长报告法的具体实施可以通过与家长进行访谈或让家长填写问卷等方式，获取家长对孩子行为、发展状况的描述和评价。当然，评估成效依赖于评估者的沟通技巧、工具设计的科学性以及家长的合作态度，实践中需与其他方法相结合，才能更精准地获得儿童发展的全貌。

3. 作品分析法

作品分析法是通过分析婴幼儿的作品（如绘画、手工、拼图等）来评估其认知、动手能力和创造力。这种方法能够直观地反映婴幼儿的思维和技能水平。例如，通过分析婴幼儿的绘画作品，可以了解其对颜色、形状的认知能力以及手眼协调能力。这种方法在评估婴幼儿的创造性思维和艺术表达能力方面具有独特的优势。

4. 游戏评估法

游戏评估法是通过设置游戏情境，让婴幼儿在游戏过程中展示其能力。这种方法能够激发婴幼儿的兴趣，使其在自然状态下展示真实的能力。例如，通过角色扮演游戏可以评估婴幼儿的社会交往能力和语言表达能力。这种方法在评估婴幼儿的社交技能和情感发展方面具有独特的优势。

效果自测

序号	学习要点	学生自评达到的程度
1	婴幼儿发展评估的概念和意义	☆ ☆ ☆ ☆ ☆
2	婴幼儿发展评估的原则	☆ ☆ ☆ ☆ ☆
3	婴幼儿发展评估的类型	☆ ☆ ☆ ☆ ☆
4	婴幼儿发展评估的工具和方法	☆ ☆ ☆ ☆ ☆

任务二　婴幼儿行为观察与记录

任务目标
1. 了解婴幼儿行为观察的概念和准备。
2. 掌握常见的行为观察记录方法。
3. 学会对观察记录进行分析。

案例导入
5个月的木木需要洗澡了，照料者说："木木，现在开始脱衣服了！"木木的手挥舞着，嘴里发出咿咿呀呀的声音。随后，照料者一边说话一边把木木的衣服脱掉，照料者看着木木的眼睛，把他轻轻放进水里。在温度适宜的水里，照料者稳稳地托着木木，同时继续温柔地和他说话，很快木木就平静了下来。

问题：这是一个托育专业的实习学生写的一段观察记录，这份记录是否合格？为什么？通过这份观察记录，你能获得哪些信息，做出什么样的分析呢？

核心知识

一、什么是观察

观察，观，即观看、感知；察即察觉、省察、思考。观察合在一起，就是既看又思考的过程。具体而言，观察不仅仅是人类感觉器官直接感知事物的过程，也是人类大脑积极思维的过程。观察是我们认识世界的一种重要方式，也是科学研究的基本方法。

观察法是实证类的教育科学研究中比较有代表性的研究方法之一，既可应用于质性研究，也可用于量性研究。作为研究方法的观察法与教师及家长日常开展的婴幼儿行为观察有着本质的区别，前者是为收集客观资料（数据）服务的，讲究的是科学、可行、严谨、正确与客观，而且还必须忠于研究目标。后者主要是为了了解婴幼儿的发展状况、兴趣、需求和改善教养实践服务的。

因此，0~3岁婴幼儿行为观察是指通过系统地观察和记录0~3岁婴幼儿在自然环境中的行为表现，以了解其心理发展、认知能力、情感态度及社会性发展等方面的特点。观察是为了更好地理解婴幼儿的发展水平，为早期教育和干预提供科学依据。

二、观察的准备

在进行婴幼儿行为观察之前，需要做好充分的准备，以确保观察的有效性和科学性。以下是需要进行的准备工作。

（一）明确观察目的和任务

观察前，观察者需要明确观察的具体目标和任务。这包括确定观察对象是谁，想要了解婴幼儿的哪些学习行为或现象，以及希望通过观察达到什么目的。例如，观察婴幼儿在游戏中的合作能力、解决问题的能力或语言表达能力等。

（二）制订观察计划

在明确观察目的的基础上，观察者需要制订详细的观察计划。观察计划应包括观察的时间、地点、对象、使用工具、记录方法以及预期的观察内容等。例如，观察时间可以安排在婴幼儿的自由活动时间、集体活动时间或特定的学习任务时间；地点可以是托幼机构活动室、家庭或户外活动场所等。

（三）拟定观察提纲

观察提纲是观察计划的具体化，它能够帮助观察者在观察过程中有条不紊地记录信息。观察提纲通常包括观察时间、观察地点、观察对象、观察目的、观察记录方法和观察目标等内容。例如，观察提纲可以列出需要重点关注的婴幼儿学习行为，如注意力集中时间、操作材料的熟练程度等。

（四）做好充分的物质准备

物质准备包括准备观察实施时使用的记录卡片、音像设备等，以及对参与观察的研究人员进行培训。当有多个观察人员时，培训会使他们理解观察的目的和重点，明确观察方式，熟悉观察设备和记录方法，用一定的标准进行规范的观察和记录，减少观察的误差。

（五）知识准备

观察者需要具备一定的专业知识，包括婴幼儿发展的理论知识、观察方法和操作技能等。这有助于观察者更准确地解读婴幼儿的行为，理解其背后的意义。例如，了解婴幼儿在不同月龄阶段的学习特点和发展规律，能够帮助观察者更好地设计观察内容和分析观察结果。

（六）伦理准备

在观察过程中，观察者需要遵循一定的伦理原则，尊重婴幼儿的隐私和权利，确保观察活动不会对婴幼儿造成伤害或不适。例如，观察者在记录婴幼儿的行为时，应避免使用可能伤害婴幼儿自尊心的语言，同时要保护婴幼儿的隐私，不随意公开观察记录。

（七）环境准备

观察环境的选择也很重要。观察者应选择一个适合婴幼儿自然活动的环境，避免对婴幼儿的行为产生不必要的干扰。例如，选择一个安静、舒适且婴幼儿熟悉的环境进行观察，可以帮助婴幼儿更好地展示其自然的学习行为。

通过以上准备，观察者可以更有效地进行婴幼儿学习行为观察，获取准确、有价值的信息，从而为婴幼儿的教育和成长提供科学依据。

三、常见的行为观察记录方法

归纳相关研究与事务经验,常见的观察记录方法主要有叙述法、取样法、评定法。

(一)叙述法

叙述法主要包括婴儿传记、轶事记录和实况记录三种。

1. 婴儿传记

婴儿传记也称日记叙述,最早出现的形式是父母观察子女所做的日记记录。最早使用的是瑞士教育家裴斯泰洛奇,他的《一个父亲的日记》记录了对自己孩子长达3年的观察过程。此后达尔文、普莱尔、皮亚杰、陈鹤琴都曾以日记形式对自己的孩子做过记录。日记叙述主要是指对儿童经过长期观察,以日记的形式描述性的叙述,记录儿童的行为表现。

婴儿传记能记录翔实的资料,揭示儿童实际的发展变化过程,既可用于观察记录儿童的一般发展状况,也可集中观察记录儿童在某一领域的变化,如语言、动作、社会性的发展等,是一种纵贯式的记录方法。但是日记记录要求观察者与观察对象频繁接触,至少保证每周几次仔细观察,因此比较费时。

使用婴儿传记法时,观察者必须在观察时记录观察对象的自然情况,包括观察对象的年龄、观察时间、观察地点、观察对象所处的环境。对于观察对象的发展变化或新的行为,乃至各种细节都应该如实记录,不能人为地进行改变或完善。

案例7-1

"手的动作"日记观察记录[①]

第115天:

(1)放物进口。他吃奶后在床上躺着,我给他一个摇铃,他捻了就放进嘴里去。我把摇铃拿出来,他又把摇铃放进去。这样反复多次。第二次,他把摇铃放进嘴里去,吸了很多工夫。

(2)摇摇东西。今天他捻了摇铃有3分28秒的工夫,并且捻的时候能够微微把铃摇摇。这种摇东西的动作,确是他生来第一次。

第116天:

(1)吃手。近来,他常常吃自己的两手。

(2)两手接触。他自己能够把两手的手指互相接触。

(3)提东西的动作。他用左手把他的前襟提起来。

第118天:

捻摇的动作。他捻了摇鼓有3分钟之久,并且能够摇得作声。

第119天:

我又试验他左右手的动作。他吃饱后,在床里仰天熟睡着,我用鸡毛轻轻地触

[①] 陈鹤琴. 儿童心理之研究[M]. 喻本伐,校注/点评. 武汉:长江少年儿童出版社,2014:134.

> 碰他的右鼻孔,他立刻举起双手,左手几乎碰着他的鼻子。稍歇,我再用鸡毛触碰他的左鼻孔,他又举起双臂来。两腿每次都动。

2. 轶事记录

轶事记录是观察者将感兴趣的,并且认为有价值的、有意义的行为和反应,以及可表现儿童个性的行为事件,用叙述性的语言随时记录下来,供日后分析用的一种观察记录方法。

轶事记录和日记叙述记录的区别在于轶事记录无须跟踪观察,无须体现儿童成长发展的变化。它可以不受时间和地点的限制,观察者可以随时记录儿童生活中出现的典型事件。因此,轶事记录非常适合教育工作者和一般家长使用,是观察中最容易的记录方法。

使用轶事记录法时,观察者可以在行为发生时或在行为发生之后记录,即时记录是教师在非常自然、没有任何安排的情境下,记录自己所看到的、听到的婴幼儿的各种行为表现。回顾记录是当教师在示范教学的过程中看到或者听到婴幼儿的行为表现,没有办法立即将观察到的记录下来时,在课后时间回顾行为发生的情景和婴幼儿的行为表现,然后记录的方法。

轶事记录时宜掌握"6个W"要素,即记录观察对象的基本资料(姓名、年龄、性别、家庭背景),观察动机(为什么观察),观察主题(观察什么),观察时间(日期、时刻),观察情景(地点、情景描述),观察方法(观察与记录方法)等。观察者若要提醒自己不遗漏记录,可在记录前在纸上预先列出要素。

案例7-2

轶事观察记录

儿童姓名:丽丽　　月龄:30个月　　时间:4月16日10:30—11:00
地点:早教中心　　观察目标:自由活动中的社会交往行为

事件:
今天集体活动结束后,老师让小朋友们自己找一位朋友玩,丽丽和菲菲两个人搬了小凳子坐在一起,爸爸教丽丽用橡皮泥做"大饼",菲菲和妈妈在玩"叠高高"。菲菲不小心把叠高的玩具弄倒在地。丽丽看见后把滚在自己身边的玩具捡起来还给菲菲。过了一会儿,丽丽的"大饼"做好了,老师问:"丽丽,我肚子饿了,送我一个饼好吗?"丽丽拿了一个饼送给了老师。又过了一会儿,丽丽叫着:"菲菲,菲菲",并把自己做的"大饼"递给菲菲。

3. 实况记录

实况记录是指观察者按照时间顺序、完整详细地记录观察对象在某一段时间内每一个行为及情境,然后对所收集的原始资料进行分类,供日后分析用的一种观察记录方法。

实况记录是由日记记录和轶事记录发展而来的。与轶事记录相比,实况记录要更为完整和翔实。实况记录往往借助录音、录像等设备,反复观看进行记录,不会因事后回忆遗漏一些细节。

(二)取样法

取样法主要包括时间取样和事件取样两种方法。

1. 时间取样

时间取样是按规定的时段，观察记录预选行为的方法。预选行为是指观察者预先所选定的、准备观察的对象的行为。规定的时段是指观察者事先规定好隔多长时间观察、观察几次、每次观察多长时间。

时间取样观察不是随机的，也并非碰到什么就观察什么，什么时候方便就什么时候观察，而是一种预先有准备、有意图、有规划的观察方法。时间抽样观察法适用于经常发生或经常出现的外显行为，如发音、词汇、亲子依恋、注意力等。

在实施时间取样观察法时要做好三项准备工作：一是确定好观察对象和预选行为后，要对预选行为进行分类并给出操作性定义，如婴幼儿同伴交往行为，可以分为观望同伴、模仿同伴、主动言语交流、主动动作吸引等行为类别，并分别进行界定。二是要确定好观察时段，确定取样间隔（多长时间取一次样）。三是准备好观察记录表，方便记录。

案例7-3

时间取样观察记录

观察时间：5月15日10：00—10：20
观察对象：默默（15个月）
观察者：杨老师
观察目标：观察默默的同伴交往行为方式
观察记录：

同伴交往行为方式时间取样记录

时间	行为			
	观望同伴	模仿同伴	主动用言语交流	主动用动作引起同伴注意
10：00—10：05	2	4	1	0
10：05—10：10	5	2	0	0
10：10—10：15	3	5	1	1
10：15—10：20	6	2	0	0

分析：默默的同伴交往行为大多以对同伴的观望以及模仿为主。

2. 事件取样

事件抽样是抽样观察并记录某种或某类特定事件的方法。以"事件"作为观察目标，记录事件发生的来龙去脉，包括说明事件发生的前因以及事件发生的后果。

事件抽样与时间抽样的不同在于事件抽样不受时间段的限制。观察者需事先明确观察目的，选定某种或某类事件作为观察记录的目标，在儿童日常生活的自然状态下，只要事件一出现，便可观察记录，而且可以随着事件的发展持续观察记录。因此，事件取样可以在一定程度上保留行为表现或时间的连续性和完整性，也可以了解到行为或事件发生的背景与前因后果。

在实施事件观察取样前需要做好三方面工作，即明确观察事件、确定观察记录的项目、准备好观察记录表。

案例7-4

事件取样观察记录

观察对象：鹏鹏（2岁半）

观察目标：观察鹏鹏的攻击性行为

观察记录：

婴儿攻击性行为观察记录

发生次数	发生背景	角色	行为反应	结果
第一次	争小熊玩具	攻击者	没有说话，推人	家长制止
第二次	吃饭时抢座位	攻击者	把小朋友推倒	被教师批评
……				

（三）评定法

评定法主要包括检核法和等级评定法两种。

1. 检核法

检核法是先将要观察的行为项目排列成清单式的表格，然后通过观察检查核对该行为是否出现的一种评定方法。

一般来说，记录的方式是二选一，即用"有"或"无"、"是"或"否"来提醒我们观察目标的行为。在观察时出现检核表中列出的行为即可以打"√"或其他记号表示。因此，检核法非常实用，且使用方便，是比较常见的观察记录方法之一。

检核法能否顺利实施，关键在于检核表的编制是否合理。我们可以根据两种路径制定行为目标：一种是根据儿童核心能力和发展里程碑制定检核的行为指标（表7-2）；另一种是根据工作经验从了解行为发生的前因后果的角度制定行为指标（表7-3）。

表7-2 根据儿童核心能力和发展里程碑制定的检核表[①]

姓名：　　　　性别：　　　　月龄：　　　　观察者：

	观察与评估细目	是	否
社会行为发展	1. 经成人提示会说请、谢谢等礼貌用语		
	2. 喜欢单独玩或观看别人的游戏活动		
	3. 开始能理解并遵从成人简单的行为准则和规范		

---

① 周念丽. 0～3岁儿童观察与评估［M］. 上海：华东师范大学出版社，2013：231.

续表

	观察与评估细目	是	否
依恋发展	1. 会依附安全的东西，如毯子等物品		
	2. 知道妈妈要离开会哭，会寻找妈妈		
	3. 看见生人会焦虑、害怕		
自我意识和独立性发展	1. 能在镜中辨认出自己，并叫出自己在镜像中的名字		
	2. 能够指认鼻子、眼睛等五官中的1~2个或以上		
	3. 能听从劝阻		
社会适应发展	1. 对陌生人表示新奇		
	2. 当常规改变或所有物变迁时会表示反对，情绪不稳定		

表7-3 从行为发生的前因后果的角度制定的检核表[①]

姓名： 性别： 月龄： 观察者：

行为			检核次数	
			第一次检核	第二次检核
原因	他人因素	疲惫		
		生病、不舒服		
		肚子饿		
		不愿参加活动		
		活动受挫		
	同伴互动	想要他人的东西		
		别人拿走他的东西		
		与人争吵、被打		
		未被允许参加活动		
	依附关系	老师不理会他		
		缠黏大人		
		引人注意		
		被成人责骂		
	不明原因			
处理方式	不理会			
	倾听、同理心反应			
	转移注意力			

---

① 张玲芬. 0~3岁婴幼儿启蒙教育［M］. 台北：华都文化事业有限公司，2009.

续表

行为		检核次数	
		第一次检核	第二次检核
处理方式	满足需求		
	轻拍安抚		
	拥抱安抚		
	责备		
	隔离		
结果	停止哭泣		
	持续哭泣		
	哭得更厉害		
	拒绝安抚		
附注			

检核法的优点是制定较为容易，方便使用，在进行观察评定时效率较高。缺点在于评价时容易受到观察者自身的错误或偏见的影响。此外，大部分检核表只能判断行为出现与否，不能提供行为产生的原始资料。例如，"在什么情况下发生""开始如何""过程如何"等。因此，在使用检核法时，应根据观察目标灵活地结合其他观察方法，以提高观察效果。

2. 等级评定法

等级评定法是对儿童的某种特定行为或某个儿童具有的特征的程度进行赋值，记录儿童在特定技能、能力和个性方面的相对程度，是表明个体具备某种特征或行为程度的观察工具。

等级评定法适用范围广泛，操作简单，不需要每次对观察的具体事实进行描述或记录，只需在观察之后按评定表规定的项目，用回忆或者反省的方式评定观察对象行为出现的差异程度。

需要注意的是，等级评定法应在多次观察的基础上进行，且最好由两个或者两个以上条件相当的评定者进行评分，还要防止评分过高或者过低，或都给予平均分的倾向，如表7-4所示。

表7-4 2~3岁儿童社交行为评量表

姓名：　　　　性别：　　　　月龄：　　　　观察者：

观察与评定项目	适应程度		
	从不（1分）	偶尔（2分）	总是（3分）
1. 能主动和他人打招呼			
2. 愿意听他人说话			

续表

观察与评定项目	适应程度		
	从不（1分）	偶尔（2分）	总是（3分）
3. 能轻声、有礼貌地说话			
4. 会排队轮流等待			
5. 愿意与人分享			
6. 会向他人表示感谢			

四、观察记录分析方法

在通过行为观察方法获得多方面的信息资料之后，需要对资料进行分析，得出最终的评价结果。依资料记录的形式，可以分为质的资料的分析与量的资料的分析。

（一）对质的资料的分析

通过叙述法、事件取样法收集的资料多为质的资料。对质的资料分析主要包括对比分析、因素分析和归纳分析三种方法。

1. 对比分析

对比分析是通过将儿童行为表现与常模或参照目标进行对比，比较二者之间的差异，进而了解儿童发展实际情况的一种分析方法。对比分析法是一种常用、简便易行的方法，将儿童发展水平与常模或目标进行对比，观察、分析他们在动作、认知、语言、情绪和社会性等方面有什么不同，就能了解二者之间的差别，了解儿童发展的现状，并制订出适合该儿童发展的计划，从而促进儿童的整体发展。其中，我们要注意的是对比可以是相对性比较，也可以是绝对性比较，即比较的对象可以是常模或目标标准，也可以是研究者设定的目标标准，还可以是儿童以前的自身发展。

2. 因素分析

因素分析主要分析影响儿童行为形成的因素。一般来说，影响儿童行为形成的因素包括外部因素和内部因素。内部因素主要包括遗传、心理特征（如认知风格、气质类型等）、性别、出生顺序和兄弟姐妹等。外部因素主要包括儿童的健康状况、家庭因素（家庭社会经济地位、教养方式、亲子关系、家庭结构等）、托幼机构因素（教师、同伴等）以及社会文化因素（如大众媒介等）。

例如，黏液质的儿童更容易焦虑，胆汁质的儿童容易表现出更多攻击性行为。女孩比男孩更加顺从，早期言语发展能力女孩比男孩发展得更快，男孩的支配性和活动水平比女孩更高。某些疾病可能会影响和限制儿童的日常活动和社会交往，如听觉障碍的儿童会容易分心、反应过度、出现违规行为等。权威型家庭儿童通常会更加活泼、有愉快的情绪、有更高水平的自尊和自我控制能力；矛盾型依恋儿童比较容易成为攻击的受害者，容易被情绪左右；回避型依恋儿童通常不太会表达自己的情感和愿望，容易爆发攻击性行为。

使用因素分析法可以帮助我们了解和分析影响儿童行为形成的原因，从而更好地促进儿童的发展。

案例7-7

儿童交往行为观察及因素分析

观察对象：妞妞（33个月）

观察记录：活动室里，孩子们在各活动区域里玩着游戏，妞妞两手抱着本该在"拉小车"游戏里的毛绒小狗在活动室中四处游荡。外婆曾说，小狗是妞妞的最爱。在家里妞妞的玩具小狗可以排成长队。看见妞妞一个人游荡，老师轻轻地走到她身边，对她说："小狗想吃肉骨头了，我们把小狗先送回家，妞妞和小朋友一起去给小狗送骨头吃，好吗？"妞妞听见小朋友三个字，顿时发出哭叫声："不要，妞妞要小狗，不要小朋友……"

成因分析：

1. 家庭过分保护

身为独生子女的妞妞，从出生起就集万千宠爱于一身，主要带养人外婆对她非常溺爱，加之她的父母忙于工作，在家中对孩子的行为不加限制，出于一种补偿心理，哪怕孩子有任性行为，也都会给予妥协，因此强化了妞妞的任性意识。

2. 环境的影响

妞妞在家时一个人独处的时间较多，多数情况下会一个人随心所欲地玩。来到托幼园所后，妞妞的生活环境发生了很大变化。由于妞妞平时生活的环境是比较孤独的，因此使妞妞害怕和陌生人接触，害怕和小朋友一起玩，所以妞妞需要一段时间适应。

3. 缺乏与同伴交往的经验

妞妞生活在处处受呵护的世界里，平时很少有机会外出与其他小朋友玩闹，一起做游戏，因此缺乏与同伴交往的经验，缺少处理相互间矛盾的技能与经验。长此以往，导致了如"要小狗，不要小朋友"的情况产生。

4. 曾经的不愉快体验

妞妞在与其他孩子玩耍时，可能遭受过诸如被推搡、被抢玩具等不愉快的事件，由此产生了对其他孩子的恐惧心理。

3. 归纳分析

归纳分析是将收集到的儿童行为表现的资料进行归纳，总结出儿童发展的整体状况及其影响因素。归纳分析法比较常用，是对比分析和因素分析相结合的一种分析方法。

案例7-8

儿童行为观察及归纳分析

观察对象：航航（80厘米，13千克，1周岁）

观察记录：

航航正坐在妈妈怀里一口一口地吃鸡蛋羹，这时有位陌生的阿姨来家里，航航不停地看着阿姨，然后笑了笑。在吃完两碗鸡蛋羹后，妈妈把他放在床上坐着，妈妈坐在他身边，航航坐在那里玩一个小盒子。随后妈妈离开去放碗，看到妈妈离开，航航急得大哭，接着趴在床上，由于身体前进不了，只是不停地蹬着双腿。妈妈返回后航航立刻伸出双手要抱。妈妈抱着航航与阿姨聊天，其间扶着航航站在床上，只要妈妈一松手，航航就会立刻倒向妈妈怀里。

成因分析：

通过与参照目标比较，1岁的航航仍然不能爬行、不能站立，动作发展较为缓慢，应加强爬行及站立动作训练。通过对航航的观察及日常生活饮食习惯的观察，发现航航的食量比同龄儿童大，体重超重，其动作发展缓慢与生理条件密切相关，应注意饮食调整。

在亲子依恋方面，航航进入了"分离焦虑期"，他已形成对妈妈的依恋关系。只要妈妈在身边，航航就能够主动对陌生人微笑。而当妈妈离开视线范围后，航航会害怕得大哭，焦躁不安。

（二）对量的资料的分析

通过时间取样法、核对法收集的资料多为量的资料。对量的资料的分析这里主要介绍描述统计分析。

描述统计是一种对数据进行整理和总结，并用图表或概括性的数字来描述和总结大量的原始数据的分布情况，或变量间关系程度的统计方法。

效果自测

序号	学习要点	学生自评达到的程度
1	婴幼儿行为观察的概念和准备	☆ ☆ ☆ ☆ ☆
2	常见的行为观察记录方法	☆ ☆ ☆ ☆ ☆
3	观察记录分析方法	☆ ☆ ☆ ☆ ☆

项目小结

本部分内容详细介绍了婴幼儿发展评估的概念、意义、原则、类型以及标准化与非标准化的评估工具和方法，为科学评估婴幼儿发展水平提供了全面指导。同时，结合行为观察的准备、记录方法及分析技巧，强调了观察在了解婴幼儿心理发展、认知能力、情感态度及社会性发展中的重要作用。本项目的学习有助于提升托育专业人员的理论水平和实践能力，为婴幼儿的早期教育和干预提供有力支持。

思考与练习

一、选择题

1. 在观察婴幼儿的社交行为时,哪种记录方法更适合记录婴幼儿与其他小朋友的互动频率和类型?（   ）
   - A. 描述性记录法
   - B. 事件取样法
   - C. 时间取样法
   - D. 图表记录法

2. 事件取样法与时间取样法的主要区别在于（   ）。
   - A. 事件取样法获取的资料重于事件行为的存在,而时间取样法则着重于行为事件的特点、性质
   - B. 事件取样法着重于行为事件的特点、性质,而时间取样法则着重于行为事件的频率和持续时间
   - C. 事件取样法着重于行为事件的频率和持续时间,而时间取样法则着重于行为事件的存在
   - D. 事件取样法着重于行为事件的存在,而时间取样法则着重于行为事件的频率和持续时间

3. 以下哪种评估方法主要用于记录婴幼儿在特定时间段内的行为频率和持续时间?（   ）
   - A. 检核表法
   - B. 等级量表法
   - C. 时间取样法
   - D. 事件取样法

二、判断题

1. 婴幼儿发展评估最主要的目的是发现潜在的问题,早发现、早治疗。（   ）
2. 对婴幼儿进行发展评估离不开对婴幼儿的观察。（   ）
3. 对婴幼儿进行发展评估是专业医生和专家做的事,托幼机构的老师做不了。（   ）
4. 对婴幼儿进行行为观察和记录是托幼机构教师的重要工作之一。（   ）
5. 非标准化评估不需要依赖专业的工具,随便什么人都可以进行。（   ）

三、案例分析

请根据下面的轶事记录,对彩彩（20个月）的动作发展特点进行分析,并提出相应的教育建议。

轶事记录:彩彩的奶奶在晾衣服,她把袜子和小毛巾夹在圆盘晾衣架上,20个月的彩彩看见了,也想自己试试。奶奶递了一只袜子给彩彩,让她自己操作,彩彩用手指捏住了夹子,但一使力,圆盘上的夹子不听使唤地弹了出去,怎么也夹不住,于是奶奶握着她的两只手,手把手地帮她夹好了袜子。夹好袜子后,彩彩的视线又飘向了盆里的小毛巾,她蹲下来抓着毛巾随意地卷卷折折,奶奶赶紧从她手里拿过毛巾抖了抖,晒了起来。

拓展实训

训练一:

请根据下面的婴幼儿精细动作观察检核表,选择一名婴幼儿进行动作发展评价。

婴幼儿精细动作观察检核表

月龄段		观察检核项目	是	否
0~3		1. 能用手抓握带柄玩具数秒		
		2. 仰卧时，能将双手放在胸前把玩		
		3. 能将自己的手放进嘴里吮吸		
4~6		4. 会伸手去抓取玩具，并能稳稳抓住		
		5. 能主动用手拿开盖在脸上或身上的毛巾或其他物品		
7~9		6. 能将积木在左右手之间传递		
		7. 能对敲玩具		
		8. 能尝试用拇指和其他手指配合抓起小物品		
10~12		9. 能比较灵活地用拇指与不同的手指对捏抓取物品		
		10. 能用手指做抠挖动作		
		11. 能用手指抓取物品投放到宽口瓶中且不洒落		
13~18	13~15	12. 能自主地拿取积木进行搭建		
		13. 能独立地将3~5块积木垒搭起来且不倒		
	16~18	14. 能尝试使用小勺进食，且基本不滴洒		
		15. 能手指握住画笔，挥动手臂，比较集中注意力地在纸上乱涂乱画		
19~24		16. 能用绳子穿进2~4颗大珠子		
		17. 能独立用手拧开不太紧的瓶盖		
		18. 能模仿成人画直线和圆圈		
		19. 能在成人示范下将彩纸或小毯子卷起来		
25~30		20. 能用积木模仿搭建小桥等不同造型		
		21. 能通过揉、搓、压等动作用橡皮泥做出各种造型		
		22. 能将剪成2~4块的简单图画拼成原状		
		23. 能握住夹子的尾端，将夹子夹在指定物品上		
		24. 能转动门把手开门		
		25. 能自己穿袜子		

续表

月龄段	观察检核项目	是	否
31~36	26. 能按照顺序一页一页翻书阅读		
	27. 能折长方形、正方形、三角形等基本图形		
	28. 能基本在规定的图形轮廓中涂色，且能基本将图案涂满		
	29. 能用筷子夹取物品		
	30. 能用剪刀剪出基本图形（如直线、圆形等）		

训练二：

在实习过程中，选择一名婴幼儿作为观察评估的对象，详细记录并分析其身心发展情况。

参考文献

[1] 周念丽. 0~3岁儿童心理发展[M]. 上海：复旦大学出版社，2017.
[2] 焦健. 胡华. 0~3岁儿童早期综合发展与教育管理[M]. 北京：中国社会科学出版社，2008.
[3] 今井和子. 0~3岁儿童保育指导方案[M]. 朱珠，译. 上海：复旦大学出版社，2017.
[4] 朱蒂·赫尔，特瑞·斯温. 认图形，说出来：13~24个月婴幼儿教养方案[M]. 韦小冰，刘杨，译. 北京：北京师范大学出版社，2007.
[5] 王丹. 婴幼儿心理学[M]. 重庆：西南师范大学出版社，2016.
[6] 张明红. 0~3岁儿童语言发展与教育[M]. 上海：华东师范大学出版社，2013.
[7] 张明红. 学前儿童语言教育与活动指导[M]. 3版. 上海：华东师范大学出版社，2014.
[8] 袁萍，祝泽舟. 0~3岁婴幼儿语言发展与教育[M]. 上海：复旦大学出版社，2011.
[9] 杰弗里·特拉威克-史密斯. 儿童早期发展 基于多元文化的视角[M]. 5版. 鲁明易，张豫，张凤，译. 南京：南京师范大学出版社，2012.
[10] W. George Scarlett, Sophie Naudeau, Dorothy Salonius- Pasternak, Ponte. 儿童游戏：在游戏中成长[M]. 谭晨，译. 北京：中国轻工业出版社，2008.
[11] 李燕. 游戏与儿童发展[M]. 杭州：浙江教育出版社，2008.
[12] 乔 L. 佛罗斯特（Frost, J. L.）.游戏与儿童发展[M]. 4版. 北京：机械工业出版社，2015.
[13] 周念丽. 0~3岁儿童观察与评估[M]. 上海：华东师范大学出版社，2013.
[14] 丹尼尔·斯特恩. 母婴关系：人生第一步[M]. 杨昌勇，杨小刚，译. 北京：世界图书出版公司，2018.
[15] 高丽芷. 感觉统合（上篇）：发现大脑[M]. 南京：南京师范大学出版社，2008.
[16] 罗伯特 S. 费尔德曼. 发展心理学[M]. 苏彦捷，等，译. 北京：机械工业出版社，2017.
[17] 卓萍. 0~3岁婴幼儿亲子游戏天地[M]. 武汉：华中师范大学出版社，2007.
[18] 唐敏. 0~3岁婴幼儿动作发展与教育[M]. 上海：复旦大学出版社，2011.
[19] 文颐. 0~3岁婴幼儿的保育与教育[M]. 北京：高等教育出版社，2016.
[20] 王小英，王丽娟，郭丽华. 近十年来国外游戏研究新进展[J]. 心理科学，2004，27（5）.
[21] 苏云晶. 0~3岁婴幼儿游戏活动存在的问题与对策研究[J]. 黑龙江教育学院学报，2018（4）.
[22] 刘晓晔，刘馨. 家庭环境中婴儿早期游戏的发生与家长支持[J]. 学前教育研究，2016（5）.
[23] 王立新，陈宝国，彭聃龄. 家中不同游戏情境中婴儿与父母交流行为的比较研究[J]. 心理科学，2007，30（3）.
[24] 邹玲. 家庭中的0~3岁亲子游戏设计[M]. 上海：上海交通大学出版社，2019.
[25] 周平. 0~3岁儿童观察与评价[M]. 上海：上海交通大学出版社，2019.
[26] 陈鹤琴. 儿童心理之研究[M]. 喻本伐，校注/点评. 武汉：长江少年儿童出版社，2014.

[27] 朱迪·赫尔,特丽·斯文. 美国早教创意课程[M]. 李颖妮,译. 上海:华东师范大学出版社,2014.

[28] 孟昭兰. 情绪心理学[M]. 北京:北京大学出版社,2005.

[29] 张文新. 儿童社会性发展[M]. 北京:北京师范大学出版社,2002.

[30] 张莉. 儿童发展心理学[M]. 武汉:华中师范大学出版社,2006.

[31] 周兢. 汉语儿童的前语言现象[J]. 南京师大学报(社会科学版),1994(1).

[32] 余桂东,蒋文娟. 婴幼儿学习与发展[M]. 北京:中国人口出版社,2022.

[33] 周晶. 幼儿早期学习支持[M]. 上海:复旦大学出版社,2024.

[34] 张继平. 0~3岁儿童发展心理学[M]. 上海:上海交通大学出版社,2019.

[35] 张永红,海鹰,张丹枫. 幼儿学习与发展[M]. 北京:北京师范大学出版社,2013.

[36] 陈雅芳. 0~3岁儿童动作发展与训练[M]. 上海:复旦大学出版社,2014.

[37] Annie Woods. 儿童发起的游戏和学习:为无限的可能性而规划[M]. 叶小红,译. 北京:中国轻工业出版社,2021.

[38] Mary Jane Maguire-Fong. 与0~3岁婴幼儿一起学习:支持主动的意义建构者[M]. 罗丽,译. 北京:中国轻工业出版社,2022.